JN168190

山川
歴史モノグラフ
32

コプト聖人伝にみる十四世紀エジプト社会

辻 明日香
Tsuji Asuka

山川出版社

Fourteenth-century Egypt as Portrayed in Coptic Hagiographies
by
TSUJI Asuka
Yamakawa-Shuppansha Ltd 2016

コプト聖人伝にみる十四世紀エジプト社会　目次

図１　エジプト全域図

［出典］G. Gabra, *Coptic Monasteries* をもとに作成

凡　例

表　記

アラビア語のローマ字転写は原則として日本イスラム協会ほか監修『新イスラム事典』平凡社，2002年（初版第１刷）の方式に従った。

固有名詞のカナ表記は，原則として手稿本の母音表記に従いつつ，一般名称あるいは現代エジプトにおける通例になるべく近い読み方を採用した。

ただし，ギリシア語に由来するキリスト教アラビア語については，用語理解のために，現代エジプトにおける通例よりもギリシア語の読み方を優先した。

年代については，単独の場合は西暦（グレゴリウス暦）をあらわすが，註においては，並記の上，左部末尾にAMとある場合はコプト暦，Hとある場合はヒジュラ暦をあらわす。

暦

コプト暦（AM）は，西暦284年８月29日（ユリウス暦）に始まり，13の月で構成されている。以下は各月のアラビア語の名称である。

トゥート月，バーバ月，ハトゥール月，キーハク月，トゥーバ月，アムシール月，バラムハート月，バルムーダー月，バシャンス月，バウーナ月，アビーブ月，ミスラー月，ナースィー月（５－６日）

註と参考文献

註における引用史料や参考文献は，著者名，書名，巻，頁のみを表記する。

略　号

本書で用いる略号は以下のとおりである。

AP=*Apophthegmata Patrum*

CS=Cistercian Studies Series (Kalamazoo, MI: Cistercian Publications).

GCAL=Georg Graf, *Geschichte der christlichen arabischen Literatur*, 5 vols., Vatican: Biblioteca Apostolica Vaticana, 1944-53.

PG=Patroligiae cursus completus. Series Graeca.

SC=Sources chrétiens (Paris: Éditions du Cerf).

VA=Athanasius, *Vita Antonii.*

コプト聖人伝にみる十四世紀エジプト社会

序章　コプト聖人伝研究の意義

1　マムルーク朝支配下のキリスト教徒　研究の現状と課題

コプト聖人伝研究の意義

十四世紀のエジプトには、イスラーム教徒(ムスリム)、キリスト教徒(おもにエジプト土着のコプト教会信徒、以下コプト)を問わず、衣服をまとわず奇異な行動をとり、人々から聖者(イスラーム)・聖人(キリスト教)として崇敬された人物が数多く存在した。彼らはその治癒能力や予言能力によって有名になり、スルタンから一般の人々まで、さまざまな階層の老若男女がその宗教・宗派を問わず彼らに「執り成し」を求めた。

このような「聖なる人 holy man」は世界中に存在し、本書が対象とするエジプトにおいても、古代から現代にいたるまで、各時代に登場する(本書において、「聖人」はいわゆる saint ではなく holy man を意味する。詳しくは十八頁を参照)。ただし、十三世紀後半から十五世紀初頭(本書はこれを「長い十四世紀」と位置づける)について特筆すべきは、この時代に生きたコプト教会の聖人、すなわち「裸の」バルスーマー(Barṣūmā al-'Uryān, 一三一七年没)やルワイス(Ruways, 一四〇四年没)といった隠修士(砂漠などで独り修道生活を送る者。独住修士、隠者)が今日もコプトのあいだで有名であり、その墓も崇敬の対象となっていることにある。[1] なぜ十四世紀という時代に、彼ら隠修士は聖人として崇敬され、それは当時のコプト社会、ひいてはエジプト社会について何を物語っているのであろうか。

本書が対象とする時代、エジプトはマムルーク朝(一二五〇〜一五一七年)として知られる政権の支配下にあった。この王朝はトルコ語を話すマムルーク(奴隷軍人)が、アラブ系のウラマー(法学者)や官僚、キリスト教徒・ユダヤ教徒の財務官僚に支えられながら、エジプトや歴史的大シリア、ヒジャーズを中心とする領域を支配する国家であった。

一般に、マムルーク朝は外来の支配者として政権の正当性を獲得するため、さらには同時期に現イラク以東を支配していたイル・ハーン朝(一二五八〜一三五三年)に対抗して唯一のスンナ派国家としての正統性を主張するため、イスラームの熱心な保護者であったといわれる。都市にはマドラサ(イスラームの教育施設)やモスクがつぎつぎと建設され、H・ラウーストはこの時代を「スンナ派の復興期」と呼んでいる。[2] また、十三世紀後半はエジプトにおいてスーフィーやムスリム聖者の活動が本格化し、スーフィズムが社会に急速に浸透した時期であった。

マムルーク朝社会において、税の徴収にかかわるキリスト教徒官僚(その大半はコプトであった)は、時に民衆の怨嗟の対象となり、徴収された税の一部が流用されているとの疑いをかけられた教会や修道院はしばしば襲撃・破壊された。そしてマムルーク朝政府も「イスラームの保護者」としての立場上、あるいはキリスト教徒をスケープゴートとして利用するため、キリスト教徒やユダヤ教徒の生活を取り締まる法令を繰り返し公布した。

西アジア各地でイスラームへの改宗が完成しつつあった十世紀においても、エジプトの人口の大部分は依然としてキリスト教徒であった。しかし、このような状況下、本書が対象とする長い十四世紀において、コプトは大規模な教会破壊を経験し、その大半はイスラームへ改宗して、コプト教会の勢力は大幅に衰退したと考えられている。

この十四世紀については、エジプトにおけるムスリムとズィンミー(イスラーム法上、「啓典の民」としてズィンマ〈庇護〉を与えられたユダヤ教徒・キリスト教徒)関係の転換点として、またイスラーム政権下の西アジア社会における、キリスト教徒やユダヤ教徒に対する改宗圧力が詳細に記録されたまれな時代として、十九世紀以降注目されてきた。二〇一四年にはイラク・シリアのキリスト教徒やヤズィーディー教徒がＩＳ（「イスラム国」）により故郷を追われ、また虐殺されているという痛ましい知らせがあいついだが、その際、中東にはいまだキリスト教徒が多数いたのかという驚きをもって報道された。しかし、彼らは十字軍の置土産でも、古代教会の化石でもない。ユーラシア大陸における豊潤なキリスト教文化を今日まで伝える人々なのである。

そのなかで、コプト教会は今日においても中東最大のキリスト教の一派である。エジプトの人口の一〇％以上を占めるコプト教会信徒は、エジプトの政治や経済、社会において無視することのできない存在である。従来研究されてきた、十四世紀におけるムスリム・キリスト教徒関係の悪化の要因やその結果だけでなく、この時代におけるコプト教会の生存戦略を検討することは、対立軸だけでは説明できない、イスラーム政権下のエジプト、ひいては中東社会における、ムスリムと異教徒との多層的かつ可変的な交渉史を描き出すことを可能にするはずである[3]。

本書が取り上げる聖人の生涯や、彼らに帰せられる奇蹟を紹介する小冊子はエジプト各地の教会や修道院で販売されているものの、第三章の『バルスーマー伝』を除いては、彼らの聖人伝自体は近年まで学術的研究の対象とならなかった。その理由としては、第一にコプト学はおもにローマ・ビザンツ期を対象としており、イスラーム期にアラビア語で著された教会史料は見過ごされがちな存在であったことがあげられる。第二には、コプト学では近年まで、「［聖人伝は］歴史研究者からは史料的価値がないという理由で、文学研究者からは芸術作品であることがめったにないという理由で拒絶され、学問的な研究の範疇から除外されていた」というＴ・ヘファーナンの悲嘆があてはまる状況であったといえる。コプト史では、その重要性が指摘されながらも、聖人伝史料は歴史研究にほとんど活用されてこなかった[4]。

それでは、イスラーム期エジプトにおいて著された、キリスト教の聖人伝を研究することに、どのような学術的意義があるのであろうか。それは、ある時代以降、年代記といった歴史資料を残さなかったため（あるいはそれらが失われたため）、いささか大げさにいえば歴史から姿を消したかのような印象を与える社会集団について、聖人伝史料から得られる新知見をもとに、彼らを歴史地図のうえにすえなおすことにある。

十四世紀、コプト教会は同時代に活躍した隠修士や修道士の生涯を聖人伝として編纂し始めた。他の時代に、聖人として讃えられた隠修士や修道士が存在していなかったわけではないが、歴史叙述といった、他の文学活動がほぼとだえたこの時代に、なぜコプト教会はこれら隠修士や修道士の生涯とその奇蹟を個別の聖人伝として記録したのであろうか。

Ｓ・グリフィスの言葉を借りると、従来の東方キリスト教史研究は東地中海のキリスト教諸派（おもに反カルケドン系）の、各宗派内の歴史に終始し、キリスト教徒がアラビア語によって発展させた文化や知の蓄積に関心をはらわなかった。しかし、イスラーム期以降キリスト教徒による文化活動は停止したわけではなく、むしろアラビア語で著作がおこなわれたことにより、現代までその遺産は引き継がれているのである。[5]本書が扱う、アラビア語コプト聖人伝もその例外ではない。

二〇〇九年に刊行された、『マムルーク朝史研究 *Mamluk Studies Review*』第一三号「特集号　マムルーク朝期の宗教政策と信仰生活 Religion in the Mamluk Period」の序章において、この号の編集責任者であるＪ・パーリッチは、マムルーク朝の特徴はその多民族・多宗教性にあったと述べている。さらには、この時代について、ムスリム知識人の著作に基づいて研究した場合、エジプトやシリアの社会について、そこにはまるでムスリムしか存在しないかのように描写してしまう危険性を指摘している。そのうえでパーリッチは、十三世紀以降、マムルーク朝エジプトやシリアにおいて、非ムスリム人口は減少し、その社会的影響力は低下したかもしれないが、これら非ムスリムの集団はマムルーク朝政権下の社会において、重要な因子として作用していることを強調したのである。[6]

近年、イスラーム政権下の非ムスリムについて、政権や周囲のムスリムとの交渉における、彼らの主体的働きかけに焦点を当てた研究が注目され始めている。[7]エジプト史に関していえば、これには二十世紀後半から始まった、コプト学研究やキリスト教アラビア語研究の発展がおおいに関係しており、非ムスリムをズィンミー、すなわち庇護民として組み込む支配体制に注目した、あるいはムスリム側の史料にもっぱら依拠した研究の枠組み（これらは、後述するようにマムルーク朝史において顕著であった）は取り払われつつある。[8] 以下においては、本研究に関連する研究史を概観し、そのうえで研究の課題について述べることとする。

ムスリム・キリスト教徒関係研究の現状

十四世紀は、エジプトにおけるムスリム・ズィンミー関係、とりわけムスリム・キリスト教徒関係の転換点として、十九世紀より注目をあびてきた。マムルーク朝期のムスリムとズィンミーに関する、年代記の記述を中心とした研究は、古くは欧米においてはE・ブッチャー、エジプトにおいてはコプト知識人のルーフィーラーに始まり、G・ヴィエト、D・リトル、Q・カースィムらの研究をへて、現在にいたる。[9]

これらの研究の主要な関心はコプトの改宗であったが、近年までその研究史を規定してきたものは、二十世紀前半に示された、ヴィエトの見解であった。ヴィエトの見解は、以下四点に集約される。(1)コプトの改宗の波は、九世紀と十四世紀にみられること。(2)マムルーク朝期にコプトは教会や修道院を破壊され、現在のエジプトにおける人口比率、すなわち人口の一〇％程度まで激減したこと。(3)教会破壊のきっかけとなった、マムルーク朝政権による反ズィンミー政策は、ムスリム民衆の支持を得るためのものであったこと。(4)マムルーク朝期に限られたことではないが、コプトの改宗には経済的動機が大きかったこと、である（九世紀はキリスト教徒やユダヤ教徒に課されたジズヤ〈人頭税〉の回避、十四世紀は官職保持が改宗の主たる理由であった）。[10]

九世紀エジプトにおける改宗の規模に関しては、現在にいたるまで議論が続いているものの（近年は懐疑的な見解が多いように見受けられる）、ヴィエトのおもだった見解は、その後の研究者に受け入れられている。[11] それゆえ、ヴィエト後の研究は、マムルーク朝における改宗圧力の発生要因、そして改宗者（おもに官庁やアミールに仕え、改宗した元コプト）の社会的立場に関する研究が中心となった。これらのなかでは、マムルーク朝によるズィンミーを取り締まる法令の公布目的とその意義を分析した、リトルの論考が代表的研究としてあげられる。[12]

このような研究状況に突破口をもたらしたのが、二〇〇五年に発表されたT・エルライスィーの博士論文である。エルライスィーは、コプトの改宗に関する既存の研究について、これらの研究はもっぱらムスリムの著作に依拠し、コプト側の史料や研究を無視する傾向にあり、改宗問題に直面したコプトの選択や行動、すなわちコプトの主体性を除外していると批判した。[13]

エルライスィーはイスラームへ改宗した人々に注目し、改宗にまつわる慣行がコプト社会、ひいてはエジプト社会にもたらした影響について論じた。従来の研究で指摘されていた、元コプトに対する偽改宗の疑惑は多くの場合中傷にすぎず、実際には改宗者の多くはムスリム社会に順応していったことを明らかにした功績は大きい。しかし、十四世紀後半にみられたコプトの殉教について、改宗圧力に対する教会の抵抗手段として評価しているものの、F・ギルギスが指摘しているように、エルライスィーの関心の中心は、改宗したコプトのムスリム社会への同化にあり、なぜコプト教会はその後も存続しえたのか、という点に疑問が残る。[14]

ヴィエトの見解に戻ると、まずこの時代、改宗圧力によりイスラームへの改宗が進展したという見解に異論を唱える研究者はいないであろう。その反面、エルライスィーの研究以降、十四世紀におけるコプトの改宗要因を単純な経済的動機に帰すことは難しい。本書では、ここから生まれる課題として、改宗を選択しなかった人々について、それを可能とした当時の社会状況について考えたい。また、エルライスィーを含めた従来の研究は、カイロ在住の官僚という、特殊な階層に属する人々に関するものであった。コプト教会のおもだった成員である、下エジプトや上エジプトに住む市井の人々についても目を向けるべきであることを指摘しておきたい。

近年、ムスリムの歴史を中心に描きがちな中東史研究に疑問を投げかけ、コプトを主体にすえて、コプト教会と政権との関係や、信仰の維持といった問題を取り上げた研究があいついで発表されている。イスラーム初期に関しては、M・ミーハーイールが、五世紀から十一世紀という長期的なタイムスパンを設定し、エジプトがグレコ・ローマン文化(ミーハーイール自身の表現)の影響下からアラブ・イスラーム文化の影響下にある社会へと移行していくなか、コプト教会において「コプト文化」というアイデンティティが形成されていく過程を明らかにした。ミーハーイールは、パピルス文書から神学書といった教会文学まで幅広い史料を扱うことで、イスラーム期以降のコプト教会について動態的にとらえることを可能にした。[15]

従来の研究において、ムスリムとキリスト教徒・ユダヤ教徒との関係がイスラーム史上もっとも良好であったとみなされているファーティマ朝期エジプトに関しては、M・シェノーダーがそのような見解に反論を試みている。シェノーダーは、ファーティマ朝期に著されたアラビア語コプト文学に、殉教や迫害というモチーフが頻出することに注目し、アラブ化・イスラーム化という社会変容を前にしたコプトの不安と、コプト教会による文化保全の試みを描き出している。コプト史においてほとんど顧みられることのなかったオスマン朝期に関しては、F・アルマニオスが殉教者伝や説教集といったコプト教会史料を用い、オスマン朝期エジプトに暮らすコプトの信仰生活や世界観について考察している。アルマニオスの研究の最大の意義は、下エジプトの農民やカイロに住む庶民といったコプトの姿に目を向け、またコプト教会の儀礼を維持するためにウラマーやベドウィン(遊牧民)、宣教師たちと巧みに交渉を重ねる聖職者やコプトの有力信徒の姿を提示したことにある。[16]

これらの研究に共通している点は、パピルス文書や聖人伝(殉教者伝を含む)、神学書といった、これまで軽視されてきた歴史資料を積極的に利用し、年代記からは得ることのできなかった、コプト教会信徒という集団の日常生活やその世界観を実証的に描き出したことにある。彼らの研究は、ムスリムの年代記や地誌に依存した、あるいは断片的な事例の寄集めにすぎなかったコプト史の研究状況を刷新し、イスラーム期以降のコプト教会について、(化石化した組織ではなく)可変的なものとしてとらえるきっかけを生み出した。[17]

以上を踏まえると、アイユーブ朝期(一一六九〜一二五〇年)からマムルーク朝前期までのコプト教会の歴史については、研究がさほど進展していないことに気づかされる。アイユーブ朝期のコプト教会については、K・ワースミュラーやJ・ザブロウスキーの博士論文に基づいた単著がみられる。ワースミュラーの著書は、題目から想起されるアイユーブ朝期のコプト教会の状況というよりはむしろ、一人の総主教の業績に関する検討にとどまっており、ザブロウスキーの『ファニジョーイトのユハンナーの殉教者伝研究』も、殉教者伝の分析というよりは校訂の註釈にとどまっている。[18] 本書において、十四世紀に著された聖人伝史料群からコプトの信仰生活やその世界観を検討することは、マムルーク朝前期、すなわち大迫害以前のムスリム・ズィンミー関係について再考を促し、またイスラーム期以降におけるコプト教会の変容について理解を深めるためにも、一定の意義を見出せよう。

イスラーム期以降の、コプトによる聖人崇敬については、コプト教会の正史である『アレクサンドリア総主教座の歴史』に登場する奇蹟譚の特徴について概観したB・ヴォワルの論考や、これらの奇蹟譚とムスリムの奇蹟譚との共通性を指摘した大稔哲也の論考、そしてコプトの参詣に関するG・ヴィオや大稔の研究がみられる。[19]

本書が扱う十四世紀のコプト聖人伝を世に知らしめたのは、W・クラムによる『バルスーマー伝』の校訂と解説である。[20] クラムは『バルスーマー伝』の「伝記」部分を校訂し、「奇蹟録」に登場する各逸話を紹介した。一九三〇年代から五〇年代にかけては、エジプトで『バルスーマー伝』と『ルワイス伝』に関する学術書が出版されている。これらは手稿本に基づき聖人の生涯と奇蹟を解説したもので、現在でも有用であるが、主たる内容は聖人伝のいわば現代語訳である点に注意を要する。[21]

一九四〇年代にG・グラフが編纂した『キリスト教アラビア語文学史 *Geschichte der christlichen arabischen Literatur*

（GCAL）』には、コプト教会の隠者系統の聖人伝（Kopten-Hagiographie-Aszeten）として、十四世紀の聖人四名（バルスーマー、アラム〈ʿAlam, 一三四三年没〉、ムルクス・アルアントゥーニー〈Murqus al-Anṭūnī, 一三八九年没〉、ルワイス）の聖人伝について、手稿本の所蔵先と文献情報があげられている。[22] グラフの記事に新たな情報を加え、さらに各聖人の生涯を紹介したものがW・アワド（アブルリーフ）による、『聖人百科事典――東方教会 *Enciclopedia dei santi: Le Chiese orientali*』におけるコプト聖人の項である。[23]

ビザンツ史やヨーロッパ中世史では、一九六〇年代後半から、聖人伝を歴史研究のなかで使用する方法が模索され始めた。P・ギアリは、そのなかでもメロヴィング朝期の聖人伝を用いたF・グラウス、古代末期地中海世界における「聖なる人（聖人）」について論じたP・ブラウンについて、彼らは特定の聖人に限らずに数多くの聖人と聖人伝を分析することで視野を広げ、聖人伝を社会史や政治史に用いることを可能にした、と高く評価している。[24]

一九七一年に発表されたブラウンの論考「古代末期における聖人の出現とその機能 The Rise and Function of the Holy Man in Late Antiquity」において、ブラウンは、「外来者」である隠修士が、古代末期のいわば権力の空白地帯にあった歴史的シリアの村落社会において、仲介者として活躍し、「聖人 holy man」として崇敬されるようになる過程を考察した。この論考は古代末期の地中海世界、そして聖人・聖人伝研究への関心をいちやく高めることとなった。またこの論考で示された見解の多くは、その後、本人および他の研究者により再考の過程をへたが、現在もなお、聖人・聖人伝研究の先駆的研究として評価されている。[25]

ブラウン以降、地中海世界における聖人崇敬に関する研究は飛躍的に進展し、その成果はコプト史にも還元されつつある。その例として、ヴォワルによる『バルスーマー伝』の研究があげられる。ヴォワルは先述したクラムの校訂と英訳に基づき、バルスーマーの医者・仲介者としての役割を分析し、その姿は古代末期の聖人像を忠実に継承していると述べている。[26]

近年、本書で取り上げる聖人伝の重要性を示したのが、アラビア語コプト文学研究の推進者の一人、M・スワンソンである。スワンソンはおもに『ムルクス・アルアントゥーニー伝』の記述から、コプト教会への迫害と、そのような時代に生きた総主教マッタウス（一四〇八年没）や彼を支えた聖人（ルワイス、ムルクス・アルアントゥーニー、イブラーヒーム〈またはアブラーム〉・アルファーニー〈Ibrāhīm（Abrā'am）al-Fānī, 一三九六年没〉）の活動を明らかにした。スワンソンはまた、『バルスーマー伝』『ルワイス伝』『イブラーヒーム・アルファーニー伝』についても解説を加えている。[27]

スワンソンの研究や解説は聖人伝の基礎情報を得るためには有用であるが、ビザンツ史やシリア学における聖人伝研究と比べた場合、コプト学におけるイスラーム期以降に著された聖人伝に関する研究蓄積は圧倒的に不足しているといわざるをえない。

コプトからみた十四世紀エジプト社会——研究の課題

本書の舞台となる空間は、アフリカ大陸の北東部、ナイル川渓谷に位置するエジプトである。ナイル川渓谷の両岸に広がる農耕地帯の先は砂漠であるため、歴史的にエジプトの領域は自然国境により規定されてきた。本研究は、マムルーク朝エジプトの首都であったカイロのほかに、下エジプト（カイロ以北のデルタ地方）、そして上エジプト（カイロ以南、ナイル川渓谷沿いの農耕地帯と紅海に近い砂漠地帯）にも目を向ける。対象となる時代は、前述のとおり長い十四世紀、すなわち十三世紀後半から十五世紀初頭までである。

取り上げる聖人伝は、下エジプトの司祭ハディード（Ḥadīd, 一二八七年没）とその弟子、修道司祭ユハンナー・アッラッバーン（Yuḥannā al-Rabbān, 一三〇七年没）、カイロの隠修士バルスーマーとその弟子、「聖なる狂者」アラム、上エジプトの修道士ムルクス・アルアントゥーニーとその弟子、修道士イブラーヒーム・アルファーニー、カイロの隠修士ルワイスに関するものである。なお、同時代に著された『総主教マッタウス伝』は聖人伝の性格がやや異なるため、除外することとする。

本書は、筆者が調査の過程において収集できた聖人伝のみを扱っている。今後、マムルーク朝期に生きたコプト聖人に関する、新たな聖人伝が発見される可能性もある。しかし、本書で取り上げる聖人の名前は、（アラムを除き）すべて十五世紀頃に編纂された『聖人録 *Majmaʿ al-Qiddīsīn*』に記載されている。アラムを除いた、ハディード、ユハンナー、バルスーマー、ルワイス、イブラーヒーム、そしてムルクスの六人は、この順序で、『聖人録』にある。[28] したがって、本書は少なくとも十五世紀のコプト教会において崇敬されていた、十四世紀の聖人について、過不足なく取り上げていることを強調しておきたい。

ここにあげた聖人が実在の人物であることは、先行研究において自明とされてきたが、キリスト教文学としての性格上、聖人伝にて語られる聖人の生涯が、史実に基づいたものであるとは考えがたい。また、これら聖人伝を歴史資料として活用するためには、各聖人伝の特徴と編纂の背景を分析する必要がある。ゆえに本研究は、これら聖人伝テクストの生成理由に着目し、聖人伝の著者（あるいは編纂者）や聴衆、（資金を提供したであろう）修道院など、テクストの生成にかかわった集団についても考察する。そのうえで、聖人伝に著された内容（理想とされた聖人像、聖人崇敬の実践やそれを取り巻く政治・社会状況）や執筆の意義、そしてそこから浮かび上がる十四世紀のコプト社会、ひいてはエジプト社会の様相を検討する。

本書の構成は以下のとおりである。まず本章第2節で十四世紀にいたるまでのコプト教会の歴史について概観したのち、第3節では聖人ならびに聖人伝の定義やその一般的性格について述べ、マムルーク朝期エジプトにおいて、（聖人伝記述の中心となる）「奇蹟」の存在自体は疑問視されず、それを記録したのは知識人であったことを確認する。また、十四世紀に著されたアラビア語コプト聖人伝について、聖人伝叙述の伝統のうえに位置づけ、さらにはその独自性について指摘する。第一章から第七章の各章においては、各聖人伝の手稿本についてその特徴や問題を整理したのち、聖人伝に著された内容を分析する。キリスト教文学として要求される伝統や著された時代背景を踏まえたうえで、聖人伝の特徴、すなわち描かれた聖人像や聖人伝執筆の意義を問う。

また、第Ⅰ部第一章と第二章では十三世紀後半から十四世紀初頭にかけて下エジプトで活動した聖人の生涯から、デルタ地方におけるコプトの信仰生活、すなわち聖人崇敬のあり方や聖人に求められる奇蹟の内容、そして彼らを取り巻く政治社会状況について検討する。第Ⅱ部第三章から第五章では舞台をカイロに移し、都市やその近郊に在住する聖人に求められた役割について分析し、また、各時代において人々が求めた奇蹟や、ムスリムや政府高官との関わり、奇蹟録に込められた戦略を検討する。第Ⅲ部第六章と第七章では上エジプトにおける聖人の生涯の記述から、十四世紀後半の上エジプトの修道院における生活や、当時コプト社会を揺るがしていた信仰の問題（改宗や殉教、再改宗）に関するコプト教会の対応について考察する。

2 コプトの歴史

コプトとは何か

コプトとは、エジプトをあらわすギリシア語「アイギュプトス」に由来するアラビア語で、コプト教会に属する人々を指す。これは他称であり、自称としてはオルトドクス（正教徒）である。イスラーム期においても、エジプトにはコプト以外にもカルケドン派、シリア教会（いわゆるヤコブ派）など、他のキリスト教徒の共同体が存在したため、ここではアレクサンドリア総主教座を中心とする、反カルケドン派キリスト教徒の宗教共同体に属する人々という定義で、コプトという名称を用いる。[29]

コプト教会の伝承によると、エジプトにキリスト教が伝わったのは紀元一世紀である。三世紀頃にはアレクサンドリアからナイル川上流域にも伝播し始めた。その際、古代エジプト語の流れを汲む、エジプト民衆の日常言語が、教会言語として採用された。これがコプト語として今日知られる言語である。そして五世紀には、エジプトの人口のほとんどはキリスト教に改宗していたと一般に考えられている。[30]

古代末期のエジプト教会は、アレクサンドリア主教の強大な権限のもとにあった。四五一年のカルケドン公会議においてアレクサンドリア主教が教義論争に敗れると、ビザンツ派(カルケドン派)と反ビザンツ派(反カルケドン派)によるアレクサンドリア主教位をめぐる対立が起き、五三五年前後に両派おのおののアレクサンドリア総主教座が成立することとなった。

七世紀のアラブ・イスラーム軍によるエジプト征服の際、反カルケドン派の総主教ベンヤミン(在位六二二〜六六一)がアラブ・イスラーム軍を受け入れた。その後、イスラーム政権下のエジプトにおいて、反カルケドン派の総主教に従う、エジプトの大半のキリスト教徒の集団がコプト教会としてのアイデンティティを確立していくこととなる。[31]

イスラーム征服期以降のコプト史概観

その後、ウマイヤ朝(六六一〜七五〇年)のもと、七〇五年にエジプトの行政用語がアラビア語へ変更され、七一八年にそれまでキリスト教徒が主に担っていた徴税官吏がムスリムに限定されると、コプト教会の社会的影響力が弱体化し始める。また、重税により、ウマイヤ朝末期からアッバース朝期にかけて、人頭税(ジズヤ)を回避するための改宗が増加するようになった。[32]

九世紀以降、アッバース朝(七五〇〜一二五八年)下の西アジア全体の動向として、被支配民のイスラームへの改宗が進展する。アッバース朝下、アラブの特権的地位が剝奪され、すべてのムスリムに門戸が開かれたこともその要因の一つであろう。エジプトにおいては、前述のような人頭税回避といった経済的な側面以外にも、アラブ遊牧民の植民の増加や、彼らとコプト女性の婚姻が、エジプトにおけるムスリム人口増加の要因としてあげられている[33]。

しかし十世紀後半、エジプトのイスラーム化が停滞するようなできごとが起きる。ファーティマ朝のエジプト支配（九六九～一一七一年）である。ファーティマ朝はシーア派の一派であるイスマーイール派であったため、エジプトのムスリムの大半であるスンナ派よりもキリスト教徒やユダヤ教徒を優遇し、官僚として重用した。この時代、ファーティマ朝のカリフ（イマーム）とコプト教会の総主教との関係は良好であったとされるが、カリフからの度重なる貢納の要求により聖職売買が慣例化し、これが総主教と主教らとの対立や、聖職者の指導力不足を招くこととなった[34]。

また、キリスト教徒やユダヤ教徒にとって良き時代であったかもしれないが、すでに社会的に優勢な宗教はイスラームになっていた。エジプトにはヨーロッパにおけるゲットーのような異教徒隔離政策は存在せず、アッバース朝期以降、都市部や農村において、ムスリムとコプトが混住した状況にあった。九世紀に公布された非ムスリムの行動を制限する法令のなかには、ズィンミーの家を識別するための印の義務付けや、公道における祭りの禁止といった、混住を示す文言があらわれる[35]。

都市や農村においてムスリムが増加すると、コプトは日常的にムスリムと接触するようになる。こうして、風俗・習慣における同化現象が起き始めた。さらに、イスラームに改宗した人々はクルアーンの言語であるアラビア語を学び、アラビア語を話すようになった。そして、ムスリムが社会の多数派になると、社会的に優勢な言語もコプト語からアラビア語へと交替したのである。残されたコプトも、社会的上昇手段としてのアラビア語を自発的に習得し始めた。

十一世紀後半から十三世紀にかけ、アラビア語は教会の文学言語として主流になっていく。翻訳は総主教主導のもとで組織的におこなわれたとされ、コプト教会の典礼語もアラビア語となった[36]。この時代の急速な言語交替や、教会に課された重税は、教会の伝統の喪失や聖職者のモラルの低下を招いた。また、ファーティマ朝以降の、カリフや政府関係者による教会人事への介入は、総主教の威信の低下をもたらした[37]。そしてかわりに、アルホン（arkhon）と呼ばれる、教会を支える有力信徒集団の活動がめだつようになる。[38] アルホンは手工業者から徴税官僚までさまざまな職業に従事していたようであるが、記録として残っている人々はおもに官僚や有力アミール(もっぱらマムルーク出身で、スルタンのもとで軍の指揮にあたる者、地方総督)に仕えた書記である。[39]

十三世紀、アイユーブ朝の政庁には彼らアルホンが数多く雇われており、政府内や教会内においても、一定の影響力を誇っていた。[40] コプト教会の正史である『アレクサンドリア総主教座の歴史』におけるこの時代の記述は、もっぱら彼らの視点から著されている。そしてアルホンによるパトロネージのもと、「コプト教会のルネサンス」ともいうべき、アラビア語によるコプト教会の文芸活動が花開くこととなる。こうした文芸活動に従事したのも、彼ら自身であった。十三世紀以降、これらアルホンが総主教にとってかわり、政府との交渉や教会の修復・再建といった教会内の諸事に貢献するようになり、教会人事にも介入するようになった。[41]

マムルーク朝期以降、総主教の政治的影響力は限られたものとなった。この時代の総主教に関する『アレクサンドリア総主教座の歴史』の記述は、総主教の名前、出身地と出身修道院、総主教となった年、死亡年、埋葬場所といった非常に簡略な記事となる[42](十三世紀半ば以降の『アレクサンドリア総主教座の歴史』の記述は、一部の時代を除き、これらの情報のみからなり、実質的にとだえているともみなされる)。このような、総主教の政治的影響力が限られ、官庁やアミールに仕えるアルホンが教会を支え、さらには文芸活動に従事する、という状況のなか、本書で扱う聖人たちが登場することとなる。

3　アラビア語コプト聖人伝の概要

聖人と奇蹟

本節では、十四世紀にいたるキリスト教諸教会の聖人伝叙述の伝統における、本書にて扱う聖人伝史料の位置付けについて検討する。その位置付けを明らかにすることは、本書にて取り上げる聖人伝に影響を与え、叙述方法や内容を規定したであろうキリスト教文学の諸要素の理解へとつながるはずである。

そもそもキリスト教において聖人、そして聖人伝とは何を指すのか、という問題であるが（共通理解のためにもっとも普遍的な説明について確認すると）、例えば『岩波キリスト教辞典』は、聖人を「殉教もしくは敬虔な生涯を送ったために、崇敬を受ける者」と定義し、「初代教会では殉教者に崇敬を捧げるようになったのが聖人の認定と崇敬の始まりである」と続く。[43] 四世紀にキリスト教が公認されると、殉教せずとも、敬虔な生活を営んだためにキリストと結ばれた者（証聖者）が聖人とみなされるようになったが、これらの多くは厳しい修行を積んだ隠修士であった。

『岩波キリスト教辞典』はカトリック教会の歴史を前提とし、聖人崇敬について「民族移動期から中世初期にかけ、殉教者や証聖者に対する崇敬が盛んとなり、基本的に地元の民衆が聖人と崇めた人物がそのまま長く崇敬の対象となることが多かった。……十二世紀頃から教皇庁が聖人の認定、すなわち列聖を一手に執り行うようになった」と説明している。「地元の民衆が聖人と崇めた人物がそのまま長く崇敬の対象となる」という点は、東地中海世界においても共通しているが、ビザンツ教会やコプト教会において、列聖の審理は今日のカトリック教会ほど法的な性格はなかった。

コプト教会における聖人（qiddīs または qaddīs）は、殉教者とは区別される。聖人とはおもに総主教や主教、修道士あるいは隠修士であり、アンバー（anbā，Ἀββᾶ に由来）の称号で呼ばれる。[44] 聖人伝の内容からうかがわれる限り、本書が取り上げる聖人については、厳しい修行を積んだこと、また奇蹟をおこなえることがその聖性の証となったようである。彼らは「地元の民衆が聖人と崇めた人物」であった。中世コプト教会の列聖手続きに関しては史料が現存しておらず、その実態は不明であるため、彼らが列聖されているかどうかは不明である。[45] ただし、先述したように、彼らの名前は十五世紀に完成した『聖人録』、そして後述する『シナクサール』にて確認されるため、民衆のみならず、教会も彼らを聖人として承認を与えていたとみなしてよいであろう。

共通理解のために、再び『岩波キリスト教辞典』の定義に戻ると、奇蹟とは「神的力によって引き起こされる、知覚可能な超自然的異常現象が宗教的解釈によって認められたもの」である。[46] カトリック教会においては、奇蹟とはある人物の聖性に対する神的保証として、列福・列聖の必要条件とされている。コプト教会においても、「奇蹟とはある人物の聖性に対する神的保証である」という点は同様である。

さて、聖人崇敬は民衆の文化としてとらえられる傾向にあるが、一般に前近代中東社会においては（もちろん、他地域においても同様であるが）、聖人崇敬とは社会の階層を問わず、幅広く受け入れられ、またさまざまな階層の人々の儀礼、そして日常に影響を与えるものであった。[47] 当時の人々にとって、奇蹟とは一般的な事象であった。例えばD・タルモン・ヘラーは、ムスリムの奇蹟譚を伝えているのは当代随一の学者であったり、そのような学者自体が、奇蹟を起こすことで有名であったりしたことを指摘している。これはムスリム社会に関する指摘であるが、当時の人々は、奇蹟を起こす人物について疑念をはさむことがあっても、奇蹟の事象自体は自明として受け入れていたのである。[48]

もちろん、これらの奇蹟に関する記録を額面通り受け入れることは難しい。しかしながら、ユダヤ教徒の聖墓参詣について研究したJ・メリが指摘しているように、中世の人々（ムスリム・キリスト教徒・ユダヤ教徒）が希求し記録した奇蹟という事象について、それを非科学的なものとして排除せず、分析の俎上に載せることが、彼らの信仰のあり方や世界観を思索するためには有効であろう。[49]

聖人伝史料の特徴と問題点

再びキリスト教文学に視点を戻すと、キリスト教諸教会における聖人崇敬の大きな流れのなかで、聖人伝も著されるようになった。聖人伝は教会文学の一部であるため、一般にこれらの文学には聖職者、すなわち教養あるエリート層の見解や世界観が反映されていると考えられがちである。しかし、深沢克己が指摘しているように、このような考えはエリート文化と民衆文化が対立する概念であること、そして「民衆文化」というものが存在することが前提となっているように思われる。[50]

聖人伝叙述の第一の目的は、それが公衆の面前で読まれることを前提に、信仰者の模範としての聖人の生涯を描くことにあった。聖人伝といった教会の説教文学は、教養ある「知識人」によって著されたものであるが、信徒に対して読み聞かされるというその性格ゆえに、その形式や内容には、信徒（エリートと、一般に民衆と呼ばれる人々双方）の期待するもの（すなわち彼らの文化や世界観）が色濃く反映されていることは、以前から指摘されている。[51] ならば、このような文学は聖職者と一般信徒の相互作用から生まれたものとしてとらえられ、そこにおいてエリート文化と民衆文化とを峻別することは困難である。

繰り返しになるが、これらのテクストは、信徒に対して読み聞かされるというその性格ゆえに、その形式や内容には、信徒の期待するものが色濃く反映されている。言い換えると、その時代における人々の要求に応えるために著された作品なのである。[52] したがって、著された内容から、それが著された時代の宗教的雰囲気や価値観を読み取り、また社会の変容と著されたテクストの関係性を考察する行為に、一定の意義を見出せるであろう。

聖人伝は、典礼関係のテクストと、叙述中心のテクストに分類されるが、本書で扱う聖人伝は後者に分類される。叙述中心のテクストに関しては、R・ファン・ケーネヘムが指摘したように、「聖人伝作者が意図的に先行する文献を書き写したり、はからずも先人の著述を記憶していたりして、よく書かれうる主題・情景・奇蹟が用いられたこと、その結果、この種の文献には常套表現が多い」と一般に理解されているように思われる。同時にファン・ケーネヘムは聖人伝史料の長所について、「必要な留保をしたうえではあるが、この種の史料は、中世人の生活や姿勢について、ほかからは得られない情報を提供するものとみられなければならない」と述べている。これは、L・マッククールやアルマニオスがコプト聖人伝について指摘していることと同様である[53]。

聖人伝に著された内容について、それを史実とみなすことには一定の手続きが必要である。しかし、イスラーム政権下で著されたキリスト教聖人伝について、そこに記されたできごとを年代記などで裏づける試みは、さほど成功していない。例えば初期イスラーム期に著された聖人伝(殉教者伝を含む)について、グリフィスは、記された内容についてムスリム側の史料から裏づけようとした場合、そもそも視点が異なるため記録されるはずがなく、困難であると述べている[54]。

本研究においても、聖人伝の記述について補助史料が得られない場合がほとんどであった。したがって、本書においては、聖人伝の記述における類型や常套句に注意をはらいながら、その記述がどの程度史実を反映しているかという点を検討することとする。ビザンツ史においては、聖人伝の記述が著された当時の社会の状況や慣習を反映しているという見解はすでに確立されており、また、ビザンツの聖人伝にみられる聖人伝の類型や常套句、構造などについても詳細に研究されている[55]。コプト学においてイスラーム期以降の聖人伝研究はいまだ萌芽期にあり、アラビア語コプト聖人伝に関して、このような研究は得られない。しかし、次項にて述べるように、コプト聖人伝も、ビザンツ聖人伝も、古代に著された聖人伝の強い影響下にあるため、聖人伝にみられるトポス(類型)には共通点が多い。以下においては、古代における、聖人伝叙述の伝統について確認することとする。

東地中海世界における隠者系統聖人伝叙述の伝統

《古代に著された隠者系統の聖人伝——モデルとしての『アントニオス伝』》

前述のように、キリスト教諸教会における聖人崇敬の大きな流れのなかで、聖人伝も著されるようになった。聖人伝叙述の第一の目的は、聖人伝が公衆の面前で読まれることを前提に、信仰者の模範としての聖人の生涯を描くことにあった。本書で扱う聖人伝史料は、キリスト教アラビア語で著された、コプト教会における隠者系統の聖人伝である。以下においては本研究の内容と密接に関連する、古代における隠者系統の聖人伝、とりわけ『アントニオス伝』の特徴と後世への影響について述べたい。

修道制の始祖として有名なアントニオス(三五六年没)は、砂漠の隠修士であった。彼は中部エジプトの裕福な農家に生まれたが、両親と死別したのち、霊的生活への憧れから禁欲者となった。村の近くで老師のもと修行に励むが、名声が広まると、砂漠のなかに引き籠った。二〇年間、孤独のうちに修行したのち、弟子たちとともに居を構え、これがのちの(エジプト南部、紅海に近い)聖アントニウス修道院となった[56]。アントニオスの生涯とその美徳や奇蹟について述べた『アントニオス伝』は、アントニオスの死からまもない時期、三五六年から遅くとも三七三年のあいだに、アレクサンドリア主教アタナシオス(三七三年没)により、ギリシア語で著されたと考えられている。この聖人伝は最古の聖人伝の一つにして、後世の聖人伝の祖型となった[57]。

『アントニオス伝』の史料的価値をめぐる議論は現在も続いているが、近年の研究として、T・ハァグは、『アントニオス伝』の著者はたしかにアタナシオスであるとみなしている。そしてアタナシオスのとった手法について、留保付きながら、生前のアントニオスを知る人々が生きていて伝記の内容について簡単に裏付けができる時代に、アントニオスの生涯について、美化や誇張はあるかもしれないが、アタナシオスがあえて虚偽の事実を著すとは考えがたいと述べている[58]。

三七三年頃には、『アントニオス伝』はラテン語に翻訳され、四世紀末にはローマ帝国の各地にて幅広く読まれ、これに影響を受けた聖人伝が著された。上エジプトにて最初期の修道院を指導したパホーム(パコミウス、三四六年没)に関する『パホーム伝』にも、『アントニオス伝』の影響がみられる。[59]

『アントニオス伝』はその後、各地の諸言語に翻訳され、広く普及した。六世紀頃には、砂漠の修道士や修道女について、『アントニオス伝』を模倣した、類型表現に満ちた架空の聖人に関する聖人伝がめだつようになる。だが同時に、この時代における隠者系統の聖人伝のなかには、シリア北東部で柱の上に立ち続けた隠修士、シメオン(四五九年没)に関する『柱頭行者シメオン伝』や、アナトリア半島のカルケドン近郊で修道院を開いたハイパティオス(四四六年没)に関する『ハイパティオス伝』など(『アントニオス伝』の影響下にありながら)、実在した聖人について、その死後まもなく弟子たちにより著されたと考えられるものも伝わっている。[60]

《コプト聖人伝》

エジプトは修道制発祥の地であり、前述の『アントニオス伝』や『パホーム伝』を生み出した。これらの聖人伝はギリシア語からコプト語へ翻訳されたにもかかわらず、その後エジプトにおいては、シリア北東部からアナトリア半島にかけてみられたような隠者系統の聖人伝は、ほとんど著されることがなかった。

コプト教会における聖人伝文学の中心は、殉教者伝にあった。A・パパコンスタンティヌーの研究にて明らかになったように、これらの殉教者伝はディオクレティアヌス帝(在位二八四〜三〇五)期に殉教したとされる人々に関するものである。ただしその多くは、じつはイスラーム征服期からアッバース朝初期にかけてコプト語で著されたものである。そして、それらはイスラームの支配下に入ったエジプトにおいて、「殉教者の教会」という自己定義のもと、コプト教会が信者の流出を防ぐ戦略の一端を担うこととなったのである。[61]

アッバース朝後期以降は、総主教の伝記がコプト教会の正史である『アレクサンドリア総主教座の歴史』に組み込まれるかたちで執筆されている（単独に執筆されたものも存在している）。[62] しかし、修道士や隠修士に関する単独の聖人伝は、管見の限り、十三世紀末まで登場しない。それ以前の時代に存在した可能性もあるが、少なくとも主流の文学ではなく、また『バルスーマー伝』や『ルワイス伝』のように人気を保ち、写本が作成され続けたものは確認されない。

なお、一般にコプト聖人伝という名称は、四世紀から八世紀のあいだにギリシア語からコプト語へ翻訳された、あるいは直接コプト語で著された聖人伝を指す。[63] その多くはアラビア語やエチオピア教会の典礼語であるゲエズ語に翻訳され、現在まで伝わっている。T・オルランディやパパコンスタンティヌーが指摘しているように、「コプト聖人伝」とは曖昧な表現である。なぜなら、ここで用いられる「コプト」という表現はコプト語で著されたもの、すなわち言語で限定されるものと、他の言語、とりわけアラビア語で著されたものも含む、すなわちコプト教会の文化的影響下で著されたものすべて、の両方を指しうるためである。[64] 通常は後者の意味で用いられるが、前者の狭義の意味でとらえられることもある。

本書にて扱う聖人伝は、後者のコプト教会の文化的環境下で著されたという点においては「コプト聖人伝」と呼称しうる。しかしながら、はじめからアラビア語で著されたものであり、コプト語からの翻訳文学ではないこと、また古代の聖人について描いたものではなく、イスラーム期以降、そのなかでも十三〜十四世紀に生きた聖人に関する文学であるという点は重要な特徴である。

《キリスト教アラビア語聖人伝》

東方キリスト教世界においては、八世紀後半頃から、アラビア語で教会文学が著されるようになる。[65] 地中海東岸においては、おもにアラビア語で教会文学を著すようになった教会は、シリアとパレスチナのメルキト派（カルケドン派、ここではビザンツ教会信徒）とエジプトのコプト教会である。各教会においてさまざまな聖人伝がアラビア語へ翻訳されたが、個別の聖人伝における翻訳経路の複雑さについては、戸田聡が明らかにしている。[66]

一方、当初からアラビア語で著された、イスラーム期以降の聖人に関する聖人伝については、研究が遅れているといわざるをえない状況にある。これは、これらの聖人伝の大半が校訂されておらず、目録化されていないものも多いため、全容を把握することが困難であるという事情に起因している。[67] ここで確かなことは、隠者系統の聖人伝はコプト教会において、十四世紀までは主流、あるいは人気のある文学ではなかったということである。

したがって、コプト教会の文学作品という文脈においては、なぜ、このような作品が十四世紀に著されたのかという問題を念頭におきながら、これらの聖人伝について考察する必要が生じる。前述のようにコプト教会において、殉教者伝がさかんに著され、「殉教者の教会」というアイデンティティが確立したのはイスラーム征服期以降のことであった。また、イタリア半島南部では、隠者系統の聖人伝というジャンルにおいても、イスラーム征服期からその後のノルマン王朝の確立期にかけて、イタリア半島南部がおかれていた政治・社会状況によって叙述の対象となる聖人の姿が大きく変化したことが知られている。[68] ならば、十四世紀エジプトにて著された聖人伝についても、当時のコプトを取り巻く政治・社会状況の変化が、このような文学の出現を促したという仮説を立てることができよう。

《十四世紀コプト教会にて著された聖人伝》

本書で取り上げる聖人伝とは、アラビア語で著された、叙述中心のテクストである。対象となる聖人は同時代の「生きた」聖人で、広義の意味における隠修士や、修道士である。また、各聖人について単独の伝記が著されている。ゆえに、古代東方諸教会における聖人伝叙述の伝統を踏襲しながら、コプト学において長い研究の伝統がある殉教者伝とは性格が異なる。[69] 各聖人伝は「伝記 sīra」と「奇蹟録 ʿajāʾib」からなる。死後の奇蹟や、聖遺物に由来する奇蹟への言及は少なく、生涯と、聖人の生前にその執り成しゆえに起こった奇蹟が叙述の中心となる。

このような叙述形式はイスラーム期以前に遡り、スワンソンによると、『カエサリアの聖バシレイオス伝』といった、アラビア語へ翻訳された聖人伝にこのような形式の継承がみられる。なお、隠者系統に分類される聖人伝で、「伝記」

と「奇蹟録」からなる聖人伝のうち、アラビア語で著された最古のものは『カーフシュターの聖テモテオス伝』であると考えられている。[70]

これらの聖人伝の最大の特徴は、死後まもなく編纂されたと考えられることである。詳しくは後述するが、一例をあげると、本書にて取り上げる聖人の一人、バルスーマーの死は一三一七年である。その伝記である『バルスーマー伝』の手稿本のうち、年代が確認できる最古のものはパリのフランス国立図書館が所蔵するMS arabe 72であるが、これはコプト暦一〇七四／西暦一三五八年(以下コプト暦・西暦を略)に完成している。このほかにも、コプト正教会総主教座図書館(以下総主教座図書館)が所蔵する『バルスーマー伝』MS tārīkh 51(n.d.)の底本は一〇七九／一三六二〜六三年に筆写されたものである。[71] これらを踏まえると、『バルスーマー伝』は死後四〇年以内に著され、現在のかたちになったとみなすことができる。なお、各聖人伝の手稿本には、後世に書き直された形跡は一部を除いて確認できない。「奇蹟録」では収録された奇蹟数に差がある場合が多いものの、各逸話内において記述は一致している。

テクストの特徴としては、中期アラビア語(Middle Arabic)で書かれていることがあげられる。すなわち、正則アラビア語と比べると文法に逸脱があり、ときおり口語表現もみられる。これは中世のイスラーム、ユダヤ教、キリスト教文献に共通する言語的特徴であるが、キリスト教アラビア語特有の用語もみられる。[72] 文字の表記法も中期アラビア語の特徴を備え、シィーンがスィーンとなる、ダードがザーに置き換わりさらに点が脱落するなど、読解時に注意を要する点が多い。

以上のように地中海東岸におけるイスラーム期以降の聖人伝叙述の伝統を概観すると、本書で扱う聖人伝史料の特殊性が浮かび上がる。これらは翻訳文学ではなく、イスラーム期以降の、同時代の聖人に関する伝記である。コプト教会においてイスラーム期以降、このような聖人伝が連綿と著され続けていたわけではない。今後、どこかの修道院からこのような隠者系統の聖人伝が発見されるかもしれないが、イスラーム期以降のコプト教会において重要視されたのは殉教者伝であり、隠者や修道士に関する聖人伝ではなかった[73]。

それでは、なぜ十四世紀にはこうした聖人伝が複数著されたのであろうか。その答えの一つとして、当時編纂されていたコプト教会のシナクサリオン、すなわち『シナクサール *Kitāb al-Sinaksār*』との関係が示唆されるが、コプト教会の『シナクサール』の編纂過程については不明な点が多い。『シナクサール』に関する研究は今後取り組みたいと考えているが、以下において、『シナクサール』と本書で取り上げる聖人や聖人伝との関係について、簡略ながら述べておきたい。

『シナクサール』における十四世紀コプト聖人の記載

東方諸教会におけるシナクサリオン(synaxarion)とは、聖人の略伝を固定祭日の順に編纂したものである。コプト教会のシナクサリオン(以下アラビア語表記に従いシナクサールとする)は、ビザンツ教会のシナクサリオンを参考に十三世紀前半頃にアラビア語で編纂が始まり、複数の編纂者の手をへたのち、十四世紀に現在伝わるかたちとなったと考えられている[74]。編纂者たちは、過去の聖人の名前とともに、その時代に人々から聖人として崇敬された人物の名前を『シナクサール』に順次追加していった。

『シナクサール』は編纂と同時に書写され、エジプト各地へ分布した。それゆえ、手稿本が写された時期や場所により、十三〜十四世紀の聖人に関する情報に異同がみられる。本書で取り上げる十三〜十四世紀の聖人七人のうち、四人、すなわちハディード、バルスーマー、アラム、ムルクス(この四人は一二八七〜一三八九年のあいだに没)については、『シナクサール』にて名前が確認された[75]。残り三人、すなわちユハンナー、イブラーヒーム、ルワイスのうち、ルワイスは現代においても高名な聖人であるため、『シナクサール』に名前が記載されていないことは不自然である[76]。以上を踏まえると、一三八〇年代後半までは『シナクサール』に聖人の情報が追加されたものの、十四世紀末には現在のかたちとなり（記載されていないイブラーヒームは一三九六年没、ルワイスは一四〇四年没）、その後、情報が追加されることはなかったとみなされる。

『シナクサール』と個別の聖人伝との関係であるが、一二八七年に没した聖人、ハディードについては手稿本により二種類の記述がみられ、また彼について記載していない手稿本も存在する。記述に基づき手稿本をA系統、B系統と分けると、『ハディード伝』のA系統はハディードの読心能力について述べ、B系統はハディードの予言や治癒能力について述べる[77]。A系統とB系統とではハディードの聖性や奇蹟の特徴について捉え方が異なるわけであるが、これらの要素はすべて第一章で検討するこの聖人伝の「奇蹟録」に登場する。それゆえに、いずれの能力もハディードの美徳として有名であり、『シナクサール』にハディードの項を追加した際に、編纂者がその一部を選んで記したため、差異が生じたと推察される。

一三一七年に没した聖人、バルスーマーについては、『シナクサール』の各手稿本において記述がほぼ一致している。『シナクサール』と『バルスーマー伝』の記述を比較すると、両者の内容は大筋において一致しているものの、『シナクサール』はバルスーマーの修行や一三〇一年に公布された教会封鎖令についてより詳しく描写している。そのため、『シナクサール』が『バルスーマー伝』のたんなる要約であるとは考えにくく、クラムが指摘したように、両者には共通の情報源があるとみなしたほうが自然である。『バルスーマー伝』手稿本の奥付には、「この聖人伝は『説教集 *Maqālāt*』をもとに編纂した」と記されている[78]。この『説教集』こそ、両者共通の情報源である可能性が高い。

総括すると、聖人伝が著された十四世紀において、『シナクサール』には聖人の情報が順次追加されていった。そこからは、『シナクサール』に聖人の名前を記載させるための運動の一環として、個別の聖人伝あるいは聖人の業績集が著されていたことが示唆される。検討したこれらの点を踏まえ、第一～七章において各聖人伝の内容を分析したい。

第Ⅰ部　下エジプトにおける聖人の活動

十三〜十四世紀初頭

第Ⅰ部第一章と第二章においては、それぞれ十三世紀から十四世紀にかけて下エジプトに生きた聖人、ハディードとユハンナー・アッラッバーンの生涯と、彼らに対する崇敬の様相について検討する。十三世紀後半から十四世紀半ばという時期における、下エジプトに住むキリスト教徒を取り巻く環境の変化と、聖人伝の執筆動機を明らかにすることを目的とする。

初めに各聖人伝手稿本の特徴について確認し、聖人の死亡年を確定させる。次に各聖人の生涯やその美徳、彼らに帰せられた奇蹟の記述について、キリスト教文学として聖人に求められる姿や聖人伝文学において蓄積された先例（トポス、類型）を踏まえつつ、両聖人、そしてその聖人伝を特徴づける要素や、下エジプトにおけるキリスト教徒の聖人崇敬のあり方について分析する。そして最後に、彼らが生きた時代背景と、そこから導きだされる両聖人伝執筆の意義について述べることとする。十三世紀後半、下エジプトではアフマド・アルバダウィー（一二七六年没）などムスリム聖者の聖者崇敬が興隆しつつあった。同時代のキリスト教徒（聖人の崇敬者や聖人伝を執筆させた人々）は、キリスト教の聖人に何を求めていたのであろうか。

第一章 『ハディード伝』の世界 下エジプトの司祭

1 『ハディード伝』概要

忘れられた聖人ハディード

イブヤール出身のとある男は、……トゥルクの王の時代、総主教ユアンニス・イブン・サイード〔在位一二六二～六八、一二七一～九三〕の時代に、キリスト教徒に課せられたものを集めるため両替商(ṣayrafī)として働いていた。その後司祭に任じられたが、あるときハディードのもとへ元の商売へ戻りたいと相談にきた。……男はハディードの忠告を無視し、購入したヤシのマット(sumam)を大きな船に積み、船出したが、川面に風が吹き、船が転覆してしまった。その船にはビルマー出身の男とその妻子が乗っており、彼らは死を前にしてハディードに助けを求めた。[1]

〔『奇蹟録』奇蹟一三〕

ハディード(Hadīd)の存在は、現代のエジプト人にはほとんど知られていない。いわば忘れられた聖人である。『ハディード伝』によると、この人物は地中海沿岸、ブルッルス湖に面するスィンジャールの出身であり、その人生の大半をナイル川ラシード分流沿いに位置する、ヌトゥービス・アッルンマーンという村の司祭として過ごした。[2]『ハディード伝』は、本章において明らかにしていくように、ハディードが暮らした地域の事情に詳しい弟子の一人が執筆、あるいは編纂したものと考えられる。ハディードはその生前、下エジプト各地から崇敬者を集めたとされるものの、この聖人が埋葬された教会は後世において参詣地とはならなかったようである。これにはおそらく十三世紀後半から十四世紀当時の情勢が影響しており、それゆえハディードへの崇敬と聖人伝の存在が忘れられてしまったものと思われる。

ハディードはコプト教会の聖人暦である『シナクサール』に登場し（コプト暦バラムハート月三日）、また『聖人録』に登場する、一人目のマムルーク朝期の聖人である。[3]『ハディード伝』は、この聖人に関する単独の伝記であり、アラビア語で著され、「伝記」と「奇蹟録」からなる。十三世紀には、コプトの文芸活動はもっぱらアラビア語でおこなわれていたため、この聖人伝は当初からアラビア語で著されたと考えてよいであろう。

『シナクサール』にその名前が記載されているため、人物としてのハディードの存在は古くから知られていたはずである。しかしながら、その伝記については、コプト正教会総主教座が発行する雑誌『アル・キラーザ *al-Kirāza*』に一九六七年に掲載された、サリーブ・アルキッス・ディミトリーの記事ではじめて紹介されたようである。これはワーディー・ナトルーンのスルヤーン修道院が所蔵する手稿本 mayāmir 306 の『ハディード伝』の「伝記」部分をもとに、ハディードの生涯をまとめたものである。その後、スルヤーン修道院自体も、ハディードの生涯とその奇蹟について紹介した小冊子（MS mayāmir 306 と 311 に依拠）を発行している。[4]

ハディードの死亡年

『ハディード伝』の手稿本については現在、ワーディー・ナトルーンのスルヤーン修道院と聖マカリウス修道院、そして上エジプトの聖アントニウス修道院が所蔵していることが知られている。[5]

スルヤーン修道院所蔵 MS mayāmir 306 は十八世紀に書写されたものである。『ハディード伝』は全四六葉からなり、最初の八葉が「伝記」(fols. 1a–8a)、残り三八葉(fols. 8b–46b)が「奇蹟録」(全三二話)となる。その途中(fol. 36b)には、この手稿本はカイロのズワイラ街区(図7〈一三〇頁〉参照)に住む、子どもの教師(muʿallim al-aṭfāl)、ユハンナーが所有していると記されている。

同修道院所蔵MS mayāmir 311の奥付には、コプト暦一二六七/西暦一五五一年(以下コプト暦・西暦を略)の日付がある。MS mayāmir 311の『ハディード伝』は全四一葉、「伝記」部分の内容はMS mayāmir 306よりも長く(全一二葉)、「奇蹟録」(三三話)はほぼ同一の分量である(全二九葉)。分量とその内容から、MS mayāmir 306の『ハディード伝』「伝記」部分はMS mayāmir 311のそれの省録である可能性が示唆される。なお「奇蹟録」に関しては、両手稿本間において収められた数に相違(一話)があるものの、個々の奇蹟譚の内容は同一である。

さて、本史料の最大の問題はハディードの死亡年にある。『シナクサール』にはハディードの死亡年は記されていない。スルヤーン修道院所蔵両手稿本はハディードの死亡年を一一〇三/一三八七年と記しており、先行研究もこれに拠っている[6]。しかし、両手稿本ともハディードの弟子ユハンナー・アッラッバーンの死亡年を一〇二四/一三〇七年としている。聖マカリウス修道院所蔵手稿本は、ハディードの死亡年を一〇〇二/一二八六年としている[7]。

スルヤーン修道院所蔵手稿本における、ハディードとその弟子ユハンナーの死亡年について考えると、まず、弟子がその師の八〇年前に死亡するとは非現実的であろう。また、『ハディード伝』には十三世紀半ばのコプト教会の総主教である、ユアンニス・イブン・サイード(第七八代。在位一二六二~六八、一二七一~九三)への言及がある。したがって、ハディードの死亡年は一〇〇三/一二八七年あるいは一〇〇二/一二八六年に修正すべきである。

死亡年訂正の根拠は三点あげられる。第一に、『聖人録』において、マムルーク朝期の聖人はハディード、ユハンナー、バルスーマー、ルワイス、イブラーヒーム、ムルクスという順序で列記されている[8]。バルスーマーは一三一七年没、後者三人は十四世紀後半の聖人である。ハディードの没年が一三八七年である場合、後者三人のグループ内にその名前は挿入されるべきである。第二に、ハディードが十四世紀後半に死亡している場合、登場すべき総主教の名はマッタウス(在位一三七八〜一四〇八)のはずである。第三に、『シナクサール』に記載された、ミスラー月二十二日の聖人の一人がハディードと同名であり、この人物は一一〇三／一三八七年に殉教したとされている。[9] ゆえに、この両名の死亡年が混同され、『ハディード伝』手稿本の記述「一〇〇〇と三(＝一〇〇三年)」のあいだに一〇〇が挿入され(一〇〇〇と一〇〇と三〈＝一一〇三年〉)、本章で取り上げるハディードの死亡年が、一一〇三／一三八七年に修正されてしまったものと考えられる。[10]

このため、ハディードは従来、十四世紀後半に活躍した聖人であるとみなされていた。[11] ハディードが十三世紀に生きた聖人であるならば、『バルスーマー伝』以前の、単独で著された同時代の聖人に関する(総主教や殉教者を除く)聖人伝はまれであるため、『ハディード伝』はコプト教会の歴史を考える際に貴重な史料となる。

『ハディード伝』の著者は不明であり、文中においてその素性をうかがわせるような記述は確認できない。「奇蹟録」の奇蹟一七は「ハディードの弟子である修道士ムルクスが語ったところによると」と始まるため、『ハディード伝』(少なくともその奇蹟録)はハディードの弟子と関わりのあった人物が著した、あるいはそのような人物が収集した奇蹟がのちに編纂されたものであると考えられる。[12]

なお、『ハディード伝』には、これがハディードの弟子、ユハンナー・アッラッバーンの活躍との関係において記されたことを示唆する記述が散見される。「奇蹟録」奇蹟一〇にはユハンナーがハディードの後継者となった経緯が記され、奇蹟一一にはハディードが教会の中にいると、村の子どもたちがユハンナーを讃える声が聞こえたと記されている。奇蹟一五はユハンナーがハディードに教えを乞うエピソードである。[13]

『ハディード伝』には、弟子ユハンナーの死(一三〇七年)への言及はみられない。そのため、この聖人伝はハディードの死(一二八七年)からユハンナーの死(一三〇七年)のあいだに著されたと考えられる。また、「奇蹟録」の冒頭は飢饉に関する記述であるため、執筆時期は一二九〇年代にエジプトで起きた大飢饉の記憶が真新しい頃であると推察される。[14]

2 ハディードの生涯　司祭としての聖人

『ハディード伝』による記述

以下、スルヤーン修道院所蔵MS mayāmir 306の記述に基づき、ハディードの生涯について概観する。なお、聖人伝冒頭の礼讃文は、一葉に満たないほど短く、すぐにハディードの生涯に関する記述が始まる。[15]

「伝記」によると、ハディードの父親は地中海沿いの町、スィンジャールに住む漁師であった。あるときハディードの母親は夢の中で天使によりお告げを受けた。それは彼女が神から子を授かり、その名はハディードであること、その子は「神の人々の頭 ra's sha'b al-rabb」となるという内容であった。ハディードは信仰心の強い子どもに育ち、七歳になる頃には断食や礼拝をおこない、父親の漁を手伝っていた。（おそらく十代の頃）母から「私が死ぬ前に嫁と子を見たい」と結婚話をもちかけられるが、ハディードは「この世の喜びは私のためにはない」とそれを拒否し、この世を捨て、修道士になりたいと母親に告白する。すると母親は喜び、天使に告げられたことをハディードに伝え、息子を祝福したという。[16]

出生前の予言や幼少時からの敬虔さ、妻帯の拒否とそれにともなう家族との軋轢《あつれき》は、コプト教会をはじめキリスト教諸教会の聖人伝や殉教者伝にて好まれるテーマであるが、これらは、聖人伝の著者がハディードの幼少期・青年期について、さほど情報を有していないことを示唆している。[17] ここに示した内容は聖人伝にありがちな情報であり、父親の漁を手伝っていたという記述を除いては、ハディードについて、固有な情報は述べられていない。

青年ハディードは父親と同様に漁師として働きながら、孤児や寡婦《かふ》の世話をし、断食といった修行に励んだ。しかし、その名声が広まり始めると、栄光から身を遠ざけるためにスィンジャールから逃げ出したとされる。[18] スィンジャールをあとにしたハディードは、ブルンバーラ(下エジプト北西部、ラシード近郊)管区(a'māl)にある、タッバーナという村の聖ギルギス(聖ジョージ)教会に住み着いた。この教会の付近には水車があったため、ハディードはそこで働き、残りの時間は教会で礼拝をしていたという。[19]

「伝記」によると、ハディードはすぐにこの教会を去ることとなり、教会は破壊されてしまう。聖人伝はその理由について、「若者がたくさん教会にやってきて、とりわけ祭日は混雑した。そこで〔おそらく祭りの日に〕たくさんの罪が犯されたため、神は怒り、教会の破壊を許可した」と説明している。[20] タッバーナの教会を去ったのち、ハディードはワディー・ナトルーン(別名スケティス。カイロから北西へおよそ九〇キロ、リビア砂漠のなかに位置する修道院群)の聖マカリウス修道院で余生を過ごそうと考えるが、聖母マリアが夢にあらわれ、(ラシード分流沿いの)ヌトゥービス・アッルンマーンという村にある、彼女の名を冠した聖処女教会へ赴き、その地にこの世を去るまでとどまるよう命じられたという。[21] ヌトゥービスの教会で暮らし始めると、さまざまな地域から人々がハディードのもとを訪問するようになった。ハディードはその者の心の中を読み、訪問者たちは喜んで故郷に帰ったという。名声が広まると、ハディードは村のアルホン(在家信徒の有力者)の働きかけで、主教により司祭に任じられたとのことである。[22]

ここで「伝記」が終わり、「奇蹟録」が始まる。収録された奇蹟の記述はすべて、ハディードがヌトゥービスに滞在していたときに起きたできごととされている。そして「奇蹟録」の最終話、奇蹟三二にてハディードの死について語られる。それによると、聖母の指示通り、ハディードはヌトゥービスにて余生を過ごしたが、ハディードの晩年にこの地の教会が破壊され、ハディードもワーリー(地方総督)に逮捕・投獄されてしまった。そこに天使があらわれ、ワーリーがハディードと信徒たちを解放すること、教会の再建が可能であることを告げた。そしてこの予言は実現し、ワーリーは村人に、教会建設を妨げる者がいないよう命令したという。このように教会の再建を見届けたのち、ハディードは死を迎え、その教会に埋葬された。[23]

「伝記」における、ハディードの出生から幼少時の記述、すなわち母親にくだされたお告げや幼少時の生活、妻帯の拒否の部分は、殉教者や聖人の生涯として好まれるトポス（類型）を踏襲している。これらについては、聖人伝の著者がハディードの前半生についてさほど情報を有さなかったため、著者がハディードという聖人にふさわしいと考えた姿が投影されていると解釈すべきであろう。

『ハディード伝』の著者は、いわば典型的なキリスト教聖人像を踏まえながら、ハディードの生涯について述べているように思われる。幼少時の記述については前述したとおりであり、漁師であった聖人についても、先例がみられる。[24]栄光から身を遠ざけるための移動も、トポスとしては一般的である。すると、ハディードの生涯について、下エジプトにて名声を得ていたということ以外、史実とみなせるような記述はほとんど抽出できないこととなる。ただし、父親や本人の職業が漁師であるとされている点は、ブルッルス湖に面する、スィンジャールという地域の特性を反映しているといえるであろう。また、ハディードやその弟子ユハンナー・アッラッバーンのもとにはスィンジャールから崇敬者が多数訪れたとされているため、ハディードとスィンジャールとのあいだになんらかの関係があったことは事実であると考えられる。

このような問題を抱えながらも、『ハディード伝』の記述からは、この聖人伝が当時の時代背景を踏まえて著されていることがうかがわれる。まず、ハディードは聖典の知識を生かし、コプト語をアラビア語へ翻訳していたと述べられている。[25]『ハディード伝』は彼が受けた教育について述べていないため、ハディードにこのような知識があったかは不明であるが、これは十一〜十三世紀のエジプトの言語状況、そして聖職者の役割と一致している。

十一世紀頃から十三世紀頃にかけて、コプト教会やその信徒の典礼言語、そして日常言語はコプト語からアラビア語へ移行した。一二四〇年代に第七五代総主教キュリロス三世（在位一二三五〜四三）は教会律（カノン）を制定しているが、その第七条には「大きな町の司祭がアラビア語を知らず、コプト語において間違いを犯す場合の規定」とある。[26] 十三世紀半ばまで、教会においてコプト語とアラビア語の併用は続いていたのである。

また、ハディードは村のアルホンによって司祭に推薦されたと記されているが、これは当時の慣習であったようである。スルタン・カラーウーン(後述)のマムルークであった、アミール・バイバルス・アルマンスーリー(一三二五年没)の書記、イブン・カバル(Abū al-Barakāt Ibn Kabar, 一三二四年没)も一三〇〇年にアルホンの推薦により司祭の叙階を受けている。[27]

『ハディード伝』「伝記」の記述から明らかになったことは、ハディードは修道院で修行したことがなく、修道士としても聖職者としての教育もおそらく受けておらず、人々から受けた崇敬ゆえ司祭に叙せられ、また聖人とみなされたという点である。ハディードの名声はその生前から広まっており、ハディードの聖性が神により約束されたというハディード出生前の予言は、ハディードの聖性を讃えるための、著者による付け加えであろう。

一方、「伝記」において説明が欠けている部分も注意を引く。すなわち、ハディードが俗世を捨てた理由や、その修行生活に関して、著者は言及していない。これは聖人伝の著者は修道士としてのハディードの姿に関心をもっていないことが明らかである。著者はあくまで、ヌトゥービス・アッルンマーンという土地において崇敬者を集め、その教会を破壊から守った人物について記録し、その業績を讃えたにすぎない。これは、主教にハディードの叙階を求めた、村のアルホンたちの姿と重なる。

ハディードに帰せられた美徳

『ハディード伝』の著者は、ハディードの聖性についてどのようにとらえていたのであろうか。スルヤーン修道院所蔵 MS mayāmir 306 の前書きにおいて言及されているハディードの美徳は、その治癒能力(ashfiya)のみである。しかしながら、この手稿本の前書き部分は省略されたものである可能性が高い（註15参照）。『シナクサール』における、ハディードの項は二種類存在する。パリのフランス国立図書館所蔵手稿本 arabe 4780 ならびに校訂本のカイロ版では、ハディードの美徳について、「予言をする霊的能力や秘密を知る能力（それは心の中にあることを明らかにできるほどであった）があり、彼のもとにやってくる人々の病気を治癒し、祈りにより死者を蘇らせた」とある。J・フォルジェ版、そして現存する複数の手稿本では、ハディードについて「聖霊の恩寵（niʻma）に満ち、彼のもとへやってくるすべての人の心の中〔を読み〕、その願い事を知っていた」と記されている。[28]『ユハンナー・アッラッバーン伝』の前書きにはハディードについて「選ばれし者、すなわち聖人は聖ペテロに始まり、ハディードに終わる」と記され、「身障者、脚の悪い者、視覚障がい者、聴覚障がい者など、苦しんでいる者がやってくると、彼らについて執り成し（shafāʻa）、死者を再生した」とある。[29]

これらの記述からは、ハディードに帰せられる美徳について、統一された見解があるわけではないことがわかる。前述した要素は、すべて「奇蹟録」に登場するため、いずれもハディードの美徳としても有名であり、そのうちの一部が著述の際に選択されたものと推察される。「奇蹟録」にてもっとも記述数の多い奇蹟は治癒に関するものであるため、MS mayāmir 306 の前書きにあるとおり、ハディードの能力のうちもっとも有名であったものは、その治癒能力なのであろう。いずれにせよ、ハディードの美徳に関する記述からは、ハディードという聖人について讃えるべき要素は人間離れした修行や禁欲生活により得た聖性というよりは、人々に何をもたらしたかという点に集約されていることがわかる。

3 治癒を求めて　聖人のもとを訪れる人々

ハディードを訪問する人々の特徴

ハディードによる執り成しを求め、どのような人々が彼のもとへやってきたのであろうか。ハディードのもとを訪問した人々について、『ハディード伝』は「修道士やアルホン、聖職者といったさまざまな人々がハディードの助言を求めた」と述べている。[30] しかし、「奇蹟録」に登場する人物は「ある男」と記されている場合がほとんどであり、職や身分、名前といった具体的な情報に欠けている。また、『ハディード伝』は他の聖人伝と比べ、高位の人物の登場が著しく少ない。奇蹟三一には重税に関して（後述するスルタン・バイバルス一世〈在位一二六〇～七七〉期のできごとであると思われる）、総主教とアミール（軍事司令官または総督）がハディードのもとへ相談にきたと述べられているが、記述が具体性に欠け、史実性が疑わしい。[31]

「奇蹟録」において、女性はわずか二例しか登場せず、大半はキリスト教徒の男性である。例外となるのは、ムスリムの商人や夫婦であり、彼らの存在が参詣者に多様性を与えている。奇蹟二二では、アレクサンドリアからカイロへ向かう途中、嵐で船が難破した三人のムスリム商人をハディードが助けたという話である。奇蹟二二では、下エジプトのムヌーフ出身のムスリム夫妻が、子の障がいを治してもらうべく、ハディードのもとを訪れたとされる。彼らの授かった子が盲目であり聴力障がいもあったため、この夫妻はムヌーフの人々からその事実を隠し、フゥワの町に移り住んだ。あるとき、町の人に子の障がいについて打ち明けると、町の人はハディードのもとへ行き、典礼（出典では al-rutab 〈al-rutba〉）をおこなってもらうと子の障がいは完治するであろうと助言した。この夫妻はその後、フゥワの町でハディードの治癒力について評判を聞いたため彼のもとへ子を連れて行く決心をしたという（助言者の言葉通り、子の障がいは完治した）。このようなムスリムに関する記述、あるいは参詣者のなかにムスリムがいたという人々の記憶が、『シナクサール』フォルジェ版における、ハディードは「信者であっても信者でなくとも」対応した、という記述の根拠となったと考えられる。[32]

ハディード訪問の目的

このように、『奇蹟録』においては治癒を目的とした訪問の記述が多い。治癒の対象は、本人の病であったり、子の病であったりする。例えば奇蹟六では、ある男とその妻が、脚が悪く、立ち上がることのできない息子をカイロからハディードのもとへ連れてきたとされ、前述した奇蹟二二ではムスリムの夫妻が、盲目で耳が不自由な子とともにハディードのもとへやってきたとされている。[33]

治癒のほかには、バラカ（baraka, 恩寵）を求めてやってくる例がみられる。奇蹟二九ではスィンジャールのキリスト教徒たちがハディードのもとへバラカを授かりにきて（li-yatabāraka min-hu）、それから祭りに向かう。奇蹟三と二八にても、同じくスィンジャールのキリスト教徒（奇蹟三はアルホン、奇蹟二八は集団）が船でカイロへ行く前に、ハディードのもとへバラカを授かりにきている。[34]

また、ハディードに助言を求める例もある。奇蹟七はカイロへ陸路で行くべきか川を上るべきかという相談であり、本章の冒頭で引用した奇蹟一三ではイブヤール出身の男が、司祭になったものの、元の職業である商業に戻りたいとハディードに訴えている。[35]ハディードは商業に携わる者の相談役も務めていたのである。

『ハディード伝』には、キリスト教徒が聖人への参詣や、祭り（ʿīd）、商売のため、ラシード分流沿いの集落間やアレクサンドリア、さらにはカイロへ旅をしていることが描写されている。航海の安全と結びつけられる例は、前述した奇蹟七や二七のほかに、本章の冒頭で引用した奇蹟一三の、船が転覆した際に夫婦がハディードに助けを求める話があげられる[36]。前述の奇蹟二一は、三人のムスリム商人が、アレクサンドリアからカイロに向かう途中で嵐に遭遇し、ハディードに助けられる話である[37]。

十一世紀の記録によると、当時アレクサンドリアからフスタートまで、ラシード分流を利用した場合、移動に五日から六日を要した。ナイル川上の操航は容易なものでなく、経験と技術を必要とし、しばしば遭難や座礁の危険をともなった。船舶は定員超過や積載過多をしがちであり、夜間停泊中に盗賊に襲われる可能性もあった。カイロのゲニザ文書（中世のユダヤ教徒が残した文書群）には、アレクサンドリア－フスタート間を航行中に遭遇した災難を伝える手紙が多数存在している[38]。ナイル川で旅をする際、航行の安全を願って聖人のバラカを求めるという行為は切実なものであったのである。

以上、ハディードに対する崇敬の記録について考察してきたが、ハディードは政府関係者や高位聖職者といったパトロンを誇ったわけでもなく、その奇蹟も航海の安全を除けば取り立てて特徴があるわけではない。『ハディード伝』における奇蹟の内容は、治癒やバラカといった人々の普遍的な要求に応えたものが多い。それでは、各奇蹟譚に記された、参詣者の出身地には何か特徴を見出せるであろうか。

ハディードを訪問する人々の出身地

『ハディード伝』「奇蹟録」には、ハディードのもとを訪れたとされる人々の出身地や関連する地名として、ハディードが滞在していたヌトゥービス・アッルンマーン（奇蹟一九）、ハディードの故郷であるスィンジャール（奇蹟三、一四、二八、二九）、ナイル川ラシード分流沿いに位置するフゥワ（奇蹟二三）、イブヤール（奇蹟一三）、ビルマー（奇蹟一三）、ムヌーフ（奇蹟二二）が登場する。このほかにはサマンヌード（奇蹟二〇）、アレクサンドリア（奇蹟二一）、カイロ（奇蹟六）、フスタート、そして上エジプト（奇蹟四、五）の名がみられる（図2参照）。

図2　デルタ地方広域　ハディードの下エジプト

［出典］S. Timm, *Ägypten: Das Christentum* をもとに作成

ハディードが長年在住したとされるヌトゥービスの住民への言及は一例しかみられない。しかしながら、前述したようにヌトゥービスのアルホンらは、ハディードを司祭として叙階するよう主教に働きかけたわけであるから、この地にハディードの崇敬者がいなかったわけではないであろう。ここからは、「奇蹟録」に記載される対象となった奇蹟は、ヌトゥービスへやってきた人々に関するものであり、ヌトゥービスの人々に起きた奇蹟は（おそらく当たり前すぎて）記録されなかったものと推察される。

「奇蹟録」にてもっともめだつ地名はハディードの故郷、スィンジャールである（四例）。スィンジャールのつぎに特徴的な地名は、ヌトゥービスが位置するナイル川ラシード分流域の町や村、すなわちフゥワ、イブヤール、ビルマー、ムヌーフである。フゥワはヌトゥービスのすぐ上流にある町であり、この町とイブヤール、ムヌーフはラシード分流沿い、またはその近くに位置している。同じ下エジプトであっても、ラシード分流から外れた場所からやってくる信者は、スィンジャールのほかはサマンヌードの一例（奇蹟二〇）にすぎない。[39]

ハディードのもとを訪れる際の交通手段は明記されていない場合が多い。しかし、前述した地名から、信者のネットワークはラシード分流を利用し、船でヌトゥービスを訪れることができるという条件に規定されているとみなすことができる。下エジプトのおもな交通手段は船であった。例えばローマ期にはナイル川の支流と運河を利用して穀物がアレクサンドリアへ運ばれていたことが知られているが、イスラーム期以降も、人々の移動手段はもっぱら船であった。S・ゴイテインは、ゲニザ文書において陸路の移動に関する記録は少ないと述べている。[40]

『ハディード伝』にはしばしば船（markab）の記述が登場する。[41] 前述した奇蹟三においては、スィンジャールのアルホンが請願のためにカイロへ向かう際にハディードのもとに立ち寄ったものの、船がこなかったため五日間ヌトゥービスに逗留したと記されている。同じくスィンジャールの信者らはハディードのもとを訪れたあとに船でフスタートへ向かい（奇蹟三、二八）、アレクサンドリア－カイロ間の航路の途中にハディードのもとへ立ち寄る商人もいる（奇蹟二一、二七)。ハディードの弟子ユハンナー・アッラッバーンも、カイロから船に乗ってハディードのいる教会までやってきたとされている[42]。ナイル川における遭難や座礁の危険については前述したとおりであるが、このように人々の移動手段が水上交通であったならば、その願い事に航海の安全が多いことも当然であろう。

ただし、この地域において陸路による移動という手段も存在しなかったわけではない。奇蹟七では、仕事を求めてカイロへ行こうとしている男に対し、ハディードは陸路で向かうよう勧めている。しかし、男はハディードの助言を無視して船に乗ったところ、嵐で遭難しそうになり、ハディードに救出されたという。やはり移動手段としては陸路よりも水路のほうが好まれていたようである。この時代に生きたフゥワの主教ユーサーブは一二五〇年、ブハイラ地方をベドウィン(遊牧民)が荒らしていたため旅することができず、総主教選出の会議に出席できなかったと記している[43]。

以上をまとめると、「奇蹟録」に記録されている人々の出身地は、上エジプト(奇蹟四、五)という例外を除き、カイロ－アレクサンドリア間を航行する者か、下エジプトのラシード分流沿いという、極めて限定的な地域であることがわかる。『ユハンナー伝』にはハディードの名声が広範囲に伝わっていたと記述されており、「奇蹟録」には上エジプトからやってきたとされる男が登場するものの、おそらく前述した地域がハディードの名声の限界であり、また、人々の移動範囲が聖人崇敬のあり方を規定していることがうかがわれる[44]。

4 『ハディード伝』の時代背景　重税と教会破壊

スルタン・バイバルス一世期の重税

『シナクサール』カイロ版には、ハディードは長寿であり、百歳まで生きたと述べられている[45]。そうであったならば、彼の生涯はフランスのルイ九世率いる第七回十字軍がマンスーラで撃退され(一二四八年)、アイユーブ朝(一一六九～一二五〇年）からマムルーク朝（一二五〇～一五一七年）へ移行した時期と重なるはずである。

『ハディード伝』において実際の歴史的事件として確認できるものは、一二六〇年代にコプト教会へ課された重税問題である。奇蹟三一には、トゥルクの王（mulūk al-turk）がキリスト教徒（al-naṣārā）の罪ゆえにキリスト教徒を抑圧し、彼らに財産を差し出すよう命じ、総主教にそれを集めさせた、という内容が記されている。その際に登場する総主教の名前は、第七八代総主教ユアンニス・イブン・サイードであり、『アレクサンドリア総主教座の歴史』によると、彼はスルタン・バイバルス一世の治世中に総主教となった[46]。

一二六四～六五年、バイバルス一世はこの総主教に対し、五万ディーナールの税を課したとされる。発端は、カイロで起きた大火事についてキリスト教徒の関与が疑われたことにあった。逮捕されたキリスト教徒らは、スルタンの命令により火刑に処されることになったが、おそらくコプト官僚らの請願の結果、コプト教会に重税を課すことで処刑は回避された。しかしその後、総主教はその額を集めるのに二年かかったと『アレクサンドリア総主教座の歴史』は伝えている。前述した奇蹟三一の「彼ら（キリスト教徒）に財産を差し出すよう命じ、総主教にそれを集めさせた」という記述は、この一二六〇年代のできごとを指していると考えてよいであろう[47]。

『ハディード伝』は、この事件に関して、「総主教が主教や砂漠の修道士に（財を差し出すよう）圧力をかけ、教会の祭器やワクフ（寄進財産）は売却され、信者は困窮のために村を逃げ出し、その多くは棄教した」と伝えている。そして、総主教とアミールが集金のために下エジプトのダマンフールを訪れた際、ハディードはそこへ赴き、ヌトゥービスにおけるキリスト教徒の苦しみを総主教に訴えたとされる。その数日後にスルタンは亡くなり、キリスト教徒は苦しみから解放されたという[48]。聖人による執り成しの数日後にスルタンが亡くなる、あるいは命令が撤回されるとは、キリスト教徒に対する迫害を描いた第五章『ルワイス伝』や第六章『ムルクス・アルアントゥーニー伝』にてもみられるモチーフであるが、『ハディード伝』の記述からは、カイロにおけるできごとが、下エジプトの村民の生活にも影響を与えていたとされている点が注目に値する。

『ハディード伝』奇蹟一三に登場するイブヤール出身の男は、「トゥルクの王の時代、総主教ユアンニス・イブン・サイードの時代に、キリスト教徒に課せられたものを集めるために、両替商として働いていた」という。[49] キリスト教徒やユダヤ教徒がスルタンに多額の金額の供出を要求されたという記述は年代記にしばしば登場するが、奇蹟一三の記述は、供出のための実際の集金について述べた、数少ない事例である。

二十世紀後半に発見された『シナクサール』の手稿本（部分）によると、コプト暦バラムハート月六日の聖人、「アラブの時代に殉教したディオスコロス」は、このバイバルス一世期の事件により、彼の財産のなかから支払い能力を超えた額を供出するよう要求され、耐え切れずイスラームへ改宗したという。その後、この人物はスルタン・カラーウーン（在位一二七九～九〇）の治世中に、ズンナール（キリスト教徒であることの目印となる腰紐）を腰に巻いてキリスト教徒であることを告白し、城塞の麓にて火刑に処されたとされる。[50]

この『シナクサール』の記事は、『ハディード伝』における、「総主教は主教や砂漠の修道士に（財を差し出すよう）圧力をかけ、信者は困窮のために村を逃げ出し、その多くは棄教した」という記述が誇張ではないことを裏づけている。そしてこれらは『アレクサンドリア総主教座の歴史』の「この時期にキリスト教徒が経験した災難を説明すると長くなる」という記述を具体的に描写しているといってよいであろう。[51]

同じくバイバルス一世の治世中には、マルヤムというアルメニア人捕虜がイスラームへの改宗を拒否し、ズワイラ門外で火刑に処されている。また、一二七七年にはミーハーイール・アルディムヤーティーという、元修道士でムスリム女性と結婚するために改宗した人物が、キリスト教への再改宗を望み、スルタンの面前で処刑されたようである。[52]

一三四〇年代にエジプトで著された、『偽シェヌートの黙示録』にも、バイバルス一世期のできごと、すなわち火事や重税への言及がみられる。[53] 一般に、十四世紀はコプトにとって受難の時代であったと理解されているが、以上からは、十三世紀半ばにおいてもキリスト教徒は重税に悩まされ、また殉教者が出現したように、ムスリムとキリスト教徒のあいだでなんらかの軋轢が生まれていたことがうかがわれる。

スルタン・カラーウーン期の教会破壊

ハディードの晩年は、スルタン・カラーウーンの治世と重なる。カラーウーンはズィンミーを取り締まる法令を公布し、ズィンミー官僚を官庁から追放した。十五世紀の歴史家、マクリーズィーは「この時代、キリスト教徒は腰にズンナールを巻き、ロバに乗っていた」と述べている[54]。

L・ノースラップはその論考において、これらカラーウーン期の反キリスト教徒政策は、キリスト教徒社会全体を狙ったものではなく、キリスト教徒官僚の権力削減を狙ったものにすぎなかったという見解を示している。その根拠として、ノースラップは、(年代記に記された)一般信徒が標的になった反キリスト教徒政策は、当時カイロ郊外(現在のアッバースィーヤ地区)にあったハンダク修道院の破壊という一例にすぎないことをあげている[55]。

しかし、前述したカラーウーン期に殉教したとされるディオスコロスは、いったんはイスラームへ改宗したものの、ズンナールを腰に巻くことで、キリスト教徒であることを告白したとされる。ズンナールの着用は法令で繰り返し命じられたことであるが、この時代、たしかにズンナールはズィンミーであることの証であったのであろう。

また、『ハディード伝』の記述からは、カラーウーン期の政策は下エジプトのキリスト教徒の生活に影響を与えていたことがうかがわれる。奇蹟三二には、「悪魔の仕業によりヌトゥービスの教会が破壊され、ハディードはワーリー(地方総督)に逮捕された」と記されている[56]。獄中に天使があらわれ、ワーリーがハディードと信徒たちを解放すること、教会の再建が可能なことを告げ、またワーリーには教会建設を妨げる者が出ないよう命令したという。これは天使のお告げ、という逸話になっているが、教会が破壊されたという事実がなければこのような物語が挿入されることはないであろうことから、この逸話にはハディードが教会再建の許可を取りつけた、という事実が隠されていることが推察される。

本章での議論をまとめると『ハディード伝』の記述には、村におけるアルホンの存在、コプト語からアラビア語への翻訳作業、重税や教会破壊への対処など、十三世紀のコプト社会の状況やそれを取り巻いていた社会の問題が反映されている。とりわけ一二六〇年代の重税問題に関しては、『アレクサンドリア総主教座の歴史』よりも『ハディード伝』のほうが詳しい情報を提供している。また、教会破壊の記述についても、カラーウーン治世中の対ズィンミー政策と結びつけてとらえることができた。

このような時代において、ハディードはヌトゥービス・アッルンマーンという村の司祭としてキリスト教徒から崇敬を集めたとされる。ヌトゥービス以外の集落からもハディードのもとへ崇敬者がやってきたが、彼らはハディードにどのような利益を要求できるかを認識しており、それは病の治癒や助言、航海の安全の保障やバラカを授かることにあった。

ハディードはその生涯において、いかなる修道院とも関係をもたなかったようである（ただし、聖マカリウス修道院の名前は登場する）。彼の弟子のなかから、総主教や主教が輩出されたわけでもない。『ハディード伝』は、ユハンナー・アッラッバーンとの関係において著されたものと考えられるが、その業績を讃えるために奇蹟を収集したのは、おそらくヌトゥービスやその周辺の司祭やアルホンたちであり、その描写は、著者や情報提供者が聖人に要求したものを、ある程度忠実に反映していると考えてよいであろう。『ハディード伝』の著者は、ハディードをキリスト教徒としての理想像として描くのではなく、ヌトゥービスという空間において、ハディードが何をおこない、それにより人々はどのような利益を得たのか、ということを伝えようとしているのである。

第二章　『ユハンナー・アッラッバーン伝』の世界　下エジプトのキリスト教社会

1　『ユハンナー・アッラッバーン伝』概要

無名な聖人ユハンナー

カイロに住む、タージ・アルカスィールという男は、あるときユハンナーからバラカ〔恩寵〕を授かるために船に乗り、サマンヌードへ旅した。〔サマンヌードへ到着すると〕ユハンナーはマハッラ・アルブルジにいると告げられ、早速マハッラ・アルブルジへ向かったが、ユハンナーが彼の到来を予知していたため、二人はブタイナの岸辺で落ち合った。……〔このとき〕ユハンナーの弟子であるギルギスは、師が「人々は自分の子や犬を食べるであろう」飢饉について予言するのを聞いたが、そのことを飢饉の年に思い出すこととなった。[1]

〔「奇蹟録」奇蹟一九〕

本章において取り上げる聖人は、ハディードの弟子であった修道司祭、ユハンナー・アッラッバーン（Yuḥannā al-Rabbān）である。この人物は『聖人録』に登場するものの、『シナクサール』のいずれの刊本においてもその名前を確認できない。[2] ユハンナー・アッラッバーンはカイロの生まれで、幼少時から修道生活に憧れ、親の反対を押し切り、十代の頃に修道士となったとされる。カイロ郊外のシャフラーン修道院にて修行したのち、ヌトゥービス・アッルンマーンの司祭、ハディードの弟子となった。ハディードの死後は下エジプトの町や村を放浪し、一三〇七年、サマンヌードにて死去し、この地に埋葬された。[3]本章も引き続き、下エジプトで活動した聖人の生涯や、彼らに対する崇敬の様相、聖人伝の執筆動機について検討する。

ユハンナーの名前は『聖人録』には登場するため、存在自体は知られていたはずである。しかし、聖人伝の存在は、今世紀にスルヤーン修道院がユハンナーに関する小冊子を発行するまでは一般に認知されていなかったようである。[4]この聖人に関する先行研究は管見の限り確認できない。

ユハンナーの死亡年

『ユハンナー・アッラッバーン伝』の手稿本は現在五点、確認されている。ワーディー・ナトルーンのスルヤーン修道院所蔵手稿本 mayāmir 306（十八世紀）と 311（コプト暦一二六七／西暦一五五一年〈以下コプト暦・西暦を略〉）、そして聖マカリウス修道院と聖アントニウス修道院が所蔵する手稿本には、『ハディード伝』とともに収録されている。このほかに、カイロのズワイラ街区（現在のムスキー）にある聖処女修道院がこの聖人伝のみからなる手稿本を一点所蔵している。聖処女修道院所蔵手稿本は一一六〇／一四四三〜四四年に完成しており、現存する最古の手稿本である可能性が高い。[5]

『ユハンナー伝』「伝記」の一部、すなわちユハンナーの前半生について、スルヤーン修道院所蔵 MS mayāmir 306 と、同修道院所蔵 MS mayāmir 311 や聖処女修道院所蔵手稿本とのあいだで記述が異なる。ただし、本章の中心となるユハンナーの旅程に関しては、手稿本間においてその記述はほぼ一致している。[6]「奇蹟録」については、スルヤーン修道院所蔵 MS mayāmir 306 は MS mayāmir 311 や聖処女修道院所蔵手稿本よりも奇蹟譚を一話多く収録しているが、収録された奇蹟の内容は同一である（全二九〜三〇話）。

『ハディード伝』同様、この「伝記」においても聖人の死亡年に問題がある。スルヤーン修道院発行の小冊子はユハンナーの死亡年を一一二四／一四〇七年と記しているが、いずれの手稿本にも一〇二四／一三〇七年とある。[7] ハディードの死亡年が一一〇三／一三八七年とスルヤーン修道院所蔵手稿本にあることから、小冊子の著者が『ユハンナー伝』の記述を訂正したと考えられる。しかし、『ユハンナー伝』は第八〇代総主教ユアンニス・イブン・アルキッディース（ユアンニス八世、在位一三〇〇〜二〇）の下エジプト巡幸とスルタン・アシュラフによる迫害に言及しており、実際、スルタン・アシュラフ・ハリール（在位一二九〇〜九三）治世中の一二九三年にズィンミー取り締まり令が公布されていることから、死亡年を一〇二四／一三〇七年とし、第一章で述べたようにハディードの死亡年を訂正するほうが妥当であろう。[8]

『ユハンナー伝』における奇蹟譚の収集方法

『ユハンナー伝』に関しては、『ハディード伝』よりも各奇蹟譚の収集方法について情報が得られる。聖人伝の著者は不明であるが、「奇蹟録」の奇蹟一と三には書き手による証言と思われる、「卑しきしもべ（anā al-miskīn）はこのとき（すなわち、奇蹟が起きたとき）、教会にいた」という記述があり、さらに奇蹟一では書き手自身がユハンナーに質問したことが述べられている。[9] また、「奇蹟録」の多くはユハンナーの弟子たちによる伝承として紹介されている。したがって、著者は生前のユハンナーを知り、弟子たちからユハンナーの逸話を集めた人物、あるいはそのような人物が収集した記録を編纂した人物であるとみなされる。

『ユハンナー伝』の著者はユハンナーの奇蹟について伝える際、目撃者による証言を重視する姿勢をとっている。これは古代から聖人伝叙述の定跡であるが、「奇蹟録」に収録された奇蹟二九話中一三話には、奇蹟を伝えたとされる人物に関する情報が冒頭に示されている（そのうち一一話には伝え手の名前が記されている）。奇蹟三の冒頭に「ユハンナーの弟子であるアブー・ファドルとマカーリー、そしてその奇蹟が起きたときに居合わせた人々が伝えるところによると」

と述べられていることからも、著者は目撃証言を重視していることがわかる。また、奇蹟二〇に登場する、ユハンナーの祈禱によりハンセン病が治癒した男については、ユハンナーがこの男を裁判官（ハーキム）のもとへ連れていき、裁判官に完治を証言させたことが記されている。[10] 著者はこれらの奇蹟がたしかに起きたということを説得的に提示しようとしているのである。

奇蹟に関する証言の収集方法には、まず、証言者が自らの体験を語るパターンがみられる（奇蹟一、一三、二八）。これは自らが修道士、そしてユハンナーの弟子となった経緯や（奇蹟二）、罪を告白したところ病から回復したことの報告（奇蹟二八）であったりと、個人的な経験の記録となっている。[11]『ユハンナー伝』「奇蹟録」は、ほかの聖人伝奇蹟録と比べて奇蹟の内容が整理されておらず、冗長で話の展開がわかりにくく、物語として完成度が低い印象を与える。これは著者の技量に起因した問題であろうが、同時に、著者が証言者の語った内容を整理せずに記したゆえとも考えられる。

本人の体験でない場合でも、当事者に近いと思われる者が、奇蹟について証言したとされている。例えば、スィンジャールに住む者に起きた奇蹟に関する証言者の名（ニスバ）はアッスィンジャーリーであるため、スィンジャール出身の人物がその奇蹟を伝えていることがわかる[12]（奇蹟二〇、二一）。このような著者の姿勢は、彼の伝える奇蹟の信憑性を高めることを目的としており、前書きにおける、「ユハンナーの時代のすべての人々が、彼の奇蹟（muʿjiza）を証言し、真実の顕現（barāhīn）と奇蹟（āyāt）のうち、目撃したものについて確言した」という記述を裏づけるものである。[13]

2　ユハンナー・アッラッバーンの生涯　放浪する聖人

ハディードの弟子ユハンナー

「伝記」に記されたユハンナーの生涯は、いくつかの段階に分けることができる。⑴幼少時、⑵長旅のすえハディードのもとへたどり着くまで、(3)ハディードの弟子としての生活、(4)放浪の旅、そして死である。前述したように、ユハンナーの前半生については手稿本間においてエピソードが異なる。そこで、現在確認されている最古の手稿本である聖処女修道院所蔵手稿本(以下ズワイラ街区手稿本)の記述に基づきつつ、手稿本の記述の異同に留意しながら考察を進めることとする。なお、いずれの手稿本においてもユハンナーが自分自身について弟子に語る場面や、そのようなできごとをうかがわせる記述はみられない。

ズワイラ街区手稿本『ユハンナー伝』「伝記」の冒頭には、長い礼讃文が記されている。まず創造主である神への礼讃から始まり、ユハンナーの師であったハディードの礼讃へと続く。そしてハディードが弟子を探していたこと、ユハンナーを発見し、彼にバラカを授けたことが説明される。つぎにユハンナーへの礼讃として、ユハンナーがハディードの後継者に選ばれたこと、奇蹟を起こし、地を伸ばして天を高くし(bāsiṭ al-arḍ wa rāfiʿ al-samāʾ)、彼の言葉は剣よりも光よりも強く人々のあいだに広まったことが記されている。[14]

このように大仰ともいえる礼讃文が続いたのち、ユハンナーの生涯に関する説明が始まる。「伝記」によると、ユハンナーはカイロにて、信仰深い両親のもとに生まれた。両親はユハンナーの教育に熱心であり、ユハンナーは九歳になると修道士の服装の真似をするようになった。両親はユハンナーに結婚を強く勧めるが、ユハンナーは拒否し、度重なる説得や圧力に屈することがなかったという。「[この過程を通して]肉体の父を失ったが、かわりに精神的な父を得た」と述べられている。[15]

修道士となると、指導者を求めてエジプト、シリア、キプロスを流浪したとされる。[16] 長旅ののち、カイロのバルジャワーン街区に住み着き、聖アンダラーウス教会にて礼拝と修行の日々を送った。[17] 日々ランタン(al-nawwārāt)をつくり、日給七ディルハムを稼ぎ、それを貧しい人々に分けていたという。[18]

「伝記」によると、あるとき、シリア遠征に際してテント用のランタンが必要となったため、カイロで役人がランタン職人を探し、ユハンナーも動員されそうになった。そのことを知ったユハンナーは、シャフラーン修道院の司祭サムアーン・アルカスィールの助言に従い、船に乗りハディードの住むヌトゥービス・アッルンマーンへ向かった。[19]

ユハンナーのヌトゥービスにいたるまでの前半生については、ハディードのそれよりは具体的に記されているが、手稿本間で記述の矛盾があるうえ、幼少時の記述に関してもトポス(類型)に満ちている。また、ユハンナーの旅についても、ユハンナーがハディードのもとへたどり着くまでの過程を劇的に演出するために、修道生活の理想的環境を求めてエジプト・大シリア方面を旅するというモチーフが挿入され、さらにはつぎに述べる「施し」のモチーフを際立たせるために、ユハンナーが職人として日当を稼ぐ姿が描写されているとも解釈できる。

ただし、ユハンナーとシャフラーン修道院とのあいだにはなんらかの関わりがあったことは確かであろう。ユハンナーの名前は第三章の『バルスーマー伝』にも登場し、バルスーマーがユハンナーの死を察知し、別れを告げたという奇蹟譚がみられる。[20] また、ユハンナーのニスバ(由来名)、「ラッバーン」はヘブライ語やシリア語で「師」を意味するものの、エジプトでは一般的な用語ではないため、ユハンナーが大シリア方面へ旅したことと(事実であるならば)関連しているのかもしれない。[21] カイロにおける生活の描写は、住んでいたとされる場所を含めて具体的であり、「シリア遠征に際しテント用ランタンが必要とされ」という説明は、シリア方面への遠征が繰り返しおこなわれていた十三世紀後半という時代背景と一致している。

ヌトゥービスに到着すると、彼の到来を予期していたハディードに歓迎され、ユハンナーはそのもとで生活を始めた。しかし、数日経過したところで心に迷いが生じる。それは、かつては自ら働き、収入を人々に分け与えていたが、現在は人々の施し(サダカ)により暮らしていることへの疑問であったという。[22]

ユハンナーはカイロではランタンを製作し、生計を立てていたわけであるが、ハディードはそのような行為は人を傲慢にさせると否定している。ユハンナーはハディードとの長い問答のすえ、迷いを捨て、教会にとどまることを決心した。それ以降、ユハンナーは祈りと断食、修行、人々への奉仕の日々を送ったとされ、ハディードとユハンナーの師弟愛に関する描写が続く。そしてハディードが病気になり死期を悟ったこと、ユハンナーが司祭に叙され、またハディードの後継者となったことが述べられる。[23]

ハディードの死から七年間、ユハンナーはヌトゥービスの教会にとどまり、数え切れないほどの奇蹟を起こしたとされる。しかし奇蹟の説明のあとに、「愛する者と正しい者(原文ではal-ṣulḥ)を励まし、ヌトゥービスの教会を敵が取り囲む(aḥāṭa)まで離れなかった」と記されており、ユハンナーはなんらかの事情によりヌトゥービスの教会から離れることをよぎなくされたことがうかがわれる。[24]

ハディードの弟子となったのちの描写については、手稿本間において記述が一致している。しかしながら、ユハンナーのヌトゥービスにおける生活の描写は具体性に欠ける。ハディードとユハンナーとの師弟愛の描写についても類型的である。労働か、施しを受けるか、という問答も、ユハンナーの放浪の旅への伏線であるように感じられる。「伝記」の記述からは、ユハンナーはハディードの弟子である、ということがユハンナーの生涯を語る際の重要な要素であることのみが確証として浮かび上がる。

下エジプトにおける活動と崇敬

ヌトゥービス・アッルンマーンを追われたユハンナーは、下エジプト中心部、マハッラ・クブラーに向かった。この地で多くの奇蹟を起こすものの、またもや「敵」が人々の一部に嫉妬や妬みを植えつけたため、この地を去らざるをえなくなったという。マハッラからデルタの北東部、人里離れたマグティス修道院へ移り、修道院に繁栄をもたらしたとされる。さらに、マイマー修道院に移ったのち、放浪の旅を始めた。[25]

ユハンナーは各地で歓迎され、一部の村では彼のために村民が僧房(qillāya)を建立したという。『ユハンナー伝』には、

「ガルビーヤをさまよったのち、シャルキーヤへ渡り、デルタ北東部、マンザラまで旅を続けた。訪れた村々で奇蹟を起こし、病を治した」と述べられている。このようにして、師ハディードの予言「東西の地をさまよい、親しい者もよそ者も慰め、すべての病を治す」のとおりになったという。[26]

旅のあと、死期を悟ると、修道士としての叙階を受けるため、当時の総主教ユアンニス・イブン・アルキッディースが滞在していたスンバート(別名サンムーティーヤ)へ向かう。病が悪化すると、マハッラ・クブラーに戻り、マハッラとサンダファーの主教や人々に別れを告げる。病が重いのにもかかわらず、請われるとサマンヌードの町へ赴き、この地で一〇二四年ハトゥール月十五日/一三〇七年十一月十二日に亡くなり、サマンヌードの教会に埋葬された。彼が横たわっていた革の敷物は、その上に座ると病が治るとして、「伝記」が著された当時まで崇敬の対象であったという。[27]

放浪という段階にいたり、ようやく伝記の記述が具体性を帯びる。放浪の理由とその旅程については後述することとし、ここではまずユハンナーの死期に関する記述について考えたい。死の直前において、ユハンナーは総主教から修道士の叙階を受けたとされる。ここからは、在地の「聖なる人」にすぎないようなユハンナーを、著者が総主教との関連において権威づけようとしているかのような印象を受ける。マハッラとサンダファーの主教との別れの描写も同様である。

主教との関係においては、当時のマハッラ主教がユハンナーとの関係を強調することで、自らの権威付けをおこなおうとしていた可能性も指摘できる。『ユハンナー伝』奇蹟一八には、ギルギスというユハンナーの弟子が修道士になり、主教に任命され、マハッラに赴任した経緯が述べられているため、聖人伝の記述からは後者の可能性が高いといえよう。[28]

以上、ユハンナーの生涯について概観した。ユハンナーの前半生については不明な点が多い。ヌトゥービスにおける生活についても同様であり、ユハンナーはハディードの後継者とみなされていることが確認されたのみである。ユハンナーが、その放浪中に各地のキリスト教徒から崇敬されたことは事実であろう。本章第4節で述べるように、ユハンナーはもっぱら下エジプトのガルビーヤ地方を旅した。そして、当時のマハッラ主教はユハンナーとの関係を強調することで、自らの権威付けをおこなおうとした可能性が示唆される。おそらくこれが聖人伝執筆のきっかけとなり、著者は自らが目撃したり、収集したりした伝承をもとに、彼がユハンナーにふさわしいと考えた聖人像を描き出したといえるのではないだろうか。この問題については引き続き検討したい。

3　聖人のもとを訪れる人々の描写　天罰と飢饉

ユハンナーを訪問する人々の特徴

ズワイラ街区手稿本の前書きには、「〔ユハンナーは〕祈りによって病人を治癒し、身障者を立ち上がらせ、ハンセン病患者や苦しんでいる者(al-mubtalīna)、聾唖者や視覚障がい者を治した」とある。ユハンナーもハディード同様、その治癒能力が主たる奇蹟とされているのである。また、ハディードに帰せられた、心の中を読む能力についても、ユハンナーに備わっていたとされている。『ユハンナー伝』の前書きでは、ハディードの美徳と奇蹟について述べられたのち、弟子としてユハンナーを見出し、その数日後に病を得たと話が展開する。ユハンナーはハディードの弟子であったことが強調されているわけであるが、これは、同じく前書きにおいて、「〔ユハンナーは〕ハディードの先例にのみ忠実に従った」と記されていることからも裏づけられる。[29]

それでは、『ユハンナー伝』「奇蹟録」において、ユハンナーのもとを訪れる人々はどのように描写されているのであろうか。この「奇蹟録」には、『ハディード伝』同様、政府関係者や高位聖職者はほとんど登場しない。例外は、ブサートとマハッラの主教である。その反面、『ハディード伝』と比べると、『ユハンナー伝』「奇蹟録」には参詣者の名前が記され、その職業も具体的に説明されている。例えば奇蹟四はワインを製造する兄弟についてであり、奇蹟五は漁師、奇蹟二二は粉挽き小屋の主である。[30]

「奇蹟録」においては、カイロからの参詣者や、書記、修道士の存在がめだつ。書記（kātib）と記されている者としては、奇蹟六の、ギザ出身で学識（falsafa wa ḥikma）のある書記、奇蹟八のマハッラ・クブラー出身の書記、奇蹟一〇のハラージュ（地租）の徴収に従事するカイロ出身の書記があげられる。[31] この書記はヌトゥービス・アッルンマーンの女性と結婚したため、ハディードやユハンナーのもとを訪れるようになったとのことである。

女性はさほど登場せず、奇蹟一六の子を失った女、奇蹟一七のスルタン・アシュラフ期の迫害の心労により病気になった母親、奇蹟二七のベドウィン（遊牧民）の女のみである。ベドウィンの女はムスリムであり、「〔ユハンナーが〕見知らぬムスリムの女に対して奇蹟を起こしたことに、マイマー修道院長は驚いた」と記されている。[32]

『ユハンナー伝』では、ムスリムは敵対する者として描かれることが多い。奇蹟一にてユハンナーは、「信仰に厳格で（kāna kathīr al-tashaddud fī dīni-hi）、キリスト教徒と激しく敵対し、教会に通う者に圧力をかけていた」ヌール・アッディーンというハティーブ（説教師）の幼い息子を生き返らせ、ハティーブを改心させたとされる。奇蹟二に登場する、ユハンナーの弟子マカーリーはムスリムから嫌がらせを受けたとされ、奇蹟一七にてもムスリムからの改宗圧力について言及されている。そもそも、ユハンナーの母親は臨月のときハンマーム（公衆浴場）にて、彼女がキリスト教徒であることを知った「悪魔の使いの女」に押されて転倒し、その場でユハンナーが生まれたのであった。[33]

例外は、奇蹟二六のシャリーフ、すなわち預言者ムハンマドの子孫とされる男である。この男はムバーシル（官吏）であり、ユハンナーのことを慕っていた。ある日ナーズィル（地方官庁の監督官）から嫌がらせを受け、ユハンナーのもとに相談にくると、「クルアーンには目には目をとあるが、聖書は敵を愛せと説く」とユハンナーに諭される。[34] この逸話においてはイスラームに対するキリスト教の教えの優越性が述べられているが、ムスリムとの接触を描いた聖人伝のなかで、このような表現はめずらしい。

このように、聖人伝の著者は目撃による証言を重視する姿勢をとることで、「奇蹟録」の記述に信憑性を与えようとしている。「奇蹟録」に参詣者の名前とその職業が記されていることも、同様の目的においてであろう。「奇蹟録」の記述からは、ユハンナーは政治的有力者とは無縁な聖人でありながら、崇敬者のなかには遠くカイロからやってくる者もいたとされていること、弟子に修道士を多数抱えていること、ムスリムは大概敵対する存在として位置づけられていることなどがわかる。

ユハンナー訪問の目的

ユハンナーに帰された美徳は、治癒能力や人の心の中を読む能力であった。治癒に関する例としては、奇蹟三、アラムという名前のユハンナーに奉仕する男が病を得た際、その我慢強さゆえに神が病を治したという物語があげられる。また、前述した奇蹟二六では、ユハンナーの執り成しゆえに、ムスリムでシャリーフである男の娘が病から(マハッラ・アルブルジに住むキリスト教徒の調剤師からシロップをもらって)回復したとされている。[35]

『ユハンナー伝』における治癒に関する奇蹟の記述は四例と少ないが、死者の再生に関する奇蹟は複数みられる。前述した奇蹟一では、家の屋上から落ちて死亡したハティーブの幼い息子を(ユハンナーが)教会に連れて行き蘇生させている。さらに奇蹟一七では病死した女を生き返らせ、奇蹟二七では溺れたベドウィンの女の息子を川の中から引き上げ、蘇生させている。人間ではないが、奇蹟二二ではラバが病死したことを滞在先の小屋の主が嘆いていたため、それを生き返らせている。[36]

ユハンナーのもとを訪れた人々の多くは、バラカを求めて、あるいは何らかの相談のためにやってきたようである。しかし、『ユハンナー伝』では、ユハンナーのもとへやってきた者やその家族が、(当初の願いは叶えられたものの)まもなくして死亡するという事例がめだつ。奇蹟四では、兄弟に対し盗賊からの安全を保障したものの、兄弟の一人はユハンナーから渡された聖油の効果なく、その後病死している。バラカを求めてやってきた奇蹟九の男は道中を無事に過ごしたものの、カイロに戻ると死亡している。奇蹟二五では、二人の息子をもつ男が、ユハンナーに子が死んだらどうするかと尋ねられる。神の意志ゆえそれを受け入れると答えると、息子は二人とも病死し、男本人も亡くなったという。奇蹟八では、ユハンナーのもとを訪れたマハッラ在住の書記が、マハッラに戻らずカイロへ行くよう忠告されたものの、それを無視しマハッラの家に戻ったところ、家が襲撃され殺されたと語られている。奇蹟六では、ユハンナーの忠告を無視した書記がユハンナーの予言通り処刑されている。[37]

これらの事例からは、ユハンナーには予言や予知能力が備わっている(とされている)ことが読み取れるものの、それは必ずしも訪問者を利する結果となっていない。聖人の忠告を無視するという、奇蹟六や八のような事例においても、『ハディード伝』や『バルスーマー伝』では、聖人の命令に背いた場合でも助けを求めさえすれば命は助かっている。ところが『ユハンナー伝』では忠告を無視した男は死亡し、前述の奇蹟二五に登場するような敬虔な男も死をまぬがれないのである。

奇蹟二五には「生死は死と生のスルタン(sulṭān al-mawt wal-ḥayāt)の手にある」と述べられているが、ユハンナー自身が訪問者の死を引き起こす事例もみられる。[38] これらは、ユハンナーの忠告に従わなかったために死亡した、という筋書きになっている。奇蹟一二では妻帯を望む修道士がユハンナーのもとを訪れ、年齢(当時五十五歳であった)を理由にいさめられると恐ろしくなりユハンナーの面前から逃げ出すが、数日後死亡する。奇蹟一四では同じく妻帯を希望した修道士が病死している。奇蹟一八では、悪魔に誘惑され修道生活を放棄し、妻帯しようとした男が(結婚式の前夜に)死亡したと語られている。[39]

「奇蹟録」編纂に込められた意図

このように『ユハンナー伝』「奇蹟録」には死に関する記述がめだつわけであるが、同時に、飢饉や小麦粉の調達、そして食糧を増やす奇蹟に関するエピソードも目を引く。例えば奇蹟二四は、小麦の購入や売却をめぐってのトラブルについて、信者がユハンナーに相談するエピソードであり、「その年は物価高(ghalāʾ)であった」と説明されている。本章の冒頭で引用した奇蹟一九は、ユハンナーがブタイナの教会で夜を過ごしていたところ、夢の中で翌年に起きるであろう飢饉について予見し、それを弟子のギルギスに語ったというエピソードである。その際、ユハンナーは「われわれが犯した罪ゆえに、物価高と旱魃《かんばつ》と疫病、そして死が広がり、人々は自分の子や犬を食べるであろう」と予言し、弟子のギルギスは飢饉が起きた年に、ユハンナーが語ったことを思い出したと記されている。[40]

このような飢饉、小麦粉の調達、そして死への度重なる言及は、一二九〇年代にエジプトを襲った物価高騰や飢饉と密接に関連していると推察される。一二九四年、その年のナイル川の増水量不足が確認されると、カイロでは穀物の大量買付けが始まり、小麦の販売価格が通常時の六倍まで(一アルダッブ当り一五ディーナールが九〇ディーナールに)上昇した。[41] 翌年もナイル川は増水せず、小麦価格はさらに高騰し、一アルダッブ当り一五〇ディーナールを記録した。飢饉(qaḥṭ)が始まり、カイロやフスタートはもちろん、下エジプトのガルビーヤ地方も打撃を受け、人々は死んだ動物の肉から人肉まで食べ始めたという。さらには疫病が大流行し、カイロでは多数の死者がでた。[42] 人肉を食べたという記述は、前述した奇蹟一九におけるユハンナーの予言と重なる。

ユハンナーが活動していたのは、このとき被害がでたガルビーヤ地方である。奇蹟一三では弟子の一人が、ユハンナーの滞在しているガルビーヤ地方からダカフリーヤ地方まで小麦を買いに行かされている。[43] このような記述から、ガルビーヤ地方では小麦が不足していたことがうかがわれ、小麦の価格が高騰していたのであれば、『ユハンナー伝』において小麦の調達について繰り返し言及されていることも当然である。小麦の調達は、当時の人々にとっては切実な問題であり、それゆえ聖人伝の逸話になったのであろう。

『ユハンナー伝』の著者の脳裏からは一二九五〜九六年の飢餓と疫病、それにともなう死の記憶が離れず、それゆえに「奇蹟録」において人々は救われるのではなく死を迎えていったのではないだろうか。呪いに関しても、これは（ユハンナーの聖人としての能力を知らしめるには効果的な逸話であるが）、飢饉を神の怒りととらえた人々の、姦淫する者へのメッセージであったとも解釈される。ユハンナーは先述した予言のなかで「われわれが犯した罪ゆえに死が広がる」と述べたとされている。

「奇蹟録」に記されたユハンナーの奇蹟は、必ずしも訪問者を利する結果とはなっていない。参詣者やその家族が死亡する例がめだち、また妻帯しようとする修道士は呪い殺されてしまう。これら死に関する記述やユハンナーの呪詛能力の強調は、『ユハンナー伝』の著者とその周囲の人々が、一二九〇年代にエジプトを襲った飢餓と疫病を、神の怒りとしてとらえた結果であると推察される。[44] それゆえに、聖人伝の著者は目撃証言を交えてユハンナーの奇蹟を説得的に記述しながら、聴衆に神の怒りというメッセージを伝えようとしたのであろう。

4 ユハンナー・アッラッバーンが歩いたエジプト

さまよう聖人

本章第2節でみたように、ハディードの死後、ヌトゥービス・アッルンマーンを追われたユハンナーは、下エジプトの中心部に位置するマハッラ・クブラーに滞在したものの、この地も追われ、デルタ北東部の修道院へ移ったとされる。修道院を離れたのちは、おもにガルビーヤ地方の町や村をさまよい、ダカフリーヤ地方からティンニース湖のほとりにあるマンザラまで旅を続けた。『ユハンナー伝』の著者は、「伝記」にユハンナーが放浪中に立ち寄ったとされる地名を列挙している。[45] ここから、放浪の理由や旅程から浮かび上がるユハンナーの旅の特徴について検討したい。

ユハンナーがヌトゥービスを追われたことは先述したが、なぜユハンナーはその後、下エジプトの町や村を転々としたのか、その理由は明記されていない。『ユハンナー伝』においては、その師ハディードがユハンナーの生涯について「東西の地をさまよい（ṭāfa）、親しい者もよそ者も慰め、すべての病を治す」と予言したと述べられているのみである。ユハンナーはこの聖人伝において、さまよう聖人として位置づけられているわけであるが、これは本人の積極的意志によるものであるのか、あるいは一カ所にとどまることができない事情があったのかは明らかでない。[46]

ユハンナーの旅の第一の謎は、なぜユハンナーはさまよったとされているのか、ということにある。ユハンナーはハディードの弟子となる以前、諸国を放浪したとされるが、旅による空間移動と別離は、聖性を獲得するために必要不可欠な要素である。古代より人々は自分たちの共同体内の利害関係とは無縁な外来者を仲介者として求め、その役割を果たした聖人は人間離れした修行や移動により、その外来性を獲得したとされる。[47] ユハンナーの移動は、聖人に必要な要素である外来性を与えるために、著者が挿入した要素にすぎないとも解釈できる。

しかしながら、「さまよう聖人」という姿は、エジプトの一般的な修道士像とは異なる。エジプトの修道士は集住し労働により自活することが理想とされていた。さまよう修道士も存在しなかったわけではないが、彼らはおもに砂漠の過酷な環境下に身をおいた。[48]『ユハンナー伝』に記されたユハンナーの旅程からは、ユハンナーは砂漠ではなく肥沃なデルタ地方を旅していることがうかがわれる。

さまようエジプトの聖人としては、四世紀に中部エジプトの村から村へ移動を繰り返したフィーフとアポロの存在が知られているが、ユハンナーに関していえば、彼の聖人像には四～五世紀のシリアにて多数著された聖人伝にみられる、さまよい物乞いをする隠修士の姿が投影されているように思われる。これはアウグスティヌスが「委託なしに、定まった住所なく、根なし草の放浪者のように、いろいろな地方を巡っている〔修道士〕」と非難した人々で、肉体労働をして生活を支えるのではなく、信者の施しにより生きる権利を有していると考えた修道士たちに該当する。[49]アウグスティヌスは批判したものの、古代末期のシリアでは、このようなさまよう隠修士は礼讃の対象であった。また、このような「神のためにさまよう隠修士」はビザンツ世界において広く知られ、その姿は中世においても確認される。[50]

四～五世紀のシリアにみられた、さまよう隠修士たちはその禁欲生活とその貧しさ、そしてその外来性において、彼らが訪れた村落においてキリストの使徒としての自らの正統性を証明したとされる。[51]ユハンナーの生涯を振り返ると、ハディードの弟子となった当初、ユハンナーはハディードから人の施しを受けることの重要性を説かれていた。これを聖人の物乞い行為の賞賛、あるいは正当化としてとらえるのであれば、ユハンナーについても、古代末期のシリアのさまよい物乞いをする聖人の姿が投影されているのではないかと推察される。

旅による空間移動は聖性の獲得のために必要な要素であるが、ユハンナーに関していえば、おそらく下エジプトを放浪したこと自体が著者にとっては重要であったと考えられる。というのは、『ユハンナー伝』の特徴の一つは「伝記」においてユハンナーが訪れたとされる地名が列挙され、「奇蹟録」にてそれらの町や村にて起きたとされる奇蹟が記録されていることにあるためである。[52]

ユハンナーが訪れた町や村

ユハンナーが訪れたとされる地名を地図上でたどると(図3・4参照)、ユハンナーは一筆書きのようにガルビーヤ地方をまわっていることがわかる。旅程のうち、滞在先で問題が起きたという記述のあとは、長距離の移動をしているようである。例えばヌトゥービス・アッルンマーンからマハッラ・クブラーへ移動しており、ヌトゥービス同様「敵」の仕業によりマハッラ・クブラーを追われた後はマグティス修道院へ向かっている。このほかにも、ガルビーヤ地方のマハッラ・アルマルフームに「数日滞在した」のち、デルタの南方部、カイロ近郊の町カルユーブへ移動し、トゥーフへ

「戻った」という記述がみられる。[53]

短距離の移動の場合、ユハンナーの弟子や信者は彼の移動先を知っていて、そのあとを追ってきている。奇蹟一九では、カイロからきた男が、ユハンナーの滞在先であるサマンヌードへ赴くが、ユハンナーはマハッラ・アルブルジにいると告げられ、彼の訪問を察知したユハンナーとブタイナで落ち合っている。奇蹟一二ではマハッラ・クブラーの職人が、マグティィス修道院にいたユハンナーのもとを訪問し、数年後にも、当時マハッラ・アルブルジにいたユハンナーのもとへ向かっている。奇蹟一四では、かつてヌトゥービスを訪問した、サマンヌードに住む男が、病に倒れると、ダール・アルバカル・アルバフリーヤにいたユハンナーをサマンヌードへ呼び寄せている[54]（図3・4参照）。

各地での滞在先は教会や僧房、民家とさまざまである。ユハンナーはブサートでは主教の僧房に滞在し、マハッラ・アルブルジでは教会の横にある僧房に住んだとされる。ダール・アルバカル・アルバフリーヤでは村人が彼のために僧房を建立したと伝えられ、奇蹟一一ではマグティィス修道院にて職人たちがユハンナーのために僧房を建立した際に起きた奇蹟が伝えられている。[55]滞在先の町や村の人々はユハンナーに治癒や執り成しを求めたはずであり、長期滞在したとされるダール・アルバカル・アルバフリーヤではユハンナーのもとへ村人全員がやってきたと記されている。ただし、「奇蹟録」は奇蹟一二、一四、一九のように下エジプトの別の集落からユハンナーの滞在先へ人が尋ねてくるという記述が中心である。

つぎに、ユハンナーの旅程についてであるが、これは、それを裏づけるような史料が確認されない限り、旅行記にありがちな、（コプト教会の伝統上）重要であった地名をつなぎ合わせたものとは考えがたい。中世において、聖家族が下エジプトにて訪れたとされる地名（テル・バスタ、ビハー・イスースなど）と、『ユハンナー伝』に登場する地名がほぼ重ならないためである。[56]これらの地名の実在性についてであるが、ユハンナーが訪れたとされる町や村の名前の情報は、マムルーク朝期エジプト農村部に関して詳細に記したイブン・ドゥクマーク（一四〇六年没）やイブン・アルジーアーン（一四

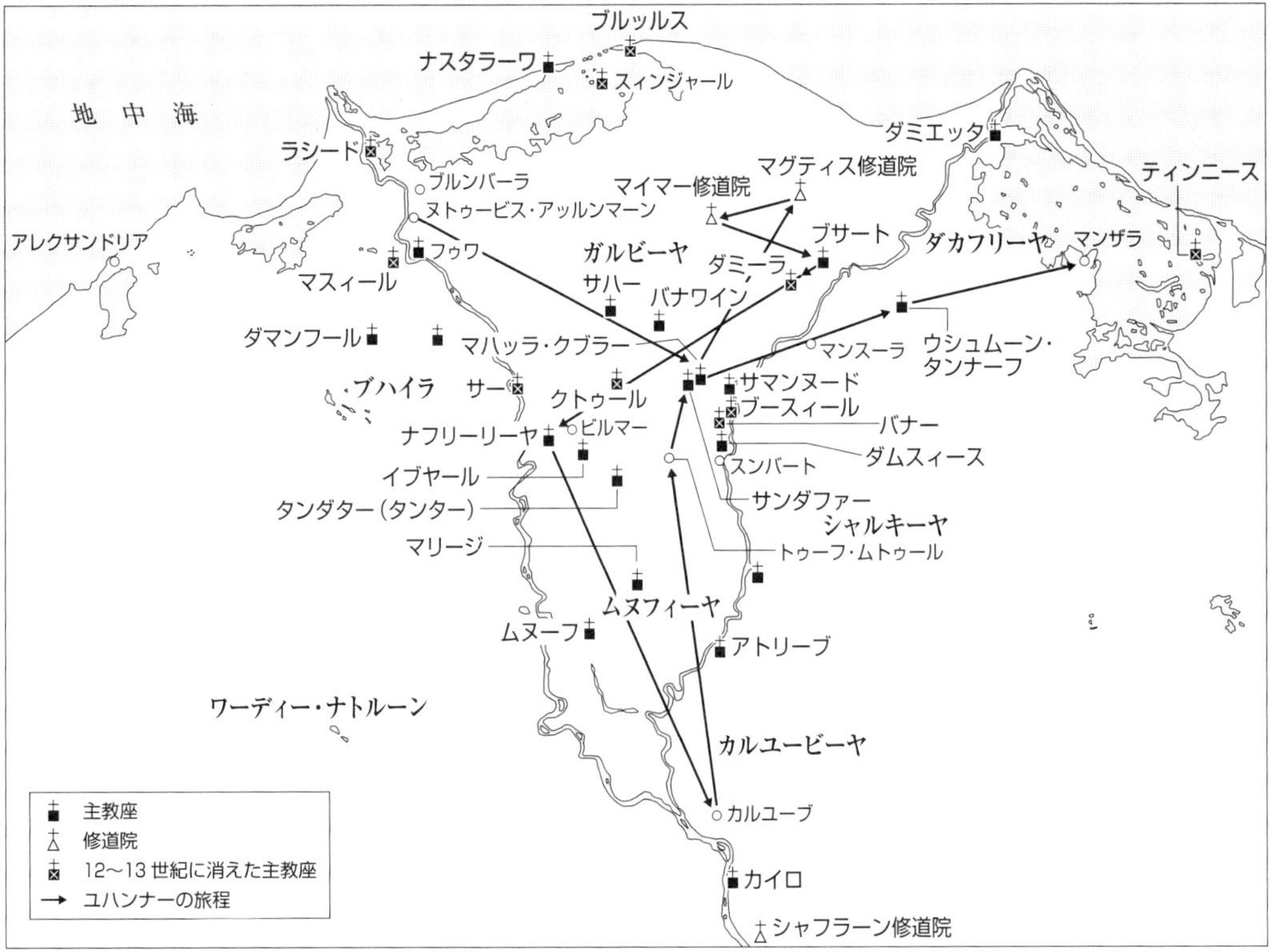

図3 デルタ地方広域 ユハンナーの旅程
［出典］S. Timm, *Ägypten: Das Christentum* をもとに作成

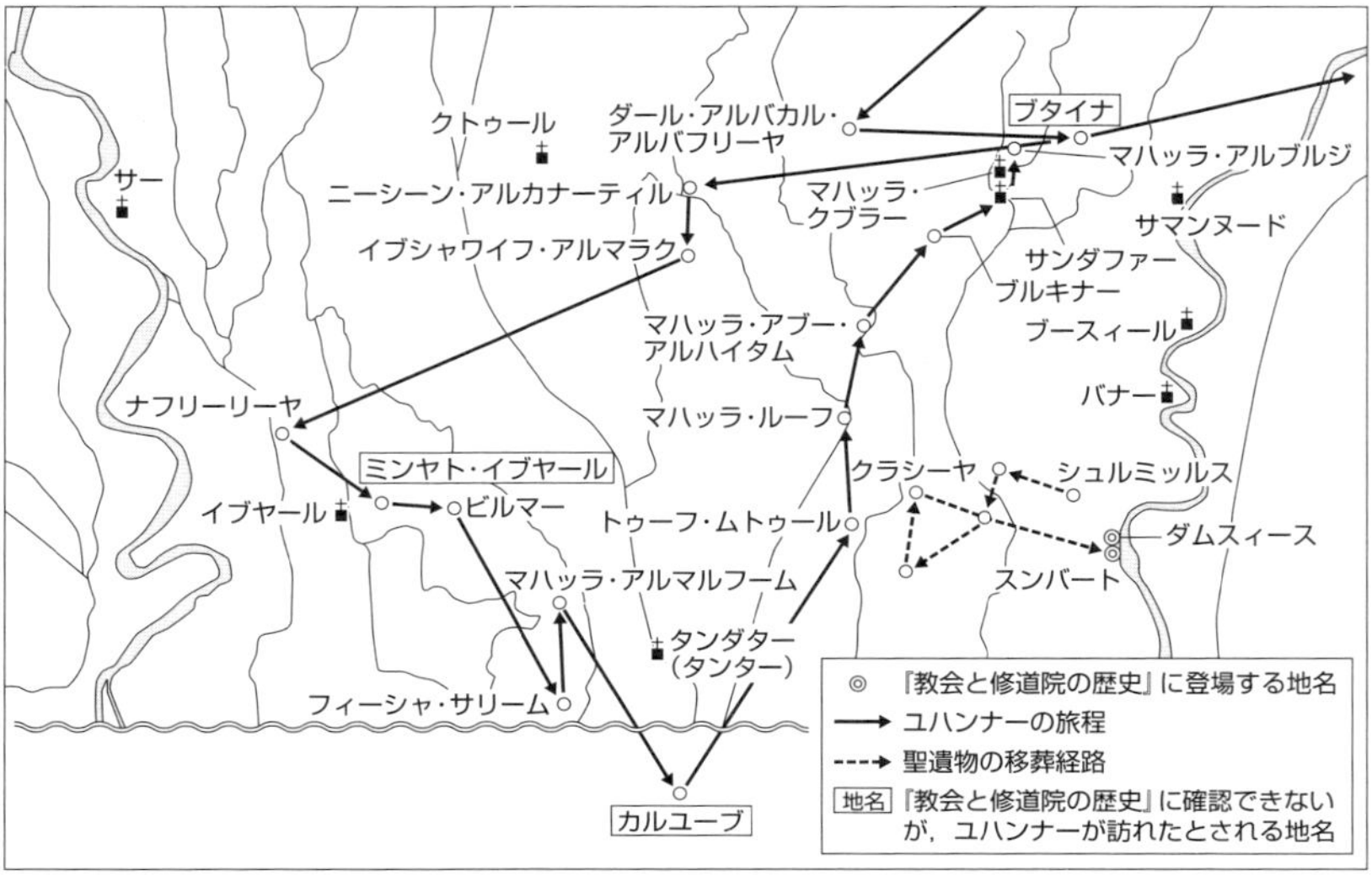

図 4　ガルビーヤ地方中央（拡大）　ユハンナーの旅程
［出典］H. Halm, *Ägypten nach den mamulukischen Lehensregistern*, II: *Das Delta*, 図 33，34，35 をもとに作成

八〇年没）の地誌から確認できる。ゆえに聖人伝に登場する地名は実在のものであり、また地名の表記は十三世紀初頭に著されたと考えられている『教会と修道院の歴史 *Tārīkh al-Kanā'is wal-Adyura*』よりもイブン・ドゥクマークらのそれに近い（あるいは一致する）ため、これらはマムルーク朝期の情報であるといえる。[57] また、奇蹟一六には、ユハンナーはブサートで主教の僧房に泊まったと記されているが、ブサートの主教座は、一二九九年から一三四六年のあいだのみ、その存在が確認される。[58] ここからも、『ユハンナー伝』「奇蹟録」の記述は十四世紀前半の下エジプトの状況を反映していることがわかる。

ガルビーヤ地方にあり、『教会と修道院の歴史』に登場するものの、ユハンナーが訪れたとされていない町や村に関しては、十三世紀後半にはこれらの町村からキリスト教徒の住む集落が消えていた可能性が示唆される。というのは、ユハンナーは、サーやクトゥール、ブースィールやバナーといった、十三世紀に失われたと考えられる主教座を訪れていない。また、十三世紀に教会が破壊され、聖遺物が他所に移葬されていった様子を記録した、『聖ユハンナーと聖シムアーンの聖遺物移葬記』に登場するガルビーヤ地方の村落(図4参照)と、ユハンナーが訪れたとされる村落は、隣接しながらも重複しないのである。[59]

マハッラ・アルブルジのつぎに訪れたとされるサルムート以降、マンザラまでのあいだに訪れたとされる地名に関しては「奇蹟録」にて言及されておらず、旅程のなかには実際には訪れていない地名も含まれていると思われる。しかし、ガルビーヤ地方に関していえば、ブサートのような新しい主教座が創設されるという、コプト教会の活気ある状況と、ユハンナーの旅には関連がある、あるいは聖人伝の著者や聴衆は両者を結びつけようとしたと解釈できるであろう。ガルビーヤ地方における新しい主教座、マハッラ・クブラーやブサートの主教が『ユハンナー伝』に登場することが偶然であるとは考えがたい。

5 『ユハンナー伝』の時代背景　下エジプトにおける環境の変化

一二九三年のズィンミー取り締まり令

カラーウーンの息子、スルタン・アシュラフ・ハリールの治世中の一二九三年に、カイロにてズィンミーを取り締まり、彼らを官庁から追放する法令が公布された。このとき、ズィンミー官僚の一部が改宗したとされるが、D・リトルはこの改宗について疑問を呈し、事件をさほど影響のない、またカイロに限定されたできごとであったとみなした。しかし、『ユハンナー伝』の奇蹟一七には、「マリク・アシュラフの時代にキリスト教徒(al-naṣārā)に災難が降りかかった。キリスト教徒は道で捕らえられ、暴力を振るわれた。さらには、キリスト教徒を棄教させるために、村々へマムルークが派遣された」と記されている。[60]

十五世紀にウラマーであり歴史家であったマクリーズィーがカイロとその周辺の地誌やその歴史について著した

『(エジプト)地誌 *Khitat*』は、一二九三年に取り締まり令が公布された際、キリスト教徒やユダヤ教徒の家が暴徒に襲われ、殺害された者もいたこと、そしてフスタートのムアッラカ教会が掠奪に遭ったことを伝えている。また、コプト教会における中世最後の神学者として知られるイブン・カバル(一三二四年没)が、一二九三年の法令を受け、アミール、バイバルス・アルマンスーリーの書記職を辞職したことが知られている。[61] エジプトの年代記において、地方での事件が記録されることはまれである。当時の年代記からは、この時代におけるめだった反キリスト教徒感情はみられない。しかし、前記を踏まえると、リトルが示した以上に、一二九三年の取り締まり令はエジプトのキリスト教徒の生活に影響を与えたと考えるべきであろう。

第一章にて述べた、ハディードの時代における教会破壊の記述も、カラーウーン治世中の反キリスト教徒政策と結びつけて考えられる。L・ノースラップはカラーウーンの政策は、ムスリムの支持を得るためであったと述べている。[62]『ユハンナー伝』奇蹟二には、イッズ・アッディーンという名のワキール(イクター保持者の代理人)が、修道士やキリスト教徒を攻撃・抑圧していた、という記述がみられる。また、先述した奇蹟一に登場するハティーブは、「信仰に厳格で、キリスト教徒と激しく敵対し、教会に通う者に圧力をかけていた」と描写されている。このように、『ユハンナー伝』の記述からは、十三世紀末にはムスリムの反キリスト教徒感情が高まっていた可能性が示唆される。[63]

塗り替えられる下エジプトの地誌

ユハンナーの生涯を振り返ると、彼はカイロ出身の修道士であり、若い頃はシリア方面を旅し、ハディードの弟子となるためにヌトゥービス・アッルンマーンへやってきた。ハディードの死後は下エジプトをさまよい、各地にて崇敬を集めた。死期を悟ったのちも請われるままに信者のいるサマンヌードへ赴き、その地にて死去したとされる。ユハンナーの前半生については不明な点が多く、また下エジプトをさまよった理由も明らかでない。ユハンナーはハディード同様、治癒や予知能力において知られていたようである。しかし、『ユハンナー伝』「奇蹟録」の記述には、ユハンナーの能力や彼に対する崇敬のあり方というよりは、著者とその周囲の人々の世界観や現世観が強く反映されているように見受けられる。

「奇蹟録」にはマハッラ・クブラーやブサートの主教が登場するが、彼らはユハンナーの弟子であったと記されている。ここから、聖人伝の執筆には彼らがなんらかのかたち（執筆であれ、援助であれ）でかかわっていたことが示唆される。マハッラとブサートの主教座は十三世紀にはじめて確認される、新しい主教座であった。

『ユハンナー伝』執筆の背景には、タンター（『ユハンナー伝』においてはタンダター）を中心とする下エジプトにおける、アフマド・アルバダウィー（一二七六年没）とその弟子たちとの関係も考慮に入れるべきであろう。アフマド・アルバダウィーは今日にいたるまでエジプトの人々のあいだで大変人気のある聖者で、エジプトにおけるもっとも有力なスーフィー教団であるアフマディー教団の創立者であるが、彼はヒジュラ暦六三四／一二三六〜三七年にタンターへ移住し、この地を拠点にガルビーヤ地方の村々に弟子を派遣したとされる。[64]

アフマド・アルバダウィーが弟子を派遣したとされる村のなかには、フィーシャやマハッラ・アルマルフームなど、『ユハンナー伝』に登場する地名もみられる。また、ガルビーヤ地方の村々で崇敬されたムスリム聖者について伝わる奇蹟には、治癒や（飢饉時の）食糧の供給、航海の安全や道中の安全など、ハディードやユハンナーと共通する内容のものが多い。[65] 十三世紀以降、下エジプトの村々では、スーフィー（聖者を含む）と、コプト聖人がそれぞれ崇敬者の獲得を競っていたのかもしれない。

一般に、スーフィーやムスリム聖者の活動はザーウィヤ（スーフィー教団の修道場）などの建立により、地域社会における景観のイスラーム化、さらには改宗の進展を促したと理解されている。[66] このような動きに対して、コプト教会側も手をこまねいていたわけではないのであろう。『ユハンナー伝』にはイスラームに対するキリスト教の優越性を説いた文言がみられた。『ユハンナー伝』や『ハディード伝』執筆のきっかけの一つには、ムスリム聖者や彼らに関する聖者伝の存在もあったのではないだろうか。

古代末期において、聖人伝(殉教者伝も含む)の機能の一つは、聖人にまつわる(とされる)地名を聖人伝に記すことにより、エジプトのとある地域が「キリスト教化」した(あるいはしつつある)ことを提示、または宣言することにあったと考えられている。そしてイスラーム期以降、地域のイスラーム化の過程において、キリスト教にまつわる地名や史跡(伝説上のものも含む)は、イスラームにまつわるものに塗り替えられていったことも知られている。同時に、例えば下エジプトにおける、聖家族が立ち寄ったとされる場所の伝承は、イスラーム期以降、イスラームにおける聖家族(イエスとその両親)の伝承(『クルアーン』第二三章五〇節)に対抗するかたちで発展していったと考えられている。[67]『ハディード伝』や『ユハンナー伝』の著者が聖人伝に下エジプト各地の地名を列挙している背景には、ハディードやユハンナーに対する崇敬の広がりを示すと同時に、それらの町村にはいまだキリスト教徒が住んでおり、さらには聖人と結びつけられることを、これらの聖人伝を読む、あるいは教会で読み上げられるのを聞く信者たちとともに確認する意図があったのではないかと考えられる。

第一章において、『ハディード伝』はユハンナーを讃える一環として著されたとの見解を示した。ユハンナーの生前、そして死後直後においては、この聖人は多数の崇敬者を集めていたのであろう。聖人伝が著された当時、ユハンナーの墓は参詣の対象となっていたことが「伝記」の記述からうかがわれる。しかしその後、『シナクサール』にユハンナーの名前は記載されておらず、ユハンナーの存在は忘れられたようである。

一三五四年に公布されたズィンミーに対する法令と、それにともなう一連の暴動や迫害は、コプトの大改宗をもたらしたとしばしば指摘される(第五章第4節参照)。この時期、ガルビーヤ地方にも、キリスト教徒に対する迫害の波が押し寄せた。第五章で検討する十四世紀後半に活躍した聖人、ルワイスはガルビーヤ地方の出身であったが、父親が改宗圧力に屈して棄教したことに衝撃を受け、故郷を棄てたとされる。また、ユハンナーが訪れたとされるナフリーリーヤでは、一三五三年、キリスト教徒に対する暴動が発生し、教会が破壊されている。同様に、ユハンナーが訪れたとされる、カイロに近いデルタの町カルユーブは、第五章第4節で紹介するマクリーズィーの有名な記述、コプトの大量改宗の舞台となった。同じくユハンナーが立ち寄ったとされるビルマーでも、一三八三年に、キリスト教徒の結婚式がおこなわれているあいだ、モスクのアザーン(礼拝への呼びかけ)をとめようとしたとしてムサーリマ(新しくイスラームへ改宗した者)が処刑されている。[68] 十四世紀後半に、ムスリムとキリスト教徒間の衝突や改宗問題との関係で年代記に登場する下エジプトの地名は、『ユハンナー伝』に偶然記録されたものではないのである。

下エジプトからはその後、キリスト教徒が姿を消していく。もちろん、これには当時流行したペストの影響もあったであろう。マクリーズィーの『地誌』はサンダファーの教会やその祭り、スンバートの教会とその聖遺物に言及しているものの、ナフリーリーヤ、サマンヌード、ダマンフールには一般の家の中に隠された、秘密の教会があったとも記しており、下エジプトにおいて、おおやけにキリスト教の信仰を維持することが困難になっていたことがうかがわれる。[69] 下エジプトにおいてコプト教会の活動が再び活性化するのは、十七世紀のオスマン朝期のこととなる。

第Ⅱ部　カイロとその周辺における聖人の活動

十四世紀

第Ⅱ部においては、十四世紀にカイロとその周辺で活動したコプト聖人と、彼らに対する崇敬の様相について検討する。取り上げる聖人は「裸の」バルスーマー(第三章)、アラム(第四章)、ルワイス(第五章)である。バルスーマーは第二章にて取り上げたユハンナー・アッラッバーンとほぼ同時代に生き、アラムはバルスーマーの弟子であったとされる。ルワイスの活動はこの二名よりも時代がくだり、第Ⅲ部にて取り上げる聖人たちと同時代、十四世紀後半が中心となる。

三人ともカイロとその周辺にて活躍した聖人である。また、修道院に属さず、孤独と静寂のうちに禁欲生活を送る、広義の意味の隠修士(隠者)であったという点においては、その聖人像に共通性を見出せる。しかしながら、各聖人伝にて示された、聖人としての活動や崇敬のあり方はそれぞれ異なり、それには彼らが生きた時代背景が影響しているようである。各聖人伝の記述から、カイロに住むキリスト教徒を取り巻く環境の変化と、聖人伝執筆の動機・意義を明らかにしたい。

第三章　『バルスーマー伝』の世界
隠修士としての聖人

1　『バルスーマー伝』概要

バルスーマーの生涯に関する研究

スルタン・ナースィル・ムハンマドがカラクから戻り、神が彼に王位を返したとき……〔アミール・〕カラースンクルと五人のアミール〔軍事司令官〕たちはタタールの地〔イル・ハーン朝〕をめざし、シリアへ逃亡した。……ナースィルが〔討伐のための〕軍を準備し、シリアへ向かおうとしたところ、アミールの一部が彼に聖人「裸の」バルスーマーの評判を伝えた。そこでナースィルはひそかにバルスーマーと会うことにした。[1]

〔「奇蹟録」奇蹟一〇〕

本章で取り上げる聖人、バルスーマー（Barṣūmā al-ʿUryān）は、カイロの高級官僚の家に生まれたとされる。父親はマムルーク朝初代スルタン、シャジャル・アッドゥッル（在位一二五〇）に仕えたという。両親の死後、バルスーマーは財産を放棄し、腰布一枚の修行生活を送ったため、「裸の al-ʿuryān」という呼称が付与された。一三〇一年に再びズィンミー取り締まり令が公布され、さらにはマムルーク朝下のすべての教会が封鎖された際、それに抗議し当局によって逮捕された。ヘルワーン近郊にあるシャフラーン修道院へ移ったのちは、数々の奇蹟を起こして崇敬者を集め、コプト暦一〇三三年ナースィー月五日／西暦一三一七年(以下コプト暦・西暦を略)八月二十九日に没したとされる。[2]

バルスーマーが歴史的人物であること、またその名声が生前から広まっていたことは、さまざまな史料から確認される。同時に、高名な聖人であるがゆえか、バルスーマーについて伝える史料については他の聖人伝と比べ、複雑な状態にある。本章においては、『バルスーマー伝』手稿本をめぐる問題や『シナクサール』における記述との関係などについて述べたあと、バルスーマーの生涯や彼のもとを訪れたとされる人々について検討し、カイロ社会におけるバルスーマーの位置付け、そして『バルスーマー伝』著述の背景とその意義について述べることとする。

『バルスーマー伝』は、エジプト内外の研究者のあいだで比較的知られている史料である。これにはW・クラムが一九〇七年に『バルスーマー伝』の「伝記」を部分校訂し、その英訳・解説とともに「奇蹟録」の内容紹介を添え、出版したことの功績が大きいであろう。[3] クラムはバルスーマーに関連する史料として、『バルスーマー伝』と『シナクサール』との関係について指摘した。さらには、アラビア語『バルスーマー伝』のほかに、コプト語サヒード方言の『バルスーマー伝』の断片が存在することを紹介している。

『バルスーマー伝』「奇蹟録」については、クラムがその重要性を指摘したにもかかわらず、管見の限り校訂されていない。一九三〇年代には、エジプトにて『バルスーマー伝』に関する小冊子が発行されている。なお、これは(一見そのような印象を与えるが)、『バルスーマー伝』の校訂ではないことに注意を要する。『バルスーマー伝』の概要、手稿本や関連する文献についてはG・グラフ、W・アワド(アブルリーフ)、M・スワンソンの文献紹介に詳しい。[4]

一九七一年に発表されたP・ブラウンの論考以降、古代末期の地中海世界における聖人崇敬に関する研究は飛躍的に進展し、その成果はコプト史にも還元されつつある。その一例がB・ヴォワルによる、『バルスーマー伝』の研究である。ヴォワルはクラムの校訂と英訳に基づき、バルスーマーの医者・仲介者としての役割を分析し、その姿はブラウンが提示した古代末期の聖人像に酷似していることを指摘した。[5] ヴォワルによる『バルスーマー伝』「伝記」部分の分析に関しては、その知見から得るところが大きいが、バルスーマーの奇蹟に関する分析については、これは実際の「奇蹟録」を参照せずにおこなわれたことが内容から推察される。また、そもそもクラムが依拠した「奇蹟録」の手稿本にはさまざまな問題がある。以下においてはクラムやヴォワルの研究を踏まえつつ、より実証的に『バルスーマー伝』の内容について分析していきたい。

『バルスーマー伝』の編纂過程

バルスーマーについて伝える史料は、アラビア語で著された単独の聖人伝、すなわち『バルスーマー伝』(「伝記」と「奇蹟録」からなる)、コプト語サヒード方言の『バルスーマー伝』の断片、『シナクサール』におけるバルスーマーの項(ナースィー月五日)、そして『ディフナール *Difnār*』(*Antiphonary*, 交唱聖歌集)である。ただし、『ディフナール』からは、バルスーマーは隠修士であると定義されていることが確認される以外は、取り立てて情報が得られない。[6]

『バルスーマー伝』「伝記」はクラムによって部分校訂と英訳がなされているものの、「奇蹟録」は未校訂である。コプト語『バルスーマー伝』の断片はアラビア語『バルスーマー伝』「伝記」の末尾に相当し、内容はほぼ一致している。それゆえ、現時点においては、これはアラビア語『バルスーマー伝』の翻訳であると考えられている。[7]

『バルスーマー伝』は「伝記」「奇蹟録」(全四三〜四四話)からなり、「伝記」は短い礼讃文とバルスーマーの生涯に関する記述からなる。「伝記」に比べ、「奇蹟録」が圧倒的に長い。『バルスーマー伝』については本書で取り上げる聖人伝のうち、もっとも多くの手稿本が得られた。ヨーロッパ各地の図書館が所蔵しており、エジプトではカイロの教会が多く所蔵している。[8]

『バルスーマー伝』の著述、あるいはその編纂時期であるが、『バルスーマー伝』の手稿本のうち、年代が確認できる最古のものはパリのフランス国立図書館が所蔵するMS arabe 72である。これは一〇七四／一三五八年に完成している。また、カイロのコプト正教会総主教座図書館が所蔵するMS tārīkh 51(n.d.)の底本は一〇七九／一三六二～六三年に筆写されたとのことである。[9] MS arabe 72を含め、確認できた手稿本間において、「伝記」における記述の差異はほとんど認められなかった。したがって、『バルスーマー伝』はバルスーマーの死後四〇年以内に完成し、現在のかたちになったとみなされる。

「伝記」部分では手稿本間における記述の相違は認められないが、「奇蹟録」に関しては、その内容において二系統に分類される。これらをかりにA系統・B系統と名づけると、両者のあいだでは、収められた奇蹟譚のうちおよそ三分の一が異なる。A系統としては一三五八年に完成したパリ国立図書館所蔵のMS arabe 72, フィレンツェ国立中央図書館所蔵手稿本、ボードリアン図書館所蔵手稿本、カイロのルーム人街区(ズワイラ門付近の下ルーム人街区)にある聖処女教会が所蔵する手稿本があげられる。B系統は十七世紀に完成したパリ国立図書館所蔵のMS arabe 282のみである。

ここからは、手稿本を系統に分けるのではなく、MS arabe 282を例外的な手稿本として扱うべきなのではないかということが示唆される。しかし、MS arabe 282に基づいてクラムが「奇蹟録」の内容を紹介し、ヴォワルが奇蹟の分析をおこなっている。[10] ここで留意すべきは、MS arabe 282にはMS arabe 72の文章の文法的修正や意味の補完、登場人物などに関する説明の簡略化などがみられることである。[11] したがって、今後B系統に属する十四～十五世紀に完成した手稿本が確認されない限り、B系統の手稿本は後世の作であるとみなされる。そのため、ここにおいては、最古の手稿本が含まれ、現存する手稿本のほとんどが属する、A系統の手稿本に基づいた分析が必要であろう。

『バルスーマー伝』については、聖人に関する記録がまず存在し、それをもとに現在の聖人伝が編纂されたと考えられる。聖処女教会所蔵手稿本の奥付には、「バルスーマーの伝記と彼の生涯における奇蹟の抄録(al-yasīr)は、一〇七二年ミスラー月十日／一三五六年二月五日に、散逸した(mutafarriqa)『説教集 *Maqālāt*』より編纂された(jama'a min)」と記されている。[12] さらに、この『説教集』は司祭ダーニヤール(al-Qiss Dāniyāl ibn Qummuṣ Abshāyī al-Akhmīmī)、シャイフ・ユハンナー・イブン・アルアスアド・サリーブ(al-Shaykh al-Mu'tamad Yuḥannā ibn al-As'ad Ṣalīb)、そして「この聖なる父〔バルスーマー〕のもとへ参詣し(yamḍī li-ziyāra)、これら奇蹟の証人となった者たち」に帰せられると述べられている。管見の限り、この『説教集』は現存しない。司祭ダーニヤールとユハンナー・イブン・アルアスアドに関する情報も得られなかったが、後者はシャイフ(長老)という称号から、在家信徒であると判断される。コプト正教会総主教座図書館のカタログの情報によると、総主教座図書館所蔵MS tārīkh 51(n.d.)の奥付にも同様の記述がみられるとのことである。[13]

以上を踏まえると、この『説教集』こそが、クラムが指摘した『バルスーマー伝』と『シナクサール』に共通する情報源ではないかと示唆される。十四世紀に生きたコプトの歴史家、ムファッダル・イブン・アビー・アルファダーイル(一三五八年以降没)は、その年代記『学問の精髄 *Nahj al-Sadīd*』におけるバルスーマーの死亡記事に、バルスーマーの奇蹟を一部紹介している。[14] そのほとんどは『バルスーマー伝』「奇蹟録」にみられる奇蹟譚であるが、記述はより詳しく、また『バルスーマー伝』「奇蹟録」(A系統、B系統双方)に収録されていない奇蹟譚もみられる。『バルスーマー伝』は一三五六年、ムファッダルの年代記は一三五八年に完成している。『バルスーマー伝』とムファッダルの年代記双方の記述を踏まえると、一三五〇年代にはバルスーマーに関する奇蹟集成(ただし、これが『説教集』であるかどうかは断定できない)が流布していたことがうかがわれる。

「奇蹟録」には、一三二〇年代のマムルーク朝政権に関する正確な情報が記されている反面、死後の奇蹟譚はみられない。例外としては、奇蹟五において、バルスーマーのバラカ(恩寵)をその生前に授かった者が、バルスーマーの墓へ参詣したところ病が治ったという記述がみられる程度である。ただしバルスーマー死後のできごとへの言及も確認される。例えば奇蹟三四にて総主教選出に関する予言が実現したこと(一三二七年)、奇蹟一〇にてスルタンの死に関する予言が実現したこと（一三四一年）が言及されている（後者は「城塞への水道橋が完成した年に、スルタンは亡くなるであろう」というバルスーマーの予言であったが、この水道橋は一三四一年に完成している）[15]。以上から、『バルスーマー伝』「奇蹟録」はおそらくバルスーマーの死後まもない時期に収集された奇蹟譚が、（奇蹟集成、あるいは『説教集』というかたちになり）一三五〇年代になって編纂されたものであると考えられる[16]。

「奇蹟録」における歴史的事件や人物への言及

『バルスーマー伝』には、著者による個人的感想やその立場を想起させる記述はみられない。聖人伝の特徴としては、歴史的事件の記述が多く、スルタンに仕えるアミールや改宗コプト官僚といった政府高官、スルタンの来訪に関する記述が複数ある。歴史的事件に関する記述や、アミールやカーディー（裁判官）といった登場人物の職掌・名前は正確であり、ムスリム知識人が著した同時期の年代記からの裏付けが可能である。ゆえに、『バルスーマー伝』は政府高官とのつながりをもつ、あるいはその動向に関心があり、かつ歴史叙述の訓練を受けた人物により著された（あるいは記録された）ことがうかがわれる。

本章の冒頭に引用した奇蹟一〇がその一例であるが、『バルスーマー伝』は一三一〇年に起きたバイバルス二世（在位一三〇九～一〇）の上エジプトへの逃亡やスルタン・ナースィル・ムハンマド（在位一二九三～九四、一二九九～一三〇九、一三一〇～四一）の復位をめぐる一連のできごとに詳しい。また、マムルーク朝期の年代記から確認できるできごととしてもっとも興味深い事件は、一三一五年三月に起きた、キリスト教徒とユダヤ教徒の殺傷事件である。これはとある軍人が、カイロの中心部、バイナルカスラインでキリスト教徒やユダヤ教徒に改宗を迫り、拒否した者を剣で殺傷したという事件であった。「奇蹟録」によると、このできごとについて書記の男（おそらくコプト）がバルスーマーのもとへ知らせにくると、バルスーマーはその軍人の処刑を予見したという[17]。

この事件は、十四世紀前半のウラマー、ヌワイリー(一三三三年没)の百科事典、『学芸の究極の目的 *Nihāyat al-Arab*』の年代記部分にも登場する。[18]事件の日付を換算すると、『バルスーマー伝』に書かれた日付(コプト暦一〇三一年バラムハート月十一日)と、『学芸の究極の目的』における日付(ヒジュラ暦七一四年ズー・アルカアダ月末日)は一致する(=西暦一三一五年三月七日)。『学芸の究極の目的』は犯人の出身地、『バルスーマー伝』は被害者の出身地や職業に詳しいことが、ムスリムとコプトによる視点や情報の相違としてとらえられる。

『バルスーマー伝』の「奇蹟録」はバルスーマーのもとを訪れた人物として、コプト官僚から有力アミール、大カーディー、時のスルタン、ナースィル・ムハンマドまでもあげている。スルタンが実際にバルスーマーのもとを訪れたかどうかは不明であるが、これらはみな実在の人物であり、その職位は一三一〇年代当時のものと一致し、彼らの相談事の内容もマムルーク朝期の年代記から裏づけられる。例えば奇蹟一一は、ナースィル・ムハンマドに「私のおじさん 'ammī」と慕われた有力アミール、バクタムル・アルジャウカンダール(一三一六年没)が、エジプト総督に任命されたことをバルスーマーに相談した際、失脚を暗示されたという逸話である。事実、バクタムルは総督就任から二年後、一三一一年に逮捕、投獄されている。[19]なお、このバクタムルの失脚についてもっとも詳しい情報を伝えている年代記は、前述したコプトの歴史家、ムファッダル・イブン・アビー・アルファダーイルの『学問の精髄』である。同様に、奇蹟三六では、一〇三〇年バシャンス月十三日/一三一四年五月八日、バルスーマーは訪問してきたアミール・キスターイーのシリアへの赴任を予言したと記されているが、その翌年の一三一五年四月に、アミール・キスターイーは大シリア地方のナーブルス総督に任命されている。[20]

前記は一例であるが、『バルスーマー伝』に記された奇蹟譚は必ずしも荒唐無稽な物語ではない。本章の冒頭にて引用した、アミール・カラースンクルの逃亡も史実である。『バルスーマー伝』の著者・編者は、マムルーク朝社会におけるバルスーマーの活動を、歴史的事件や政府内の重要人物との関わりを踏まえながら記しているのである。

2　バルスーマーの生涯

歴史的人物としてのバルスーマー

バルスーマーが歴史的人物であること、またその名声が生前から広まっていたことは複数の史料から確認される。例えば、バルスーマーの死亡録はムファッダル・イブン・アビー・アルファダーイルの年代記や、イブン・アッスカーイー（一三二五／六年没）の人名録に登場する。両者ともキリスト教徒の著述家であるが、イブン・アッスカーイーはダマスクスに在住したメルキト派のキリスト教徒である（のちに改宗した可能性あり）。また、バルスーマーの名前はエチオピア教会の『シナクサール』にも記載されており、バルスーマーの名声の地域と宗派を超えた広がりがうかがわれる。[21]

バルスーマーが死亡した当時の総主教、ユアンニス・イブン・アルキッディース（ユアンニス八世、第八〇代、在位一三〇〇～二〇）は、イブン・アルキッディース、すなわち「聖人（qiddīs）の息子」として知られている。この人物はバルスーマーが長年滞在したシャフラーン修道院の出身であり、『アレクサンドリア総主教座の歴史』には、ユアンニスがバルスーマーの葬儀を執りおこなったことが記されているため、「聖人の息子」とはこの総主教がバルスーマーの弟子であった（あるいはそのようにみなされていた）ことを含意している。[22] これらは、当時のコプト社会においてバルスーマーが多大な崇敬を受けた人物であったことを示している。バルスーマーへの崇敬はその死後も続いたようであり、十五世紀に著されたマクリーズィーの『地誌』には、「〔シャフラーン修道院は現在〕バルスーマー修道院として知られ、受難節（レント al-ṣaum al-kabīr）の第五金曜日にはイード（生誕祭）が催され、総主教やキリスト教徒の有力者たちがやってくる」と記されている。[23]

『バルスーマー伝』の記述

『バルスーマー伝』「伝記」部分の記述は手稿本間においてほぼ相違なく、クラムの校訂とほぼ同一である（ただし、クラムは一部の記述を校訂から省略している）。したがって、以下においてはクラムの校訂に基づき、分析をおこなうこととする。

『バルスーマー伝』「伝記」冒頭の礼讃文は、『ハディード伝』同様（三五頁参照）、一葉に満たないほど短い。[24] バルスーマーを讃え、その聖日を記し、「聖バルスーマーを思い出すために神の教会に集まった、イエスを愛する人々（sha'b）よ」と呼びかけたあと、バルスーマーの生涯に関する記述が始まる。「伝記」によると、バルスーマーの父はフスタート（原文ではミスル）の出身で、イブン・アッタッバーンとして知られるアルワジーフという人物で、初代マムルーク朝スルタン、シャジャル・アッドゥッルの書記（礼讃文では書記〈kātib〉、「伝記」ではムバーシル〈官史〉）であったとのことである。[25] 両親は敬虔なキリスト教徒であり、慈善を多くおこなったが、シャジャル・アッドゥッルによる登用の結果、父親の名前はエジプト中に広まったという。こうしたなか、この聖人伝の主人公が生まれ、「誉れある名 al-ism al-mukarram」、バルスーマーと名づけられた。しばらくたって、バルスーマーの両親が老齢で死去すると、母方の叔父がその遺産を横領した。それをみたバルスーマーは、親戚や知り合いの忠告に反して叔父と対峙することを選ばず、財産を放棄してこの世を捨てたという。[26]

「伝記」には、このときバルスーマーが何歳であったかは記されていない。叔父による遺産の横領とは、現実性のある逸話であるが、同時に、修道士になるなど、この世を捨てる行為（俗世に対する死）は家族関係の断絶と財産の放棄を随伴するものである。[27] すると、これは聖人伝に要求されるトポス（類型）にすぎないとみなすこともできる。

また、バルスーマーはスルタンに仕えるような高級官僚の家に生まれたとあるが、イブン・アッタッバーンという人物については、管見の限り他の史料からその存在を裏づけることはできない。このような記述は、聖人が富裕な家に生まれたという、聖人伝のトポスの一つである可能性もあるが、後述するようにバルスーマーのもとへは官僚が数多く訪れたとされているため、これにはバルスーマー自身、官僚の家柄の出身であったことが関係していた可能性がある[28]。あるいは官僚たちが、バルスーマーを自分たちの仲間として描写するために、このような出自を設定するよう要求したのかもしれない。いずれにせよ、バルスーマーの幼少時の記述についてはトポスに満ちており、史実を抽出することは難しい。

さて、家を捨てたバルスーマーは、町の外へ出て、「ヨブのような」生活を志し、五年間、ゴミの山(kīmān)の上に座り続けたという。バルスーマーは衣服を放棄し、腰に布を巻き、祈りと断食の日々を過ごした。ヴォワルは、この修行期間をバルスーマーが聖人となるための第一段階として位置づけている[29]。

このようにして修行の日々を送り、肉体は干涸び、聖性(quds)を得るようになると、「この場所にて名声を得て、傲慢にならないよう、今すぐこの場所を去るべきだ」と考えたバルスーマーは、ある日、聖霊のお告げにより、フスタートにある聖メルコリウス教会へ行き、その地下室(maghār, 洞穴か)にて暮らし始めたという(「伝記」は、バルスーマーが聖メルコリウス教会に住んだ期間について述べていないが、コプト教会の『シナクサール』には二〇年とある)[30]。

このように、地下室における祈りと断食の修行期間をへて、バルスーマーは聖性を獲得していったとされる。『シナクサール』によると、バルスーマーは隠修士(al-suwāḥ)のような暮らしを営み、その結果、「その美徳において多くの聖人を上回るようになった」という。こうしたなかバルスーマーの名声は広まり、人々が彼のもとを訪れるようになった[31]。

バルスーマーが修行の日々を送っていると、「キリスト教徒に危機(dāʾiqa)がおそいかかる」。「伝記」は、このとき「教会が閉鎖され、〔キリスト教徒は〕青い布を着せられ、服装を識別化され、〔官庁に〕出仕することを禁止され、駄獣に騎乗するよう命令された」と伝えている。この記述から、キリスト教徒を襲った「危機」とは、一三〇一年に公布された、ズィンミーの衣服などを規制することを主眼とした法令や、教会封鎖令を指していることが示唆される[32]。このときエジプト全土の教会や修道院が閉鎖されたが、バルスーマーは聖メルコリウス教会の屋根にのぼり、（おそらく梁の上に）身を隠し、神に祈り続けたという。『シナクサール』によると、バルスーマーの祈りにより、一部の教会の封鎖が解除されることとなった。しかし、あるとき閉鎖されている教会の中にバルスーマーがいることに気づいた人々が、カーディーに訴えた。そして群衆が教会に押しかけ、バルスーマーは逮捕・投獄されたという（このとき、バルスーマーは彼を逮捕した役人の行く末を予言したとされる）[33]。

どのような経緯でバルスーマーが解放されたかは不明であるが、「伝記」は、当局の命令によりバルスーマーがカイロ郊外のシャフラーン修道院へ送られたことを伝えている[34]。この記述からは、シャフラーン修道院に向かったのはバルスーマーの意志に基づいた行動ではなかったことがうかがわれる（バルスーマーの逮捕以降の記述について、『シナクサール』の記述はそれまでの描写と比べて簡潔になるのに対し、『バルスーマー伝』の記述は詳しくなる）。

シャフラーン修道院に到着したバルスーマーは、修道院の外（記述から判断すると、修道院の屋根のドームのあいだ）に住み、さらなる修行に励んだとされる。その結果、聖霊の力により、バルスーマーに予言能力や奇蹟を起こす能力が授けられたという[35]。しばらくすると、バルスーマーの名声が修道院内外に広まり、彼の執り成しを求め、さまざまな人々がバルスーマーのもとへやってくるようになった。

シャフラーン修道院に滞在して一六年後、一三一七年に、バルスーマーは病によりこの世を去った。彼の弟子であった司祭ユハンナー（Yuḥannā Ibn al-Shaykh）と、書記イブラーヒーム（Ibrāhīm al-Nāsikh）が、その死を看取ったとのことである。葬儀はシャフラーン修道院にて執りおこなわれ、総主教をはじめ数多くの司祭や助祭、カイロやフスタートの有力者が参列した。遺体はシャフラーン修道院に埋葬され、その死はカイロやフスタート、周辺の村々にて悼まれたという[36]。

「伝記」に記されたバルスーマーの生涯を振り返ると、シャフラーン修道院にいたるまでの人生については不明な点が多いことに気づかされる。出生から青年期までの記述に関しては、そこには出生やその幼少期にまつわる奇蹟譚がみられない。ヴォワルは、これらの記述をめぐってトポスが用いられていない点において、この聖人伝は実在の人物に関する物語であることがうかがわれると述べている。しかしながら、バルスーマーは名家の出身であるとされていること、財産を放棄したとされることも聖人伝におけるトポスの一例であるため、これらの情報がバルスーマーの実体験であるとも断定できない。[37]

隠修士としてのバルスーマー

「伝記」におけるバルスーマーの生涯をみると、修道院に属さず、孤独と静寂のうちに祈りと断食の日々を送ったというバルスーマーの姿は、いわゆる古代の隠修士の姿と重なり、実際、『シナクサール』はバルスーマーのことを「敬虔な隠修士である」と記述している。さらに、『シナクサール』には柱頭行者シメオン(四五九年没)と教父、ニシビスのエフラエム(三七三年没)への言及がみられる。これは、バルスーマーが衣服をまとっていないことについて、「シリアのエフラエム(原文では Afrām al-Suryānī)と柱頭行者シメオン(原文では Sim'ān al-'Amūdī)が述べたように、神は彼の親友(as-fiyā')に、寒さも暑さも感じることがないよう、光り輝く祭服を着せられたのである」という説明にうかがえる。[38] 柱頭行者シメオンは古代末期にシリア北西部、アンティオキア近郊に生きた人物であるが、コプト教会の『シナクサール』に登場し、コプト教会においても崇敬された存在であったと考えられる。また、エフラエムの修道論は、中世において、高い評価を得ていたことが知られている。シメオンとエフラエムの名前は、十四世紀前半に完成したイブン・カバルの著作『暗闇の灯火 *Miṣbāḥ al-Ẓulma*』に確認される。ここから、彼らの名前は十四世紀初頭にはコプト教会の人々に知られていたことがうかがわれる。[39] イブン・カバルがあげた著作については、アラビア語で著された実物を参照できないため、それらの著作と『シナクサール』における記述とのあいだの引用関係を知ることはできない。しかしながら、

『シナクサール』の記述からは、その著者（あるいはその情報源）がバルスーマーの修行について描写する際に、シメオンやエフラエムによって示され、その後文学として伝えられた、古代末期シリアの聖人像・聖人伝が念頭にあったとみなすことは可能であろう。

ヴォワルが、バルスーマーの聖人への過程の第一段階と評した、バルスーマーがフスタートの外のゴミ山で過ごしていた頃の描写を振り返ると、「バルスーマーは五年間、この町のゴミ山の上に、夏の暑さにおいても冬の寒さにおいても座り続けた。衣服はまとわず、（腰に）布をまとっているだけであった。……昼夜を問わず絶えず祈り続けた」とある。この描写からは、バルスーマーは修道房の中に籠っているどころか、屋外にさらされながら修行していたことがうかがわれる。このような修行の形態は、エフラエムが描写したとされる修道士の姿と酷似している。S・ブロックによると、エフラエムが描写した、古代シリアの隠修士たちは、屋外にて外気にさらされながら修行しており、ほとんどの場合は衣服をまとわず、髪の毛や爪は伸び放題であったという[40]。

なぜバルスーマーと古代シリアの隠修士の姿が酷似しているのか、という問題であるが、これにはおそらくバルスーマーが都市（やその周辺）に在住していた、ということが影響していると思われる。エジプトの修道士は、伝統的に農耕地と砂漠の境にある修道院にて暮らしていたのに対し、古代末期のシリアやアナトリア半島では、アンティオキア郊外の柱の上で修行したシメオン、コンスタンティノープルの柱の上で修行したダニエルのように、隠修士は都市の周囲あるいは都市内部で暮らしていた。バルスーマーのように都市の周辺で暮らしていた聖人について描写する際に、聖人伝の著者（そしてその周囲の人々）には、聖人伝のモデルとして、エジプトではなく、古代末期シリアの隠修士の姿が思い浮かんだのではないだろうか。

ヴォワルは、『バルスーマー伝』「伝記」の記述について、バルスーマーの生涯に関する著述と、そこで描写された聖人の機能双方について、古代末期の伝統に忠実であるという見解を示している[41]。しかし、前述した理由により、ここにおいては、『バルスーマー伝』に古代末期の隠修制の伝統の継承を見出すというよりは、聖人伝などに著された古代シリアの隠修士の姿が、聖人のモデルとして意識されている、という指摘にとどめておくべきであろう。

以上、バルスーマーの生涯に関する記述を検討してきた。バルスーマーについては、「伝記」において、彼の移動や修行については明確に提示されているのにもかかわらず、その他の情報、バルスーマーの修行を指導した人物、ゴミ山や教会におけるバルスーマーの崇敬者といった点に関しては、『ハディード伝』同様、具体性に欠けている。聖メルコリウス教会に長年滞在し、その過程において徐々に名声が広がり、教会封鎖に抗議して逮捕された、という経歴にはある程度史実が反映されていると思われるが、それ以外の点において、バルスーマーの生涯について実際の情報はほとんど得られない。

シャフラーン修道院にいたったバルスーマーについて(だれの命令により送られたのか「伝記」では明かされていないが)気づかされることは、バルスーマーは修道士としてシャフラーン修道院の一員となったわけではない、ということである。「伝記」には、バルスーマーはそもそもシャフラーン修道院の中に入らず(ただし「奇蹟録」からは修道院内で生活していることがうかがわれる)、屋根の上で修行をしていたと描写されている。すなわち、修道院内のヒエラルキーには組み込まれていないのである。

『バルスーマー伝』において、バルスーマーは教会組織とは無縁な存在として示されている。すなわち、バルスーマーには修道院での修行経験はなく、司祭として任命されたこともなく、修道院に滞在しても、その組織には組み込まれていない。「奇蹟録」にてシャフラーン修道院の修道院長は登場するが、彼を除けば、バルスーマーがその生涯にかかわったとされる聖職者はまったく登場しない。バルスーマーの葬儀にてはじめて、総主教や司祭らが登場するのである。ヴォワルはここに、教会組織とは独立して活躍したとされる、古代末期における聖人像との類似性を見出している。[42] このような描写には、『バルスーマー伝』の著者の立場や、教会に対する態度が反映されているのではないかと推察されるが、こうした著者の立場や教会に対する態度については、ここでは指摘にとどめておく。

3 仲介を求めて 聖人のもとを訪れる人々

「奇蹟録」の舞台

『バルスーマー伝』の奥付に「バルスーマーの伝記と……奇蹟の抄録は、……散逸した『説教集』より編纂された」と記されていることは、本章第1節で確認したとおりである。「奇蹟録」においては、同種の奇蹟譚は並べられて記されており、また奇蹟のうち年代が記されているものから推察すると、各奇蹟は年代順に並べられている。以下においてはパリ国立図書館所蔵 MS arabe 72(全四四話)に基づき各奇蹟譚の内容を検討するが、クラムの記述と対照できるよう、同館所蔵 MS arabe 282(全四五話)の奇蹟番号も記すこととする。

「奇蹟録」の記述からまず気づかされることは、バルスーマーは決してシャフラーン修道院の周辺を離れていないということにある。そのため、バルスーマーにまつわる奇蹟の舞台は、ほぼシャフラーン修道院か、その周辺となる。シャフラーン修道院はカイロの南方にあるヘルワーンの近郊、マアサラと呼ばれるナイル川に面した地域に位置する(図5参照)。マアサラには農地が広がっていたようであるが、修道院の背後にはトゥラーと呼ばれる、荒涼とした山があった。このような地が「奇蹟録」の舞台となる。[43]

修道院近辺に住む人々については、彼らがバルスーマーのもとへやってきたり、バルスーマーが彼らのもとへ赴いたことが記されている。奇蹟一二ではマアサラに農地を所有するワズィール(宰相)の息子が、作付けについてバルスーマーに相談したところ、バルスーマーは自ら畑を耕し、その年の豊作を約束したとされる。奇蹟三九では下エジプトのマハッラ・クブラーに住む亜麻油圧搾人と、マアサラに住む同業者とのあいだで起きた係争について、バルスーマーが仲

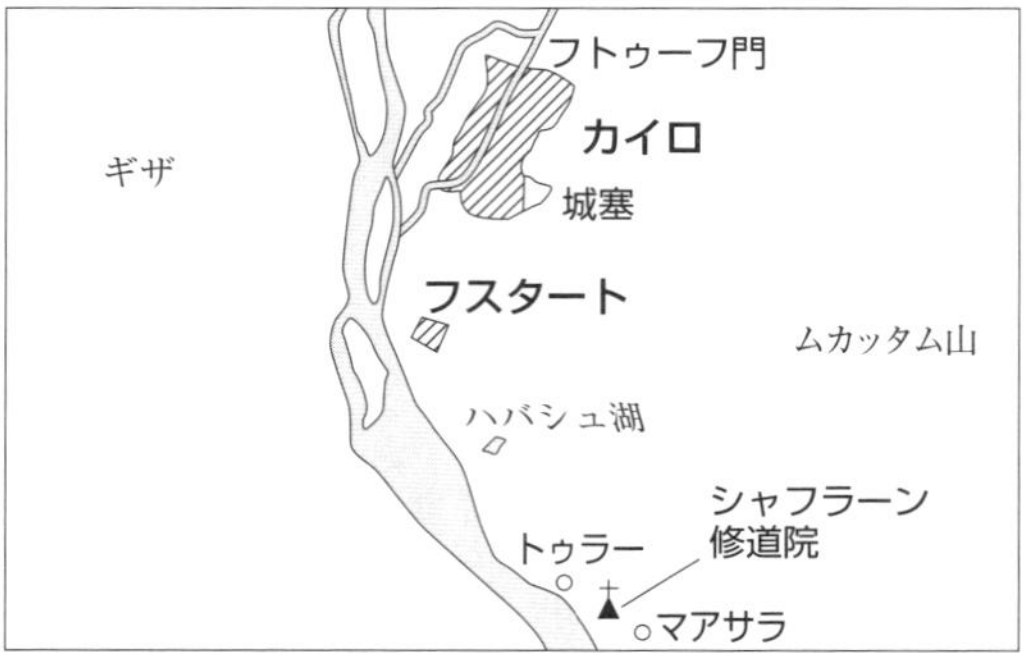

図 5　バルスーマーのカイロ
［出典］H. Halm, *Ägypten nach den mamulukischen Lehensregistern*, II: *Das Delta*, 図 21 をもとに作成

介したとされている。また、奇蹟三六ではバルスーマーのもとを訪れたアミールがナイル川の岸辺に宿営したと記され、奇蹟一九では、バルスーマーはナイル川で遭難している船をシャフラーン修道院へ誘導したとされている[44]。

トゥラーの山を舞台とした奇蹟譚としては、奇蹟六ではトゥラーの山の中で盗賊に襲われた男が聖ギルギス（聖ジョージ）に助けを求めたところ、バルスーマーが馬に乗った聖ギルギスを遣わしたとされ、奇蹟一七においても同様に、盗賊に襲われた男を助けるためにバルスーマーが聖ギルギスと聖メルコリウス（別名アブー・サイファイン、中東にて聖ジョージにつぐ人気を誇る聖人）に呼びかけたとされる。奇蹟二一では、バルスーマーは修道院を離れずにトゥラーの山の中で蛇に襲われた男を助けたという[45]。以上の奇蹟譚からは、バルスーマー自身は山へ赴くわけでないが、その能力によりトゥラーの山の中で起きていることを把握していたと描写されていることがわかる。

ところで、「奇蹟録」には蛇への言及がめだつ。修道院にあらわれたとされる蛇（奇蹟一六）やトゥラーの山における蛇退治（奇蹟二二）に関する奇蹟譚のほかにも、マアサラ在住の女が、ある日家の前に大蛇が居座っているのを発見し、困り果てた女の代理で隣人がバルスーマーのもとを訪れたという物語がみられる[46]（奇蹟四一）。現代においても、この地域には毒蛇が生息しているとのことである。

バルスーマーを訪れる人々

バルスーマーのもとを訪れたとされる人々のうち、奇蹟録に職業が記された人々は多岐にわたる。そのうち、キリスト教徒であると思われる者は、コプトの有力者(アーヤーン)や官僚・修道士・職人(前述の亜麻油圧搾人など)・医者・ヨーロッパ各地の商人である。ムスリムであることが明らかな訪問者は、スルタンやアミール、軍人・カーディー・船長・マグリブからの巡礼者である。名前や職業が記されず、男・若者・庶民(ahl al-shuʻūb)、といった表現をされている人物も多数登場するが、彼らのなかにはキリスト教徒であるのかムスリムであるのかわからない者もみられる。訪問者の大半は男性であるが、女性も登場する。女性が一人で訪れることはないが、そもそもシャフラーン修道院はカイロから離れているため、女性の足では訪問が難しかったことが反映されているのかもしれない。[47]

訪問者の大多数はカイロ市内やフスタートからやってきたようである。ただし、前述した訪問者のうち、書記やカーディー、マグリブからの巡礼者については「カイロからやってきた」と記されているものの、具体的な地区への言及は、奇蹟四三にて書記の息子がルーム人街区に住んでいたと記されている以外、確認できない。[48] もちろん、スルタンはカイロの南にある城塞から、アミールはカイロあるいはその周辺からやってきたことであろう。

ここからは、バルスーマーに帰せられる奇蹟を記録した者が、シャフラーン修道院の周辺については描写できるが、カイロ市内については知識をもたない、あるいは関心がないことが示唆される。カイロ以外からやってくる者については、記述が少ない。奇蹟七に登場するカイロ郊外のシュブラー出身の若者とその父、そして奇蹟八のカイロとミンヤト・アッスィーラジ(カイロ郊外、図6〈一〇六頁〉参照)のあいだを行き来する役人についてのみである。[49]

以上からは、バルスーマーへの崇敬は、その生前においてはシャフラーン修道院周辺とカイロ市内に限られていたことがうかがわれる。これはバルスーマーへの崇敬の地域的限界を示しているのか、あるいは遠方からきた者に関する奇蹟が採録されなかったためであろう。遠方からの来訪者は聖人への崇敬の広がりを誇示するためには必要な要素であるため、後者は考えがたく、バルスーマーはシャフラーン修道院周辺とカイロ周辺で崇敬を集めた聖人であったとみなされる。このような聖人に対する崇敬の地域的限界は、ハディードの姿と共通しているといえよう。

バルスーマーに帰せられた奇蹟

バルスーマーを訪問（ziyāra）する理由の多くは、バルスーマーのバラカを得るため、あるいは信仰について学ぶ（ta'līm al-rūḥānīya）ためであったと述べられている。奇蹟の内容としては、治癒に関連する奇蹟が全体の約三分の一を占めている。ここから、バルスーマーはその治癒能力において有名であったことが推察されるが、実際、『アレクサンドリア総主教座の歴史』では第八七代総主教マッタウス（在位一三七八〜一四〇八）について、「バルスーマーのように」その治癒能力において優れていた、と記されている。[50]

「重病」と称される病については、例えば奇蹟八では医者に見放された若者を救い、奇蹟一三では書記の息子をメロンと水を食べさせて回復させている。奇蹟二二ではフール（ソラ豆の煮込み）で若者の病を治癒している。奇蹟二七では、障がいをもつカーディーの娘にハリネズミの血を塗ることで治癒し、同じく奇蹟二九ではムスリムの男の脚の障がいをハリネズミの血で治したとされている。奇蹟三二ではマーリク派の大カーディー（司法行政全般の責任者。マムルーク朝では主要都市にスンナ派四学派から一人ずつ任命されていた）、ザインアッディーン・イブン・マフルーフ（一三一八年没）がバルスーマーにサダカ（喜捨、ここでは贈り物）として西洋梨（kummathrā）を贈り、それによってバラカが授けられたことにより、病から回復したと語られている。奇蹟三〇と三一では眼病により失明した男の視力を、聖水をふりかけることで回復させている。奇蹟四二では身体が崩れる病気（ハンセン病かと推測される）から男を救い、前述した奇蹟四三では同じような顔が崩れる病を治癒したとされている。[51] このほかにも、奇蹟三と奇蹟四〇においては、バルスーマーは女性の不妊を治癒し、奇蹟五では悪霊をはらい、奇蹟七と二八では死者を蘇生させたとされている。[52]

これらの奇蹟を記録した者は、おのおのの病の特徴に注意をはらい（第一章『ハディード伝』ではたんに病〈maraḍ〉と描写される例が大半であった）、「奇蹟録」の編纂段階においては病の種類ごとに分類して並べられていることがわかる。また、バルスーマーはおもに聖水をかけ十字架を切ることで病を治癒したとされているが、そのほかにメロンや豆、ハリネズミの血など民間療法をうかがわせる治癒の方法が目を引く。後者の治癒の対象者は（全員ではないが）ムスリムである。ハディードはムスリムの子どもであっても、十字架を切り治癒したとされるが（奇蹟二二）、『バルスーマー伝』ではムスリムとキリスト教徒がその扱いにおいて識別されているようである。

また、「奇蹟録」には「教えを受けるために（samāʿ taʿālīmi-hi）、バルスーマーのもとへやってきた人々」という表現がしばしば登場する。そのなかでも奇蹟譚として独立しているものとして、奇蹟三四では、バミーンという名の修道士が教えを受けにバルスーマーのもとに通っていたが、バルスーマーはこの修道士がフスタートの聖メルコリウス教会にて総主教となるであろうことを予言したと述べられている。同様に、奇蹟三五では、教師であったが、嫌気がさして商人になったマーキンという男に対し、のちにフスタートの聖メルコリウス教会の助祭、さらには別の教会の司祭になるであろうことを予言したとされている。[53] バルスーマーの教えは「伝記」においても強調されていたが、この二例からは、バルスーマーの教えを受けた人物が、（おそらくその威光によって）司祭ひいては総主教の候補になった、またかつてバルスーマーが滞在したフスタートの聖メルコリウス教会も、バルスーマーとの関連において権威づけられていたことがうかがわれる。奇蹟三四に登場した修道士バミーンは、のちの第八二代総主教ベンヤミン二世（在位一三二七〜三九）であり、『アレクサンドリア総主教座の歴史』において、その総主教位はバルスーマーによって予言されていたと記されている。[54]

4 バルスーマーとムスリムの信者

ムスリムによる崇敬

ところで、『バルスーマー伝』「奇蹟録」においては、ムスリムの訪問者は全体の三分の一程度を占める。彼らはどのような理由でバルスーマーのもとを訪問したとされているのであろうか。まず、信仰を問われないような相談の事例としては、ムスリムの人々は作付けの相談や、遺失物の発見のためにバルスーマーのもとを訪れたとされている。前述したように奇蹟一二では修道院の近く、マアサラに畑をもつワズィールの息子が作付けの相談にバルスーマーのもとを訪れており、バルスーマーは、「私は農民ではない」と諭しながらも、作付けを手伝い、奇蹟を起こしたとされている。[55]

また、ムスリムは任官や職務に関する相談（奇蹟九のアミール・ディミートリー、奇蹟一一のアミール・バクタムル、奇蹟三六のアミール・キスターイー）のためにもバルスーマーのもとを訪問していたようである。記述から判断すると、これらはそのとき限りの訪問ではなく、アミールたちは定期的にバルスーマーのもとを訪れている。とりわけ、アミール・バクタムルに関しては、彼はバルスーマーのもとに人を遣わして意見を聞くまでは、何事をするにも決断しなかったと述べられているように、バルスーマーに対して精神的に依存していたことがうかがわれる。アミールによるバルスーマーへの崇敬が熱心なものであった（とされている）ことは、本章の冒頭で引用した奇蹟一〇において、スルタンが「アミールたちの勧めにより」バルスーマーのもとを訪れたと記されていることからも裏づけられる。[56]

ムスリムの男がバラカを求めてバルスーマーのもとを訪れるという例もみられる。これは奇蹟二九、キリスト教徒の隣人の男に関する物語である。「奇蹟録」によると、男は、ヤークーブという名の職人に対し、「日曜日は教会へ行っているようであるが、土曜日はどうしているのか」と尋ねた。すると、ヤークーブがバルスーマーを訪問しに行くのだと答えたため、バルスーマーのもとを訪れる決心をしたという。その際、男は「その「裸 al-ʻuryān」については、多くの奇蹟（muʻjizāt）をおこなっていることを思い出した。そのうち、私もあなたとともに行きたい」と語ったとされている。この逸話からは、カイロではムスリムであってもバルスーマーの評判を聞いたことがあるとされていること、彼らがキリスト教の聖人のもとを訪れることに抵抗がないように描写されていることがわかる。このほかには奇蹟二八のように、軍人が偶発的に妻を殺害してしまい、バルスーマーのもとへ助けを求めてきたという物語もみられる。[57]

人から勧められ、バルスーマーのもとを訪れる例もみられる。奇蹟一〇では、当時のスルタン、ナースィル・ムハンマドが、複数のアミールが熱心にバルスーマーの美徳について語ったため、バルスーマーのもとを訪れたとされている。バルスーマーを気に入ったナースィルは、彼を身近においておくために城塞へ連れて帰ろうとしたが、これを察知したバルスーマーは姿を消して難を逃れたという。[58] 奇蹟二七では、難病に苦しむカーディーの娘が、父親の住宅の修理にきたキリスト教徒から、バルスーマーのもとを訪れるよう勧められている。娘はすぐさまバルスーマーのもとへ行くことを望んだが、父親はキリスト教徒のことを嫌っていたため、三日間悩んだと語られている（このウラマーは、バルスーマーに人を憎むなと諭されたという）。

また、奇蹟一四では、マグリブからメッカ巡礼のためにカイロに立ち寄った男が、睡眠薬強盗に遭い、盗まれた六〇〇ディーナールを探しまわりカイロ中をさまよっていたところ、通行人に勧められてバルスーマーのもとへやってきたと語られている。奇蹟三二（前述の梨の贈り物）は、マーリク派の大カーディーが、夢にバルスーマーがあらわれて病状を聞かれ、「お前はだれだ」、と詰問すると、「私は裸だ」という返事を得たため、バルスーマーに執り成し（shafāʿa）を願うべく、息子をシャフラーン修道院へ遣わしたという逸話である。[59]

ムスリム、とりわけ政府関係者による訪問や崇敬、そこから得られた知識をバルスーマーは信者のために最大限に利用していたようである。例えば奇蹟一〇ではスルタン・ナースィル・ムハンマドがシャフラーン修道院を訪れた際、カイロの教会の封鎖の解除を求めたとされる。奇蹟三八ではバイバルス二世により没収されてしまった修道院財産を取り戻すべく、カイロへやってきたディムクラート（巻頭図1参照）の修道士に対して、請願書をスルタンに渡す方法を助言したとされている。[60]

崇敬者のなかには改宗した元コプトで、スルタンに官僚として仕えていた者もいたようであるが、奇蹟一九では航海中に積荷を失った船長について、その税を免除するよう、当時の財務庁長官、カリーム・アッディーン（アルカビール、一三二四年没）に執り成している。また、奇蹟一五では失業中の書記に対し、その日にワズィール位に任命されるであろう官僚の名前を教え、その門前で待機するよう指示したとされる。彼は無事、そのワズィールに雇用されたという。[61]

奇蹟譚に込められた戦略

『バルスーマー伝』は（他聖人伝と比べ、とりわけ）バルスーマーの聖性とバラカを礼讃することに重点がおかれており、ムスリムによる訪問の描写も、そのような文脈でとらえられる。奇蹟一三にて、書記の息子の病が完治したことについて、ユダヤ教徒の医者がそれを確認しバルスーマーを礼讃したと描写されていたり、奇蹟三六にて、アミールがバルスーマーに対し「あなたは神のもとで偉大な聖人（qiddīs kabīr）である」と讃えたとされるなど、キリスト教徒以外の者が、バルスーマーを讃えたことが強調されているのである。[62]

この聖人伝の著者は、ムスリムに発言させる場合、ムスリム聖者やスーフィーを讃える用語で、バルスーマーを讃えさせているように見受けられる。例えば奇蹟は通常アジャーイブ（ʻajāʼib）と表現されているが、ムスリムの口からはムウジザ（muʻjiza. イスラームにおいては預言者にあらわれる奇蹟を意味する）という用語で、バルスーマーの奇蹟を讃えさせている（奇蹟一二、二七、二九）。[63] また、奇蹟三六ではアミールがバルスーマーのことを「偉大な聖人」と表現しているが、奇蹟一一では、アミールの遣いとしてバルスーマーのもとを訪れた法官（ファキーフ）が、バルスーマーが相談の内容について、説明する前から知っていたことに驚き、その場にいた人々に「彼はスィッディーク（al-rajul al-siddīq〔スーフィー用語で、ムハンマドにつぐ預言者の位を示す〕）である」と語ったと述べられている。本章の冒頭で引用した奇蹟一〇では、アミールたちはスルタンに対し、バルスーマーの「ムカーシャファ mukāshafāti-hi」（神が彼に明らかにしたこと）について熱心に語ったとされている。[64]

現時点においては、スィッディークやムカーシャファといった、一般にスーフィー用語として知られている単語が、どれほど当時人口に膾炙《かいしゃ》していたか、あるいはキリスト教アラビア語において用いられていたかは明らかでない。[65] しかしながら、これらの単語がキリスト教徒でなく、ムスリムの口から発せられているという点において、ムスリムが、彼らの聖者を讃えるかのようにキリスト教の聖人を讃えていることを読者に納得させるために、著者がこれらの用語を意識的に使用していると考えてよいであろう。

バルスーマーのもとを訪れたムスリムたちにとっては、バラカを授かることが重要なのであり、宗教の違いは意識されていなかったことであろう。他方、ほかの宗教に属する者が聖人を讃える、という描写(あるいは宣伝)は、ムスリム聖者伝においても確認される。マムルーク朝期に著された、ムスリムの聖女、サイイダ・ナフィーサにまつわる奇蹟譚にて、彼女がキリスト教徒やユダヤ教徒の女性をしばしば助けたと描写されていることは有名である。[66]

これらはサイイダ・ナフィーサが隣人であるユダヤ教徒家族の、脚の悪い娘を治癒したといった奇蹟譚であるが、ムスリムの男と結婚したズィンミーの女性が、ビザンツに捕らわれている彼女の息子を助けてほしいと頼んだという奇蹟譚の場合、女性は教会とシナゴーグで執り成しを願ったあと、サイイダ・ナフィーサのもとへやってきたと語られている。[67]

マムルーク朝期における、ムスリムやユダヤ教徒の聖者崇敬について考察したA・カッフェルは、これらの奇蹟譚を著した、ムスリムであり、かつ男性である著者にとって、ユダヤ教徒やキリスト教徒の女性がサイイダ・ナフィーサに助けを求めることは極めて自然であったかのように描写されていると指摘している。カッフェルが述べているように、このような描写からは、イスラーム・キリスト教・ユダヤ教の区別なく、当時の人々(少なくとも女性)は似たような慣習をもち、しばしば同じ場に集っていたことがうかがわれる。十六世紀エジプトに在住したスーフィー、アブド・アルワッハーブ・イブン・アフマド・アッシャアラーニー(一五六五年没)は、彼のもとにユダヤ教徒やキリスト教徒が治癒を求めてやってきたことを記している。[68]

現代(少なくとも二十世紀半ばまで)において、シャフラーン修道院(現在は聖バルスーマー修道院として知られる)で毎年開催されるバルスーマーの祭り(マウリド)に、ムスリムが参加することは慣例となっているようである。近隣のムスリムはバルスーマーのことをスィーディー・ムハンマド・バルスーム(Sīdī Muḥammad Barsūm)と呼んで崇敬しているとのことである。[69] ならば、マムルーク朝期においても、バルスーマーの崇敬者にはキリスト教徒のみならずムスリムも含まれていたことに疑問をさしはさむ必要はないであろう。

しかし同時にカッフェルは、サイイダ・ナフィーサに関する奇蹟譚は、彼女の能力をもってして、他宗教に対するイスラームの優位性を示そうとする文学でもあることを指摘している。すなわち、これらは教会やシナゴーグ、あるいは彼らの聖人が助けられない人々を、サイイダ・ナフィーサなら助けられるということをいわば宣伝した文学なのである。[70]『バルスーマー伝』における、ムスリムの描写に関しても、同様の指摘をすることができよう。

一般に、古代末期に著された聖人伝の「奇蹟録」には、ある聖人の聖性やその能力が、他の宗派あるいは他の宗教の聖人のそれよりも優越していることを説得的に提示するという機能が備わっているとされる。[71] このような点を考慮に入れると、『バルスーマー伝』の「奇蹟録」も、ムスリムの崇敬者の描写において、前記のような戦略をもって著されていることが推察される。奇蹟譚に記された用語からは、聖人伝の著者たちにムスリム聖者伝の知識がある程度備わっていたことがうかがわれる。

本章の議論をまとめると、マムルーク朝期に活躍したスーフィーやムスリム聖者には、政府と一般の人々とのあいだに立つ、仲介者としての役割が指摘されているが、バルスーマーについても同様の役割を指摘することができる。[72] 政府関係者への執り成しは前述したとおりであるが、バルスーマーはシャフラーン修道院の近隣住民への助言者としても活躍していたようである。バルスーマーが仲介したとされる亜麻油の圧搾人同士の利益分配に関する騒動をめぐっては、当初調停にあたったのはマハッラ・クブラーの主教や役人であったが、最終的にはバルスーマーが解決したとされている。

「奇蹟録」の編者、そして奇蹟を記録した者（あるいは人々）に再び目を向けると、「奇蹟録」はシャフラーン修道院を中心にすえた世界にて著されており、奇蹟の記録にはキリスト教の教義に強い関心のある、あるいはバルスーマーからの教えを強く意識した人物がかかわっていることが推察される。ただし、その人物（あるいは人々）はたんなる修道士や司祭ではなく、官僚としての出仕経験があった、あるいは官僚である崇敬者が記録にかかわっていたと思われる。前者にあてはまるのは、バイバルス・アルマンスーリーに仕え、のちにフスタートのムアッラカ教会の司祭となったイブン・カバルであり、後者としては官庁に仕えていたムファッダル・イブン・アビー・アルファダーイルであるが、このような人物は当時めずらしい存在ではなかったはずである。「奇蹟録」の性格としては、これは当時のカイロにおける聖人崇敬の実態をある程度伝えていると考えられるものの、同時に、当時興隆しつつあったスーフィーやムスリム聖者への崇敬を意識した、護教的な要素も指摘できる。

第四章 『アラム伝』の世界

「聖なる狂者」とは何か

1 『アラム伝』概要

シュブラー出身の男が、ある夏の夜、道のそばで大勢の人々と寝ていた。睡眠中に喉が乾いて目を覚ますと、アラムがやってきて、「もし喉が乾いているなら、起きて、〔水を〕飲みにこい」と呼びかけた。そこで男は起き上がり、ナイル川の高い岸辺までアラムのあとをついていった。当時は渇水期(ayyām al-iḥtirāq)であったが、アラムが祈ると、川の水が〔岸辺まで〕上昇した。[1]

［「奇蹟録」奇蹟一］

本章にて取り上げる聖人は、バルスーマーの弟子であったとされる、「聖なる狂者 majnūn」と呼ばれた男、アラム(ʿAlam)である。アラムはおもにカイロ郊外のシュブラー(原文ではShubrā min ẓawāhir al-Qāhira, シュブラー・アルハイマ)にて活動し、コプト暦一〇五九年バルムーダー月三日／西暦一三四三年(以下コプト暦・西暦を略)三月二十九日に生涯を終えたとされる。[2] フォルジェ版『シナクサール』はアラムについて、「この日〔バルムーダー月二日、『アラム伝』とは一日ずれる〕、カイロ郊外のシュブラー・アルハイマのガラム(Ghalam)が亡くなった。彼の伝記(sīra)は彼の奇蹟について多くを伝えている」と記している。[3] なお、アラムの名前は『聖人録』には登場しない。

管見の限り、アラムの名前やその生涯は一般に知られていない。従来、十四世紀前半に活躍したコプト聖人はバルスーマーのみであると考えられていた。[4] アラムの生涯を検討することは、十四世紀前半という時代における、カイロ周辺に在住したコプト聖人の役割について考察を深めるきっかけとなるであろう。

『アラム伝』の存在自体は、G・グラフの『キリスト教アラビア語文学史』に紹介されているものの、この聖人の生涯について取り上げた先行研究はわずかである。W・アワド（アブルリーフ）が『シナクサール』の記述に基づいて紹介している程度である。T・エルライスィーはその研究においてアラムに言及したが、彼がバルスーマーの弟子であることと、シュブラーで活動していたことに気づかなかったようである。[5]

『アラム伝』は「伝記」と「奇蹟録」（全九話）からなり、全体で一六葉（フォリオ）と非常に短い聖人伝である。『アラム伝』を収録した手稿本はパリ国立図書館と聖アントニウス修道院（筆者未見）に所蔵されている。[6]

パリ国立図書館に所蔵されている手稿本は、書写してからインクが乾かないうちに綴じられたようであり、片面のインクが反対側に写っている。そうでない場合も、反対の面に紙自体がくっつき、後世にそれをむりやり剝がしたため、片面には紙が上からかぶり、もう片面は文字が書かれた部分が剝がれ、両面とも真っ白という惨状のフォリオが多い。それゆえ、この手稿本のマイクロフィルムはどのフォリオも黒塗りされたような状態であり、解読は非常に難しい。これが、これまでこの聖人伝に関する研究を阻害していた主たる要因であったと思われる。[7]

『アラム伝』の前書きからは、この聖人伝はサフユーンという人物が著したもの、あるいはこの人物が証言した内容を著者（私〈anā〉、卑しきしもべ〈dhū al-miskīn〉などと自称）が編纂したものであることがうかがわれる。[8] ただし、聖人伝のなかに著者の出自をうかがわせる記述はわずかである。

2　アラムの生涯

『アラム伝』の記述

『アラム伝』の前書きによると、この聖人伝はサールース(Salūs)というラカブ(あだ名)で知られる、サフユーンという人物によって著されたもの(al-munshiʼiya fī sīrati-hi)であるとされ、「主がわれわれの信仰を強化するよう」求めている。このように書かれていても実際の著者がサフユーンであるとは限らないが、後述するように何らかの関係があることは確かであろう。この前書きでは、聖人伝執筆の意義が明確に示されている。すなわち、その主たる目的は読者に対してアラムの生涯について伝え、「聞き手の魂を救済する」ことにあるという。聞き手とは、聖人の命日に教会に集まった人々であることも、文中から確認される。さらに著者は、この聖人伝を執筆した目的はアラムの聖性(qadāsat)を検証して明らかにし、アラムの業績を讃えることにある、と述べている。[9]

それでは、著者はアラムの聖性をどのようにとらえていたのであろうか。読者に対する呼びかけという形式は、聖人伝の前書きとしては極めて一般的であり、「聖人の生涯を学ぶことで信仰を強化する」とは聖人伝の常套句である。[10] しかしながら、「伝記」の内容からは、これは当時のコプト教会信徒がおかれた状況を踏まえたうえでの発言であるようにとらえられる。

『アラム伝』によると、アラムは二十代のときに修道士となった。修行に長い年月をかけたのち、複数の修道士とともにアレクサンドリアへ向かった。そこからワーディー・ナトルーン(原文にはコプト語名シーハート〈Shīhāt〉とある)[11]の砂漠へ赴いたところ、その地にて聖遺物(al-ajsād al-ṭāhira)や隠修士たち(ここではal-mutawaḥḥidīna)からバラカ(恩寵)を授かり、隠修士の一人にその将来を予言されたという。[12]

このように、『アラム伝』「伝記」は唐突に始まり、アラムの家族や出身地、幼少時に関する記述はみられない。修行したとされる修道院の名前も不明であり、アレクサンドリアやワーディー・ナトルーンを訪れたという記述も具体性に乏しい。『ハディード伝』や『ユハンナー伝』について、聖人伝の著者はおそらく聖人の幼少時に関する情報を有しておらず、その記述は類型的であることを指摘したが、この点において、『アラム伝』の著者は、アラムに聖人として要求される幼少時の姿をあてはめようとせず、自らが知るアラムの姿のみ記そうとしたともとらえることができる。

あるときアラムは俗世(al-ʿālam)へ戻り、カイロの北方にあるミンヤト・アッスィーラジにやってきた。[13] 修道士であったときの身なりをやめ、襤褸《ぼろ》をまとい年老いた駄獣とともに暮らしていたため、アラムは人々に狂人(majnūn)だと思われていたという。だれにもその身元を明かすことなく、彼はこの地で五年間過ごした。あるとき、アラムは市場の商人たちにこの地の教会は沈むであろうと予言したようである。しかし、人々は実際に市場の建物や家々が水没し、教会が半壊するまで彼の言葉を信じなかったという。[14]

その後、ミンヤト・アッスィーラジを離れたアラムは、フスタートにて、機織り人(ṣināʿat al-ḥibāka)として働き始めた。夜になると、バルスーマーのいるシャフラーン修道院へ歩いていき、バルスーマーの教えを受けたとされる。このような習慣は長いあいだ続き、バルスーマーは眠らずに夜通しかけて修道院へ通うアラムのことを、バリーディー(伝達人)と呼んだとのことである。[15]

『アラム伝』の著者にとって、アラムの生涯について特筆すべき要素は、アラムがバルスーマーの弟子であったということにあるようである。「伝記」には、バルスーマーとアラムに関するエピソード、例えばアラムはバルスーマーのもとにいる人々から嘲られたが、バルスーマーには認められたこと、トゥラーの山に籠り修行したのち、バルスーマーの後継者(これが具体的に何を指すのかは説明されていない)に指名されたことなどが詳しく記されている。[16]

バルスーマーの死後、アラムはカイロとフスタートのあいだ(bayna madīnatayn Miṣr wal-Qāhira)に住み、そこでこの

図 6　アラムの歩いたカイロ
［出典］H. Halm, *Ägypten nach den mamulukischen Lehensregistern*, II: *Das Delta*, 図 21 をもとに作成

「伝記」の伝え手であるサフユーンに出会ったようである。[17] ここでアラムのカイロにおけるエピソード、ズワイラ街区における蛇退治や、狂人のような振舞い（市中をさまよい、市場で食べ物を勝手につかみ子どもに食べさせる、など）について語られる。この時期、アラムはアブー・ミーナー修道院へ赴き、修道院長に、教会が破壊されるであろうと忠告したとされる。

しばらくしてアラムはカイロ郊外のハンダク付近に住み着き、この地で数々の奇蹟を起こしたとされる。その二年後にはシュブラー（・アルハイマ）に移ったが、父親の死を経験すると、昼夜なく村々をさまよい、あるときシュブラーへ戻ったようである。[18] そして「一〇五八／一三四二年に、教会（al-biyaʿ）とキリスト教徒が襲撃された際、アラムが祈りを捧げたところ、アラムと聖母マリアの執り成しによりわれわれに対する神の怒りは解けた」と述べられている。[19]

シュブラーにてアラムの名声が広まると、アミール（軍事司令官）やワズィール（宰相）といった、政府高官（akābir al-dawla）がアラムのもとを訪れるようになったが、アラムはアミールと貧しい者（ファキール）を分け隔てなく扱ったという。そして一三四三年、アラムは聖イスハーク教会の主教ギブリールに看取られ、シュブラーにて死去した。このときのアラムの年齢は七十歳であったという。その葬儀にはカイロやフスタートから数多くの人々がシュブラーへやってきたと「伝記」は伝えている。アラムはシュブラーのアブー・ユアンニス教会に埋葬された。[20]

アラムの生涯に関する年代特定

『アラム伝』に記されたできごとの一部は、年代記などの史料から裏づけられる。まず、ミンヤト・アッスィーラジに関する予言であるが、マクリーズィーは、ヒジュラ暦七一七年ラジャブ月四日／一三一七年九月十二日、ミンヤト・アッスィーラジとカルユーブ(のあいだと思われる)の堤防(jisr)が決壊し、ミンヤト・アッスィーラジは浸水の被害を受けたことを伝えている。[21]また、『アラム伝』にはアブー・ミーナー修道院が破壊されたことへの言及があるが、これは十四世紀にはすでに廃墟となっていたアレクサンドリア郊外のアブー・ミーナー修道院ではなく、カイロとフスタートのあいだ、すなわちハムラー地区にあるアブー・ミーナー教会を指していると考えられる。この教会は一三二一年に破壊された。[22]一三四二年に起きたとされる、シュブラーの教会破壊に関する情報はほかの史料からは確認できない。しかし、一三四二年はアラムの死の一年前であり、アラムの弟子や崇敬者にとっては記憶に新しいできごとであったはずであるため、この記述はおそらく実際のできごとに基づいたものであると推察される。

以上を踏まえると、『アラム伝』に記されたできごとは、マムルーク朝期エジプトの歴史のなかに位置づけられ、「伝記」の記述は荒唐無稽な物語ではないことがうかがわれる。同時に、『アラム伝』の記述は矛盾を抱えていることが明らかになる。すなわち、一三一七年に起きたミンヤト・アッスィーラジの浸水事件により、アラムがカイロに移動をよぎなくされたのであれば、同年にバルスーマーが死去しているため、「長年バルスーマーの弟子であった」という記述と矛盾することになる。

アラムがミンヤト・アッスィーラジにいたという記述は、ある程度の事実を踏まえていると思われる。『アラム伝』奇蹟七では、ミンヤト・アッスィーラジのムアイヤドという名前の信者がシュブラーにいるアラムのもとを訪れていたとされるが、この人物は小さい頃からアラムのことを慕っていたと記されている[23]。『アラム伝』には、アラムがミンヤト・アッスィーラジをいつ離れたかという点について具体的に記されていない。一三一七年以前にこの地を離れた可能性もあるし、そもそもアラムはこのような予言を実際にはおこなっていないかもしれない。次項にてみるようにアラムに帰せられる、「聖なる狂者」の特徴の一つはその予言能力にあるため、聖人伝の著者はアラムがミンヤト・アッスィーラジに滞在していたことと、堤防が決壊したことを結びつけたとも考えられる。

もう一つの可能性として、アラムがバルスーマーの弟子であったのは短期間にすぎなかった、あるいはバルスーマーの弟子ではなかったということを指摘できる。『アラム伝』には、バルスーマーの弟子であり一三二〇〜三〇年代に総主教であった第八二代総主教ベンヤミン二世(在位一三二七〜三九)や、第三章の『バルスーマー伝』に登場した、バルスーマーの死を看取ったとされる弟子たちの名前はみられない。そもそも、『バルスーマー伝』において、アラムの名前は登場しない。もしアラムがバルスーマーの後継者に指名されたのであれば、『バルスーマー伝』にアラムの名前が記載されていないことは不自然である。

聖人の死後、その弟子たちのあいだで争いが起こり、おのおのが執筆した聖人伝のなかで互いを批難しあったり、存在を無視したりする例はよく知られている[24]。バルスーマーの弟子のあいだでもこのような争いがあり(『アラム伝』によると、アラムはバルスーマーの弟子たちから嫌がらせを受けていた)、それゆえアラムの名前は『バルスーマー伝』には登場しないと考えることもできる。バルスーマーへの崇敬はその死後も続いており、バルスーマーの名前とアラムの名前を結びつけることはアラムへの権威付けとなった、ということは確かであろう。

『アラム伝』の伝え手であるとされるサフユーンは、バルスーマーの死後アラムに出会ったとされる。すると、アラムの生涯のうち、サフユーンが実際に把握していたのは一三一七年のバルスーマーの死後の動向であり、それ以前のできごとについては、あやふやであった、あるいは創作の余地があったとも考えられる。ここでは、アラムはミンヤト・

アッスィーラジに滞在したことがあったため、堤防決壊事件と結びつけられたと考えられる。おそらくアラムはバルスーマーの弟子であったであろうが、「伝記」のバルスーマーとアラムの師弟関係について述べた部分は誇張されている可能性が高い、と理解しておくべきであろう。一方、堤防決壊事件やアブー・ミーナー教会の破壊は年代記から裏づけられるため、この聖人伝はある程度、十四世紀前半のカイロとその周辺の状況について伝えているとみなされる。

「聖なる狂者」としてのアラム

さて、『アラム伝』の著者はアラムを「マジュヌーン majnūn, 聖なる狂者」と定義している。この「マジュヌーン」という単語に、アラビア語の原義「ジンに取り憑かれた者」、あるいは「狂人・狂者」ではなく、ギリシア語のサロス（salos）、すなわち「聖なる狂者」という意味合いが強いと解釈した根拠は、『アラム伝』の著者がアラムについて、「サールースとしての道（tarīqat al-sālūsīya）を歩んだ」と説明している点にある。『アラム伝』において、サールースという用語は、これ以外でも、先述したサフユーンという司祭のラカブとして登場する。[25]

ギリシア語のサロイ（saloi）を原義とする、サロスという用語は、ビザンツ教会において、「聖なる狂者」、すなわち、神のために狂ったふりをしている者を指す。衣服をまとわずに市中をさまよい、常軌を逸した行動をとる彼らについて、人々は聖性を見出し崇敬したため、たんに狂者ではなく、「聖なる狂者」と呼ばれた。[26]

「サロス」（聖なる狂者あるいは佯狂《ようきょう》者）と称される聖人の最古の姿は、五世紀に上エジプトの修道院に暮らしたとされる修道女の伝記にみられる。その後、七世紀に著された『エメサのシメオン伝』（聖なる狂人に関する伝記としてもっとも有名であり、後世に影響を与えた作品）をへて、ビザンツ教会やロシア教会では（現代にいたるまで）数々の聖人が生まれた。これらの聖人の特徴は、都市に在住し、昼夜市中をさまよい続けたり、市場で食べ物を勝手につかんだり、といった常軌を逸した行動にある。彼らはまた、その予言能力において特徴づけられる。[27]『アラム伝』の記述には、このような聖なる狂者としての要素がもれなく記されており、著者が、ビザンツ教会における聖なる狂者像を知らなかったとは考えがたい。

コプト教会においても「聖なる狂者」とは一般的な聖人の姿ではない。「聖なる狂者」としての聖人像は、ビザンツ教会の伝統のなかで発展した。それでは、アラムは実際にはどのような聖人であったのかというと、おそらく、その行為には「聖なる狂者」と呼べるような要素が含まれていたと推察される。

マムルーク朝期からオスマン朝期にかけ、カイロをはじめとする中東の都市では、マジュズーブ(majdhūb)と呼ばれるムスリム聖者が、アラムと類似した行為により人々から崇敬されていたことが知られている。マジュズーブとは元来、「(神に)惹きつけられた人」を意味する。このような聖者は、頭に被り物をつけず、裸足あるいは裸であり、市中を徘徊し、人々の施しによって生活していたため、狂人(マジュヌーン)とみなされたという。[28] このような行動はアラムの姿、ひいてはエメサのシメオンをはじめとするビザンツ教会の「聖なる狂者」を想起させ、M・ドルズやS・イワノフはこうしたマジュズーブについて、「聖なる狂者」との類似性を指摘している。[29]

アラムはその狂人のような振舞いにより、人々から聖人として崇敬されていたとされる。アラムのような行動をとる聖人は、コプト教会においては一般的でないが、おそらく当時のカイロにおいてはめずらしい姿ではなかったのであろう。そして、彼の生涯について聖人伝を著そうとしたとき、その聖性の定義にもっとも適していたものが、(メルキト派の『シナクサール』を通じて知られていた)ビザンツ教会の「聖なる狂者」としての聖人の姿であったと考えられる。[30] 言い換えると、おそらく十四世紀半ばのカイロにおいては、その奇行において聖人・聖者として人々に崇敬された者たちが存在し、そのうちの一人について、キリスト教文学上の伝統において解釈した結果生まれたものが『アラム伝』であると考えられる。

3　聖人に求められる奇蹟　ナイル川の制御

アラムに帰せられる奇蹟

アラムに帰せられる奇蹟には、どのようなものがみられるのであろうか。「奇蹟録」の冒頭にて、「アラムがシュブラーにいたときの、美徳の一部を省略して語ることとする」と述べられているため、「奇蹟録」のおもな舞台はアラムがその晩年に滞在したとされるシュブラーであることが確認される。マムルーク朝期、シュブラーにはキリスト教徒が多数住んでおり、参詣地としても有名であった。[31]

「奇蹟録」は全九話にすぎないが、その大半はナイル川や水の制御に関連したものである。本章の冒頭で引用した奇蹟一では、アラムはナイル川の水位を上昇させたと記されている。奇蹟二も、ナイル川に関する逸話である。ある日の早朝、水売り(saqqā)がナイル川へ向かって歩いていたところ、アラムに出会った。二人が岸辺にいたると、アラムは川に向かって祈り始めた。すると、水位が上昇し、陸から容易に水を汲むことができるようになった。アラムは水売りに、このことについてだれにも口外しないよう命じたが、水売りはあらゆる人にふれてまわったため失明し、身体が弱り死亡したという。奇蹟三も水の制御と関連しており、あるときアラムはカイロ北方のハンダクにある聖ミーハーイール教会へ行き、そこにいた女のために、使われていなかった井戸から水を湧かせたというエピソードである。[32]

「奇蹟録」には、航海の安全に関する奇蹟譚もみられる。奇蹟六は、下エジプトに位置するアトリーブ〈図2〈四三頁〉・図3〈六七頁〉参照〉の聖母マリアの祭りへ〈シュブラーから〉参詣しようとした女が、途中で船が沈没してしまい、助けを求めてアラムの名前を叫んだところ、助かったという物語である。[33] 奇蹟八では、アラム自身がアレクサンドリアへ向かっていたところ、ナイル川ラシード分流沿いのフゥワ付近で嵐に遭い、多くの船が沈没したが、アラムの乗っていた船は

（アラムが陸に誘導したため）無事であった、と語られている[34]。

この奇蹟八では、嵐の際、アラムに助けられた商人たちが、当時財務庁長官であったカリーム・アッディーン（この人物については註を参照）に彼らの身に起きたことを知らせたため、アラムの名前が政府高官にも知られるようになった、と記されている。このような逸話は、『アラム伝』における「アラムは政府関係者にも崇敬された」という記述を強調するものとなる[35]。

「奇蹟録」の記述からは、アラムはシュブラーやカイロに限定されない、ある程度広範囲の地域から崇敬者を集めていたことがうかがわれる。シュブラーは地理的には下エジプトの最南端に位置するが、例えば奇蹟四ではアラムは下エジプトのカラマーという村の司祭に呼ばれて村へ出向き、病人を治癒したと記されている。このカラマーのフィールーターウス教会の司祭は、アラムの弟子であったとのことである。前述した奇蹟五では、カイロ近郊のミンヤト・スラドからアラムのもとへ崇敬者がやってきている[36]。

以上を踏まえると、まず『アラム伝』「奇蹟録」において特徴的な奇蹟は、ナイル川や水の制御であることが確認される。また、アラムに帰せられる奇蹟は、本書で取り上げた聖人たちのそれと重複する部分が多いことに気づかされる。航海の安全に関する奇蹟は第一章の『ハディード伝』に登場し、聖人の怒りにふれた者が死亡する（行方不明も含む）逸話は、第二章の『ユハンナー伝』に多数みられた。政府高官が登場する点は、『バルスーマー伝』と共通している。アラムの崇敬者にムスリムは登場しないが、隣人としては描かれている[37]。

アラムのもとへやってくる人々の居住地はシュブラーに限られたわけでない。カイロやシュブラーの周辺地域からも、人々はアラムのもとを訪問しているようであり（アラムの葬儀の際、カイロやフスタートから大勢の人々が集まったとされる）、また前述したように、アラム自身も下エジプトの村へ出向いていたようである。

このように、アラムは下エジプトの最南端、カイロ郊外に位置する、シュブラーという地域において崇敬を集めた聖人であった。その土地の人々の要求に応える、という点においては、その役割はハディードに類似している。この聖人伝もやはり、シュブラーという地において活躍した、一人の聖人を讃えるために著された作品であるといえる。しかし、ナイル川の制御というテーマに注目した場合、この聖人伝はこれとは別の意図をもって著された可能性も示唆される。つぎに、このナイル川の制御というテーマそのものについて考えたい。

だれがナイルを制御するか

シュブラー・アルハイマとナイル川、そしてコプトというキーワードからは、シュブラーにて、ナイル川の増水を祈願するコプトの祭り「殉教者の祭り ʿīd al-Shahīd」が開催されていた、ということが想起される。「殉教者の祭り」とは、シュブラーの教会に保管されていたコプトの殉教者の指を、毎年バシャンス月八日／五月十六日にナイル川に投げ入れ、ナイル川の満水を祈願するというコプト教会の行事であった。この祭りは一三〇三年にアミール、バイバルス・アルジャーシャンキール（のちのバイバルス二世、在位一三〇九～一〇）により廃止され、三七年にスルタン、ナースィル・ムハンマド（在位一二九三～九四、一二九九～一三〇九、一三一〇～四一）により復活を許可されたものの、五四年に正式に廃止されたとみなされている。[38]

アラムが一三四三年に死去したのであれば、アラムのシュブラーにおける活動は、この祭りが復活した時期と重なるはずである。しかしながら、『アラム伝』において、この祭りや、聖遺物への言及はみられない。シュブラーという地の聖人であったとされながら、この沈黙は不自然に感じられる。考えられることは、第一にナースィルにより開催を許可されたものの、一三三七年以降もコプト教会はこの祭りを開催できずにいた、ということである。しかし、祭りの催しが過去のものであるならば、一三五四年にあらためて祭りを廃止する意味を見出しがたい。第二には、コプト教会にとってこの祭りの開催の意義が失われていた、ということである。マクリーズィーの『地誌』によると、一三三七年の祭りの復活は、スルタン・ナースィルがアミールたちを楽しませることを目的としたものであった。[39]

だれがナイル川を操ることができるかということは、イスラーム期以降、ムスリム・キリスト教徒・ユダヤ教徒いずれにとっても重要な問題であった。[40] 例えば『アレクサンドリア総主教座の歴史』には、第四六代総主教ハイル(ミーハーイール)一世(在位七四三〜七六七)の治世中のある年、ナイル川の水位が予定通り上昇せず、ムスリムとユダヤ教徒が祈りを捧げたものの、水位はさほど上昇しなかったが、ワスィームの主教ムーサーに率いられたフスタートのキリスト教徒たちが祈りを捧げたところ、十分に水位が上昇した、という記述がみられる。[41] これに対し、ムスリムの年代記には、エジプトを征服したアムル・ブン・アルアースはコプトのナイル川上昇のための儀式を廃し、ウマル・ブン・アルハッターブから送られた、アッラーを讃えた手紙をナイル川に投げ入れたところ水位が上昇した、という逸話が伝えられている。ムスリムの聖者伝においても、ナイル川の制御に関する逸話は好まれるテーマの一つである。[42]

M・ミーハーイールによると、先住者であるキリスト教徒にとっても、征服者であるムスリムにとっても、ナイル川に関する奇蹟譚の意義は、自分たちの神こそがナイル川の水位を司っているのであり、ほかの宗教に属する者ではナイル川を制御できないことを知らしめることにあった。[43] マクリーズィーは「殉教者の祭り」が一三〇三年に廃止されたことを記しているが、その経緯も、この文脈で解釈することができる。一三〇三年に、バイバルス・アルジャーシャンキールが「殉教者の祭り」を廃した際の理由は、「ナイル川の水位を定めるのはアッラーであり、コプトの殉教者ではない」とのことであった。これに対し、改宗コプト官僚たちは「(祭りで販売されるワインから得られる税収益の額を指摘しながら)祭りがおこなわれないと、ナイルの水位は上昇しない」と反論を試みたとされる。[44] この時代においても、ムスリム・コプト双方にとって、だれがナイル川を司るかという問題は重要であったのである。

アッバース朝期、カリフ・ムタワッキル(在位八四七〜八六一)の治世まで、ナイロメーター(ナイル川の氾濫の程度を計測するために設置された水位計。カイロのローダ島におかれていた)の管理を司っていたのはコプトであった。ムスリムの手に移管されたのちも、コプトの祭りとナイル川の水位上昇は密接な関係にあったとされる。[45] そしてマムルーク朝期に、前述のような転換を迎えることになった。しかし、コプトにとって、「自分たちこそがナイル川の水位を定位置まで上昇させることができる」ということは彼らの重要なアイデンティティーの一つであり、祭りが廃止されると、彼らはその役割を聖人に求めたのではないだろうか（実際にそのような奇蹟を起こせたかどうかという問題ではなく、できたと描写することが重要であったと推察される）。それゆえ、このような時代において、シュブラーに住んだコプトの聖人に、ナイル川の水を制御する能力が帰せられたのではないだろうか。廃止された祭りの代替として聖人にその力を求めたのか、あるいはこの時代のムスリム聖者（例えば一三六二年に、ムハンマド・アルワファーイーという聖者の執り成しにより、ナイル川の水位が上昇したというできごとが知られている）へ対抗する意図をもっていたかは明らかではないが、ナイル川の水位を司るのはコプトである、ということを信徒に伝える戦略の一端をこの聖人伝が担っていたと考えることは可能であろう。[46]

『アラム伝』「前書き」の記述に戻ると、聖人伝執筆の目的は、信者の魂を救済することにあった。十四世紀前半、マムルーク朝においてコプトは青いターバンを着用することを義務づけられ、一三二一年にはカイロや諸地域において大規模な教会破壊を経験した。[47] さらには、前述のように彼らにとって重要な儀式であった、ナイル川の増水を祈願する「殉教者の祭り」が廃止された。このような状況下において、神はコプト教会信徒を見捨ててはおらず、その証拠に聖人を遣わしているということを示すために、この聖人伝は（ほかの聖人伝もおそらく同じ目的であるが）著されたのではないだろうか。すなわち、神はたしかに聖人を遣わしていること、いまだにナイル川の制御はコプトの手にあることを示し、信者を鼓舞しようとしたのである。

以上の議論をまとめると、『アラム伝』においては、教会破壊の記述はみられるものの、十四世紀前半に公布されたズィンミー取り締まり令や一三二一年に起きた教会破壊については言及されない。あえて記述する必要がなかったのか、政権への批判を避けようとしたものと推察される。『アラム伝』はあくまで、シュブラーにはアラムという聖人がいて、彼は当時非常に崇敬されていたバルスーマーの弟子であり、ナイル川の水を制御することができた、ということを伝えようとしているのである。

「聖なる狂者」としてのアラム像であるが、「聖なる狂者」としての聖人像はビザンツ教会の伝統のなかで発展した。なぜアラムはそのような聖人として定義されているのか、という問題であるが、これにはアラムにビザンツの聖人の姿が投影されている、あるいは実際の姿をとらえている、という二通りの可能性が考えられる。マムルーク朝からオスマン朝にかけてエジプトやシリアで記録がみられる、マジュズーブと呼ばれるムスリム聖者にも、「聖なる狂者」に類似した特徴が確認される。カイロにおいて奇行を働く聖人の姿は、当時の人々にとってはめずらしいものではなかったのであろう。おそらく当時のカイロにはその奇行において崇敬された聖人・聖者が存在し、そのうちの一人について、キリスト教文学上の伝統をあてはめた結果、生まれたものが『アラム伝』であると解釈される。

第五章

『ルワイス伝』の世界

迫害下の聖人

1 『ルワイス伝』概要

高名な聖人ルワイス

コプトのアーヤーン〔aʻyān，身分の高い〕の女は、あるとき夫がアミール・ミンターシュに従ってシリアへ赴き、その後知らせがとだえたので、ルワイスのもとへ相談にいった。〔女の話を聞いた〕ルワイスはすぐさま「シリアへ行ってくる」と立ち上がり、一時間ほど姿を消した。帰ってくると、ルワイスは女に、その夫に会ったこと、敵のもとから救い出したことを告げた。……しばらくすると夫はエジプトへ戻り……ルワイスの助言に従いスルタン・バルクークのもとへ行った。……スルタンは彼を私産庁長官（nāẓir al-khāṣṣ）に任命した。[1]

〔「奇蹟録」奇蹟五〕

本章ではカイロにて活躍したコプト聖人の第三例として、十四世紀後半に生きた聖人、ルワイス（Ruways）を取り上げる。ルワイスの名前は『シナクサール』には記載されていないものの、『聖人録』には登場する。[2] ルワイスもバルスーマー同様、修道士として修道院に属した経験はなかったようであり、アラム同様、「聖なる狂者」とみなされる行為、そしてその修行や奇蹟により、聖人として崇敬された。このようにルワイスの生涯にはバルスーマーやアラムのそれと重なる面がありながら、コプト教会を取り巻く状況が悪化した十四世紀後半という時代の流れのなかで、聖人としての生涯や求められる奇蹟の記述において、これまでとは異なる要素が見出される。

ルワイスは、本書で取り上げた聖人のうち、現代エジプトにおいてもっとも有名な人物である。ルワイスが晩年を過ごしたとされ、死後埋葬されたハンダク修道院には、現在コプト正教会総主教座がおかれており（敷地内にルワイスの墓廟が現存する）、総主教座の敷地に入るとまず目に入るのが、このルワイスのイコンである[3]。ルワイスの墓廟には十五世紀に死去した複数の総主教（第八七・八九・九〇・九一代）も埋葬されている。

しかしながら、ルワイスは有名な聖人であるのにもかかわらず、彼の生涯については不明な点が多い。また現在にいたるまで、しかるべき研究がなされておらず、そもそも、『ルワイス伝』の校訂は管見の限り存在しない。これは『ルワイス伝』手稿本にさまざまな問題が存在することに起因していると推察され、実際、本研究においても、手稿本が抱える問題については解決にいたらなかった点が多い。

『ルワイス伝』に関しては、一九四〇年代からエジプトでさまざまな文献（論考から小冊子まで）が出版されてきた。その全容はW・アワド（アブルリーフ）の『聖人百科事典　東方教会』における「ルワイス」の項にて確認することができる。これらのなかで特筆すべきは、一九四七年に学術雑誌『スィフヤウン *Ṣifyaun*』に掲載された、K・ナフラの論考である。ナフラはこの論考のなかで、ルワイスの生涯と奇蹟について紹介し、『ルワイス伝』手稿本間の問題を整理した[4]。ただし、ナフラの論考をはじめ、前述した出版物について注意すべきは、これらに収録された『ルワイス伝』の記述は手稿本の校訂ではなく、現代語訳に相当するという点にある。そして、このいわば「意訳」の過程において、『ルワイス伝』に記された歴史的要素の多くが失われてしまっているのである。

研究としては、T・エルライスィーとM・スワンソンが十四世紀後半の改宗問題との関連において、ルワイスの生涯や『ルワイス伝』における改宗者の記述を取り上げている。[5] 本章においては、ルワイスのカイロにおける活動や聖人伝執筆の背景を中心に、謎の多いルワイスの生涯について整理し、聖人伝執筆の意図とその意義を考えていきたい。

『ルワイス伝』手稿本の問題

『ルワイス伝』は「伝記」と「奇蹟録」からなる。その手稿本はカイロをはじめ、エジプト各地の教会や修道院に所蔵されている。本研究にて参照した手稿本は、パリ国立図書館所蔵 MS arabe 282(以下、パリ手稿本)とカイロ、ルーム人街区聖処女教会所蔵 MS tārīkh 18(以下、ルーム人街区手稿本)である。[6] エジプトの国内事情により、筆者はエジプト国内に所蔵されている手稿本の大半を閲覧できなかった。またナフラが参照したとされる、ハンダク修道院内聖処女教会所蔵手稿本(以下、ハンダク手稿本)とカイロのズワイラ街区聖処女教会所蔵手稿本(以下、ズワイラ街区手稿本)は、現在所蔵先が不明となっている。[7]

手稿本に関する問題は以下のとおりである。まず、現存する手稿本は十七世紀以降のものが大半であるが、最古の手稿本が確定していない。手稿本の系統についても明らかでないが、手稿本間において、記述の異同があることは判明している。筆者が参照したパリ手稿本とルーム人街区手稿本を比較した場合においても、その内容は大幅に異なる。後者には前書きが含まれておらず、「奇蹟録」全一四話中、八話が内容の異なる奇蹟譚となっている。各手稿本に収録された奇蹟譚は大概一三〜一五話のようであるが、ワーディー・ナトルーンの聖マカリウス修道院所蔵 MS Hag. 40には五四話収録されているとのことである。[8]

現在、一般に閲覧可能な唯一の『ルワイス伝』手稿本はパリ手稿本である。スワンソンはその研究において、史料批判をおこなうことなく、この手稿本から引用している。[9] しかし、同じくこのパリ手稿本に収録された『バルスーマー伝』「奇蹟録」は、第四章において、「奇蹟録」の内容が他の手稿本と大幅に異なるという理由により、研究の対象から除外したものである。すると、『ルワイス伝』の部分に関しても、同様の問題を抱えている可能性を疑わなければならない。ナフラは、彼が参照した手稿本について説明を付しているため、その解説に添いつつ、この問題点を検討した。その結果、パリ手稿本に収められた『ルワイス伝』の奇蹟譚は、ナフラが参照したハンダク手稿本のそれと一致していることが確認された。また、ルーム人街区手稿本に収められた奇蹟譚は、ズワイラ街区手稿本のそれと一致していることも明らかになった。[10]

あらためてパリ手稿本とルーム人街区手稿本とを比較すると、まず、パリ手稿本に収められた「前書き」はルワイスがハンダク修道院内の教会に埋葬された経緯を詳しく述べている。この「前書き」は聖アントニウス修道院所蔵 MS tārīkh 69（1700）にも記されているため、パリ手稿本固有のものではないこともわかった。[11]つぎに「伝記」の内容であるが、これは両者とも大筋においては一致しながら、表現が異なる部分が多数見受けられる。ルーム人街区手稿本のほうが、説明的要素が多く含まれているものの、記述の具体性においてはパリ手稿本のほうが勝る。以上を勘案すると、パリ手稿本に収められた「伝記」の記述に基づいて後世の人物が書き直し、その際に「前書き」を省略したものが、ルーム人街区手稿本の『ルワイス伝』であると考えられる。

「奇蹟録」に収められた奇蹟譚の内容の相違に注目すると、パリ手稿本（ならびにハンダク手稿本）にのみ収められた奇蹟譚八話（奇蹟三〜六、一一〜一四、すなわち、ルーム人街区手稿本やズワイラ街区手稿本には収められていないもの）のうち、奇蹟六の登場人物は『アレクサンドリア総主教座の歴史』にて、そして奇蹟一三は第六章の『ムルクス・アルアントゥーニー伝』にて、同一人物に関する記述がみられる。[12]ムルクス・アルアントゥーニーはルワイスより先に死去しているため、『ルワイス伝』の著者の手元にこの聖人伝があった可能性もあるが、物語としては独立している。また、奇蹟六についても、『アレクサンドリア総主教座の歴史』における記述との引用関係は認められない。以上を踏まえると、現時点においては、ルーム人街区手稿本よりもパリ手稿本のほうが『ルワイス伝』のより古いかたちを伝えていると考えられる。それゆえ、パリ手稿本に依拠することに問題はなく、その反対にルーム人街区手稿本は補助的な使用にとどめるべきであるといえるであろう。

『ルワイス伝』の著者と執筆年代

『ルワイス伝』奇蹟二には、『ルワイス伝』の著者への言及がみられる。それによると、ルワイスの弟子の一人が病気になった際、夢にルワイスがあらわれ、その弟子（名前は記されていない）が長生きするであろうことを予言し、さらにルワイスの死を見届け、その伝記を著すよう指示したという。後日談として、この弟子がたしかに病から回復し、ルワイスの死を看取ったことも記されている。[13] この記述を文面通りにとらえるわけにいかないが、ここからは、『ルワイス伝』の執筆あるいは編纂には、ルワイスの弟子たちがかかわっていることが示唆される。また、以下において検討する「伝記」の前書きの記述からは、この聖人伝の執筆はハンダク修道院内の教会におけるルワイスの埋葬と密接に関係していることがうかがわれる。

執筆の時期であるが、これはルワイスの死後まもない時期であろう。『ルワイス伝』は一三八九年のミンターシュの乱など、スルタン・バルクーク（ブルジー・マムルーク朝初代スルタン、在位一三八二～八九、一三九〇～九九）期の事件や人物の記述に詳しい。また、ティムールのシリア侵攻（一四〇一年にダマスクスが陥落した）について言及しているため、『ルワイス伝』はこれらの事件の記憶が新しい時期に著されたと考えられる。[14] したがって、この『ルワイス伝』はハンダク修道院と関係の深いルワイスの弟子の一人が、ルワイスの死からまもない時期に執筆したものとみなされる。

2 ルワイスの生涯

『ルワイス伝』前書き

パリ手稿本に記された『ルワイス伝』の前書きは、ルワイスがハンダク修道院に埋葬されるまでの経緯と、『ルワイス伝』執筆の意図について興味深い情報を提供している。前書きは、「〔ルワイスの命日に〕ハンダク修道院の聖処女教会に集まった者たちよ、あなた方に、ルワイスの死について語りたい」という呼びかけから始まる。つぎに、ルワイス自身が、「この教会」に埋葬するよう指示したということが強調される。[15] ここから、『ルワイス伝』は特定の教会、すなわちルワイスが埋葬された教会にて使用するために著されたこと、ハンダク修道院内にルワイスが埋葬されているという事実が、『ルワイス伝』の著者、そしておそらく教会に集う信徒にとって重要であったことが読み取れる。

『ルワイス伝』の記述によると、ルワイスがハンダク修道院内に埋葬されるまで、ルワイスの遺体は三度盗まれた。一度目の盗掘はルワイスの死から八日後のことであり、このときルワイスは夢の中で弟子たちの前にあらわれ、何が起きたかを知らせたという。二度目は、ルワイスの遺体が多くの奇蹟を起こしたため、誘惑にかられた信徒の集団が遺体を盗み出し、シャフラーン修道院へ船で運ぼうとした。しかし嵐に遭遇して船は沈没し、遺体は奇蹟的にハンダクへ戻ったとのことである。三度目は夜間のできごとであり、ルワイスの遺体は地中に隠されたが、数時間後、「われわれ」のもとへ戻ったと記されている。[16]

一度目と三度目の事件の犯人は不明であるが、二度目の事件の記述からは、ルワイスの聖遺物をめぐって、ハンダク修道院とシャフラーン修道院とのあいだで争いが起きていたことがうかがわれる。『ルワイス伝』は、ルワイス自身の指示によりハンダク修道院に埋葬されたことに繰り返し言及している。ここからはむしろ、ルワイスの死の直後、ルワイスをハンダク修道院に埋葬する正当性が確立していなかったことが示唆される。

以上のようなルワイスの聖遺物をめぐる争いについて述べたあと、『ルワイス伝』の著者はルワイスについて、「新しいヨブ（Ayyūb al-Jadīd）、キリストの兵士」と呼びかける。すなわち、ルワイスを「キリストの名において苦しみを経験した者」と定義しているのである。最後に著者は、「〔われわれは〕あなたの生涯を語り、奇蹟のうち隠されていたものを明らかにしたい」と述べる[17]。これらの記述を踏まえ、以下においては、ハンダク修道院とルワイスの関係、その殉教者的側面や奇蹟の特徴に着目しながら、彼の生涯について検討することとする。

『ルワイス伝』「伝記」に描かれたその生涯

『ルワイス伝』「伝記」によると、ルワイスは下エジプトの中心部、ガルビーヤ地方の小さな私領地（day'a saghīra）、ミンヤト・バミーンに生まれた[18]。本名はフライジュ（Furayj）で、父親の名前はイスハーク、母親の名前はサラであったという。ルワイスの父親は貧しい農民であったため、ルワイスは困窮した幼少時代を送ったとされる。「伝記」はルワイスが幼い頃から父親を手伝い農作業に励んだことを述べ、またルワイスが農閑期には近隣の村に塩を売ってまわり、人柄の良さで商売が繁盛していたことを伝えている。ルワイスは塩を運ぶ彼のラクダ（qaʻūd）をとりわけ愛したようであり、ルワイスとそのラクダとのエピソードが複数語られている。「伝記」はルワイスの幼少時から青年期にかけての記述を「この時期のルワイスについて、この地方では今日まで人々のあいだで知られている」と締めくくっている[19]。

「今日まで人々のあいだで知られている」という記述は、「伝記」の内容を読者に信じさせるための文言であると推察される。しかし、「伝記」にはハディードやユハンナーの幼少時に関してみられたような、聖人としてありがちなトポス（類型）はさほど記されていない。ルワイスは教会には通っていたようであるが、幼少時からの敬虔さやルワイスの修道生活への憧れなどは「伝記」において語られていない。「伝記」は、ルワイスを熱心なキリスト教徒というよりは、農民として日々の労働に励む青年として描いているのである。

ただし、これらの記述から、「伝記」がルワイスの幼少時から青年期について事実に基づいた情報を伝えているともみなしがたい。なぜなら、ルワイスの父母の名前には、聖書の影響が色濃く（サラはアブラハムの妻であり、イスハーク、すなわちイサクはその息子である）、実際の両親の名前であるかどうかは疑わしい。下エジプトの農民であったことは確かであろうが、とりわけ信心深いわけではない農民としてのルワイスの姿は、これに続く神秘体験を強調するための下準備であるとも考えられる。

ルワイスの生活は、ある時期を境に一変した。「伝記」によると、あるときキリスト教徒への迫害が起こり（原文には「キリスト教徒にとって困難〈ḍāʾiqa〉が襲い」とある）、ルワイスの父親は圧力に耐えかねて棄教した。ルワイスはこのとき、湿地帯（barrīya al-sibākh）へ逃避したという。なおルーム人街区手稿本は、このできごとはルワイスが二十代のときに起きたと述べ、研究書はこれに従っているが、パリ手稿本にはルワイスの年齢への言及はみられない。[20]キリスト教徒への迫害とは、一三五四年に起きたキリスト教徒やユダヤ教徒への迫害（本章第4節を参照）が下エジプトへ波及したものと推察されるが、『ルワイス伝』には年代を特定可能とするような記述はみられない。先行研究においては、この事件が一三五四年のできごとであることを示唆、場合によっては断定し、さらにはこのときルワイスは二十歳であったという記述から、ルワイスの生年を一三三四年と計算しているが、これらはみな推測の域を出ていないことに注意を要する。[21]

ルワイスが草地（al-ʿashb）に隠れ、飢えと闘っていたところ、夢の中で二人の天使に天空に導かれ、そこで食糧を与えられた（すなわち聖餐を受けた）という。この記述からは、ルワイスはおそらく迫害、あるいは改宗圧力から逃れるために、当局の目がおよばない下エジプトのとある地域の湿地帯へ逃げ込み、そこで受けた神秘体験により信仰に目覚めたとされていることが読み取れる。このときのできごとを、「〔ルワイスは〕われわれに語った」と「伝記」は記している。[22]

ここから、農民としてのフライジュではなく、聖人として人々から崇敬される「ルワイス」の生涯が始まる。「伝記」によると、夢から覚めたルワイスはフスタートへ渡った。人から名前を尋ねられると、本名フライジュを秘匿し、彼のラクダの名前、ルワイスを名乗るようになったという。ルワイスは服をまとわず、「聖なる狂者 habīl majnūn」のように振る舞い、昼夜なくフスタート周辺をさまよい続けたとされる。

放浪生活のなか、ルワイスは彼が異邦人であることについて(ʿalā ghurbati-hi)、「私の追放(ghurba)は長い」と嘆いたと「伝記」は伝えている。このようなルワイスの姿を見た人々は彼に同情し、彼とともに涙を流した。また、ルワイスがキリスト教徒であること(naṣrāniyata-hu)を明らかにするよう求められると、(頭に何もかぶっていなかったため)すぐに青いぼろ布(sharmūṭ)を購入して頭に巻き、キリスト教徒であることを明らかにしたと記されている。[23]

これらの記述から、ルワイスは故郷へ戻ることができなかったこと、彼がキリスト教徒であるのかムスリムであるのか問題とされていたことがうかがわれる。「キリスト教徒であることを明らかにする」とは、当時キリスト教徒は青色のターバンを着用するよう義務づけられていたため、着用していない者全般が取り締まりの対象であったのか、あるいはルワイスのみを標的にした問いかけであったのかは明らかではない。[24] しかしながら、ルワイスの宗教について問題視される状況が生じていたことは確かであろう。

ルワイスは父親が改宗すると湿地帯に逃げ込み、その後故郷を捨ててフスタートへ移動したとされる。イスラーム法においては、父親が改宗した際にその子が未成年であった場合、父親の宗教に従う、すなわち改宗するよう求められる。ルーム人街区手稿本や、先行研究が「このときルワイスは二十歳であった」と述べていることは、ルワイスは成年であるから父の改宗にともない改宗する必要はなかった、ということを強調しているように思われる。[25] しかしこれはむしろ、ルワイスはこのとき未成年であったことを暗示しているのではないだろうか。「私の追放は長い」という嘆きから、ルワイスは故郷へ戻ることができない事情があり、それはおそらく、ルワイスがキリスト教徒としての信仰を保持しようとしたことに起因していたことが推察される。ここで登場した迫害と改宗、そしてルワイスはキリスト教徒であるのかムスリムであるのかという問題は、『ルワイス伝』全体を通じたテーマとなる。

つぎにカイロとフスタートにおけるルワイスの行動、そして彼の修行や美徳に関する記述が始まる。まずルワイスの風貌について、「ルワイスはこの世のものをすべて放棄していたため、その姿は動物〈waḥsh〉のようで、砂漠の隠修士を思い起こさせた。いつも涙を流していただけに目は血走り、髪はライオンのようであった」と描写されている。[26]ルワイスは靴をはかず、粗食であり、贈与されたものはすべて貧しい人々に与えていたという。「われわれは彼〔ルワイス〕が髪を剃ったり、爪を切る様子を見たことがない」という、具体的な目撃証言が挿入されているため、『ルワイス伝』の著述にかかわった者のなかには、実際にルワイスと面識があった者がいたことが示唆される。[27]

前述したように、「伝記」にはルワイスは狂人のようにフスタートをさまよったと記されている。このような描写は第四章で取り上げた「聖なる狂者」アラムの姿を想起させるが、断食や礼拝の描写は「隠修士」と呼ばれたバルスーマーの修行の描写と共通している〈八六頁参照。ルワイスの断食期間の長さには、総主教マッタウス〈第八七代、在位一三七八〜一四〇八〉も驚いたと記されている〉。[28]ここからは、聖人伝の著者はルワイスについて、その狂人のような振舞いとともに、その修行する姿に重点をおいていることがわかる。

これまでに取り上げた聖人たちと、ルワイスの生涯のうちもっとも異なる点は、聖人自身が体験したとされる逮捕や拷問、そして改宗者への対応の描写である。ハディードやバルスーマーも逮捕と投獄を経験したとされているが、ルワイスの逮捕や投獄に関する描写は苛烈を極める。『ハディード伝』や『バルスーマー伝』の場合、逮捕の理由は具体的に示されていたが、『ルワイス伝』の場合、理由は示されていない。例えば、あるときルワイスは逮捕され拷問を受けたとされるが、この文章の主語はルワイスで、受動態の文となっている。アミール・スードゥーンのように、ルワイスを逮捕した人物の名が記されている場合でも、その逮捕理由は述べられていない。[29]

そのほか、ルワイスは遊牧のベドウィンから暴力を受けたり、ムタワッリー(役人)に拷問されたりしたようであるが、いかなる場合も無言を貫いたとされる。ルワイスの投獄や拷問は、本章第4節で述べるようにおそらく一三六五年にキプロス十字軍がアレクサンドリアを占領したことへの報復や、一三七〇〜八〇年代にコプトの殉教があいついだことと関連しているのであろう[30]。しかしながら、聖人伝のなかでルワイスの無言を貫く姿勢が、ピラトの前に引き立てられたイエス・キリストの姿に喩えられていることから、ルワイス逮捕の記述は、ルワイスを迫害に耐える殉教者として提示するためのモチーフにすぎないとも考えられる(ただし、ルワイスが受けた拷問については、三名のアルホン〈有力信徒〉が証言したとされている)[31]。

解放されたルワイスは、フスタートのアルホンの家に滞在したのち、カイロに戻った[32]。ルワイスはその後、病にかかり、九年間、カイロ郊外のハンダク修道院内の教会にて横たわっていたとされる。この頃のルワイスの様子は「新しいヨブ」のようであったという。そうしたなか、あるときルワイスの評判を聞いたカーディー(ムスリムの裁判官)たちが、ルワイスのもとへやってきた。これは、「ルワイスがだれなのか知ることを目的としていた」と「伝記」に説明されている。カーディーの一部はルワイスのことをキリスト教徒であると考えており、ほかの人々は「この男は裸のファキール(faqīr〔貧者あるいはスーフィー〕)であるから、キリスト教徒ではない」と考えたという。カーディーたちがやってくると、ルワイスは彼らの目的を尋ね、あなたは何者であるのかと聞かれると、十字架を切った。すると彼らの身体の震えがとまらなくなり、「神は偉大なり」と叫びながら教会を去ったと語られている[33]。

ルワイスは死期を悟ると、弟子一人一人に別れを告げ、日曜になり弟子たちが彼のもとに集まると息を引き取ったという。そして、聖母マリアによるお告げとして、かつてこの教会の司祭であるアスアドに指示していたように、ハンダク修道院内の教会に埋葬された。「伝記」はイエス・キリストと聖母マリアを讃え、「ルワイスを思い出すすべての人々にバラカ(恩寵)を与えるようわれわれはお願いする」と締めくくられている[34]。

アラムについて『アラム伝』「伝記」の著者は、彼を「聖なる狂者」と定義しているものの、その行いにはマジュズーブと呼ばれるムスリム聖者の姿が重なることを指摘した。ルワイスについては、その行いについて、カーディーらが彼をムスリム聖者の一種（ファキール）であるとみなしたとされる。バルスーマーにはムスリムの崇敬者が多数いたようであることも鑑みると、これらの記述からは、当時のカイロにおいて、ムスリムやキリスト教徒（そしてユダヤ教徒）が信仰の壁を越え（あるいは壁はそもそも存在しないのかもしれないが）、同じような行いにより聖人・聖者とみなされる人々を崇敬していたことが示唆される。

なお、ルワイスの生涯に関しては、逮捕や投獄の描写が続いており、これには十四世紀後半のコプトを取り巻く状況が影響していると考えられるが、以下、本章第4節および第六章『ムルクス・アルアントゥーニー伝』の記述と合わせて検討していくこととする。

3　ルワイスに帰せられる奇蹟　迫害下のキリスト教徒

ルワイスのもとを訪れる人々

パリ手稿本『ルワイス伝』の「奇蹟録」を特徴づけているものは、ルワイスとコプト官僚（改宗した元コプトも含む）との関わりや彼らの改宗（そして再改宗）に関する記述である（奇蹟五、一一～一三）。ルワイスに帰せられるおもな奇蹟は、治癒・死者の再生・子授け、そして予言である。これらの奇蹟は『ハディード伝』や『バルスーマー伝』においても確認されたものである。

ルワイスに帰せられる予言の内容は、個人の行く末から戦いの結果までさまざまであるが、歴史的事件と関連する例もあげられる。奇蹟一四では一三八九年に起きたアミール・ミンターシュの反乱を、最終的にはバルクークが制圧することを予言したとされ、また「伝記」ではティムールがシリアへ侵攻した知らせを受けて恐慌状態に陥ったカイロ市民に対し、ティムールの軍隊はエジプトにはいたらないことを約束したとされている。[35]

ルワイスのもとへやってくる人々の多くは書記、または特権階級（アーヤーン）に属する人々、そして助祭といった聖職者である。一般の参詣者に関する記述はめだたず、ムスリムとして登場するのはカイロのルーム人街区の北に位置する、ジュッワーニーヤ街区に住む、貧しい人々への施しで知られた軍人一名にすぎない[36]（奇蹟八）。

その反面、ほかの聖人伝と比べて『ルワイス伝』では女性がしばしば主体的な役割を果たしていることが多い。奇蹟四では、官僚の妻が子を授からないことを理由にルワイスのもとを訪れているが、ルワイスの死後、障がいを負って生まれてきた子を連れてルワイスの墓を参詣している。本章の冒頭で引用した、奇蹟五の話の発端は、アーヤーンの女が病気で失明したため、ルワイスのもとを訪れたことにあった。病が治癒すると、今度はシリアで行方不明になった夫について相談するために来訪し、その後、修道院や修道士たちに寄進をおこなったとされている。このときハンダク修道院へも多額の寄進をおこなったようであり、それゆえ、この女に関する奇蹟譚が『ルワイス伝』に詳細に記録されたであろうことがうかがわれる。[37]

これらの人々はどこからやってきているのかという問題であるが、ルワイスのもとを訪れたとされる人々のおもな居住地はカイロである。「奇蹟録」においてルワイスが出向いたとされる場所も、カイロとその周辺に限られている。奇蹟三（死者の蘇生）はカイロ郊外のミンヤト・アッスィーラジ、奇蹟一三はフスタートが舞台となっているが、残りの奇蹟はすべてカイロの住民がハンダク修道院にいるルワイスのもとを訪問した際、またはルワイスがカイロへ赴いた際のできごとであるとされている。

前述した奇蹟四の官僚の妻はカイロの西、マクスとルーク門のあいだに位置するカルムート池付近に住んでいたとされ、奇蹟七に登場するシロップ売りはルーム人街区に居住し、奇蹟八に登場するムスリムの軍人はジュッワーニーヤ街区の住人であった。[38] ルワイスはズワイラ街区にて活動していたようであり、奇蹟九（空間移動）から一〇（殺人の阻止）、一二（高貴なムスリム女に誘惑された書記の物語）の舞台はズワイラ街区となっている（図7参照）。これは当時、ズワイラ街区には総主教座がおかれ、キリスト教徒が多数在住していたことと密接に関連していると考えられる。『ルワイス伝』に登場する地名は『バルスーマー伝』においても確認され、十四世紀を通じ、カイロとその周辺におけるキリスト教徒の居

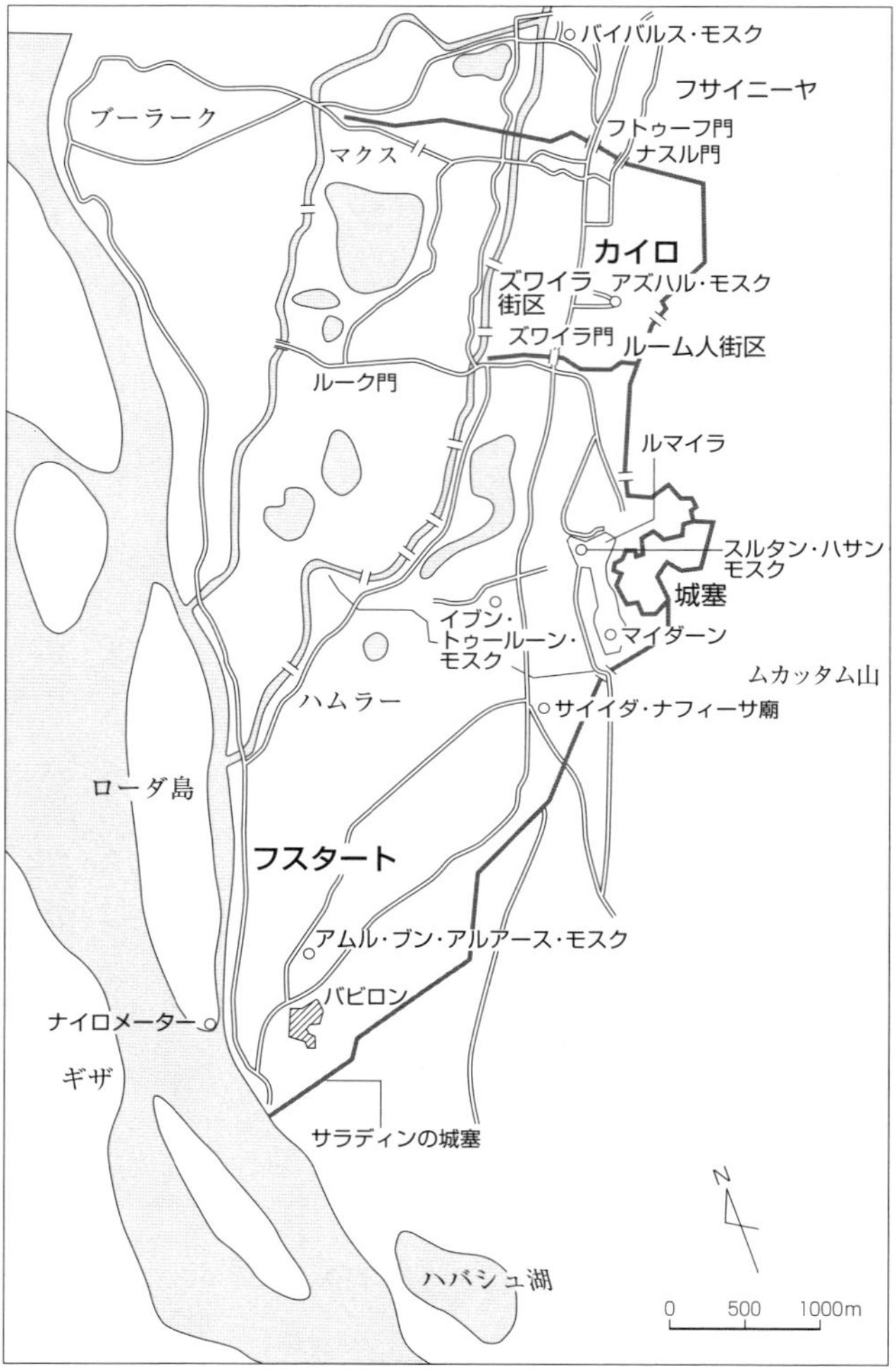

図 7　カイロ市内　ルワイスの歩いたカイロ
［出典］V. Meinecke-Berg, “Quellen zur Topographie” をもとに作成

住地にはさほど変化がなかったことが示唆される。[39]

「奇蹟録」におけるコプト官僚や改宗官僚の描写

『ルワイス伝』と第六章『ムルクス伝』の「奇蹟録」には、コプト・改宗コプト官僚が登場する物語が多数みられる。その大半は、スルタン・バルクークの治世中、すなわち一三八〇年頃から、ムルクスの死(一三八九年)までのできごとの描写である。

後述するように、一三五四年にはズィンミーの官職追放がおこなわれ、マクリーズィーの年代記、『諸王朝の知識の旅 *Kitāb al-Sulūk*』の記述からは、これ以降、官庁に仕える者(元ズィンミー)はみな改宗していたかのような印象を受ける。しかし、『ルワイス伝』の記述からは、この時代、改宗せず官庁に出仕することが可能であったことがうかがわれる。例えば奇蹟六はスルタン・バルクークがコプト官僚にワズィール(宰相)位を約束し、改宗を促したとされる物話である。本章の冒頭で引用した奇蹟五は、一三八九年に起きたアミール・ミンターシュの乱に際し、反乱軍によりシリアで人質になってしまったスルタン・バルクークの徴税官僚を、ルワイスが救出しに行くという物語である。また奇蹟一一と一二はキリスト教徒の書記(奇蹟一一の男は助祭でもあった)にまつわる奇蹟譚であり、奇蹟四に登場するキリスト教徒の女の夫も官庁に出仕していたとされるが、改宗していない可能性が高い。[40]

これらの記述は、十四世紀から十五世紀にかけて、官職にあるキリスト教徒がスルタンから改宗を強要されたという、年代記における複数の記述からも裏づけられる。[41] だが同時に、彼らが絶えず改宗圧力にさらされ、つぎつぎと改宗していったことも事実であろう。奇蹟六は、バルクークから改宗を強要された男がルワイスに訴えたところ、スルタンが亡くなり改宗をまぬがれたという筋書きになっている。[42]

また、『ルワイス伝』は、一度は改宗したものの、キリスト教へ戻ろうとした官僚についても伝えている。『ルワイス伝』の奇蹟一三は、富と名声に目がくらんでイスラームへ改宗し、スルタン・バルクークに仕えてムバーシル（官史）職に取り立てられた男が、あるときキリスト教に戻ることを希望し、ルワイスを訪ねてきたものの、ルワイスは彼が逮捕されることを危惧し、紅海に近い上エジプトの聖アントニウス修道院へ送ったという物語である。この男は、第六章の『ムルクス伝』「奇蹟録」奇蹟一一にも登場する。[43]

エルライスィーはこの奇蹟譚について、殉教者伝にありがちな物語の展開が巧妙に書き換えられていることを指摘している。奇蹟譚の主人公であるコプトの書記は、官庁への出仕機会を得るため、そしてムスリム女性と結婚するために改宗した。しかしその後、良心の呵責に苛まれ、キリスト教へ戻ろうとする。イスラーム期に著された一般的な殉教伝であれば、男は公衆の面前で預言者ムハンマドを侮辱して逮捕され、スルタンや総主教の説得に応じず、自らの言葉を撤回することなく殉死するはずである。[44]しかし、『ルワイス伝』および『ムルクス伝』においては、この男はルワイスによって砂漠の修道院に送られ、ムルクスの手により修道士としての生活を始めたと語られる。すなわち、エルライスィーが指摘するように「静かに」再改宗するわけであるが、この人物は人生の最期においてフスタートの自宅に戻り、母親らに見守られ死去したとされている。この物語からは、『ルワイス伝』の著者は殉教に対し、否定的な立場をとっていることがうかがわれる。[45]

以上が、『ルワイス伝』パリ手稿本から得られた情報である。ここから、パリ手稿本の『ルワイス伝』「奇蹟録」は、ハンダク修道院と、当時総主教が在住していたカイロのズワイラ街区を中心とするルワイスの行動範囲、そしてカイロ市内の人々によるルワイスの崇敬を記録したものであることがわかる。「奇蹟録」の著者、あるいは編纂者にとって、ルワイスはあくまでカイロの聖人であったのである。今後、『ルワイス伝』のほかの手稿本を確認できない限り、『ルワイス伝』「奇蹟録」の全容は不明である。しかしながら、パリ手稿本に記された奇蹟譚のほとんどは、その内容についてほかの聖人伝から裏づけられ、かつ歴史的要素の色濃いものである。パリ手稿本は、十四世紀後半におけるルワイスの活動と彼への崇敬のあり方を伝えていると考えることができよう。

これまでの議論をまとめると、ルワイスは下エジプトの出身であり、その父親が改宗すると故郷を捨て、カイロにたどり着いた。衣服を拒否し、市中をさまよう姿はアラム同様、「聖なる狂者」像を想起させるが、『ルワイス伝』にはルワイスの祈りや断食といった修行に関する描写も詳しく、同じく厳しい修行に励んだバルスーマーの姿とも重なる。また、ルワイスはカーディーにより、ファキール、すなわちムスリム聖者の一種ともみなされたようである。当時のカイロには、キリスト教徒・ムスリムを問わず、衣服を拒否し厳しい修行に励む聖人・聖者が多数みられたのであろう。

バルスーマーはシャフラーン修道院と結びつけられたが、ルワイスはその晩年をハンダク修道院にて過ごし、そこに埋葬された。シャフラーン修道院の者はその遺体を盗み出そうとしたようであるが、失敗に終わった。十五世紀、シャフラーン修道院にかわってハンダク修道院に歴代総主教が埋葬されることとなる。

『ルワイス伝』の内容からは、これ以前の聖人伝にはみられなかった改宗の問題が主題として浮かび上がり、コプトを取り巻く状況が大きく変化していたことを物語っている。『ルワイス伝』には、迫害や親の改宗、キリスト教への復帰といった、十四世紀後半にコプトが広く経験していたであろう問題が、ルワイス自身の経験として描かれている。ここからは、『ルワイス伝』は人々が自らの体験を共有、そして理解するために編纂され、聖人の記念日に教会で読み上げることにより、信徒を慰めることを目的としていたということが示唆される。

4 十四世紀後半エジプトにおけるコプトの社会的状況

コプトの大量改宗をめぐる議論

十四世紀を通じ、エジプトのキリスト教徒やユダヤ教徒は大規模な教会破壊や襲撃を経験した。とりわけ、一三五四年に起きた、ズィンミーに対する一連の事件は、エジプト宗教史の転換点となったと理解されている。これは、マムルーク朝史家、D・リトルの見解であり、二十世紀初頭にG・ヴィエトが述べた、マムルーク朝期にコプトは現在のような少数派になったという見解を実証的に深めたものである。[46]

リトルの主張の根拠となったのは、十五世紀のウラマーであるマクリーズィーがその年代記『諸王朝の知識の旅』で述べた、以下のような記述である。

キリスト教徒の災難がいっそう大きくなり、彼らの収入が減少したとき、彼らはイスラームを受け入れることを決めた。イスラームがエジプトのキリスト教徒のあいだに広がった。カルユーブの町だけで一日に四五〇人がイスラームに改宗した。多くの人はこのことをキリスト教徒の狡知さのためだとし、彼らを不愉快に思った。これはエジプトの歴史においては画期的なできごとであった。このときから、エジプトにおいては血統(nasab)が混ざることとなった。[47]

コプトの改宗の進展について論考を著したS・オーサリバンは、マクリーズィーの記述における誇張性を指摘している。筆者も、このようなコプトの大量改宗を示唆するマクリーズィーの記述を、そのまま史実とみなすことに疑問を抱く。なぜなら、マクリーズィーが参照した、一三五四年の事件を伝える同時代の年代記は明らかでなく、また前記と同様の記述が、彼の別の著作『地誌』における、エジプトのキリスト教徒に関する章の最終節に記されているためである。H・ルトフィが指摘したように、『地誌』はアラブ・ムスリムに対するコプトの敗北と文化の消滅を強調するようなかたちで構成されている。[48]

ヴィエトが提示した、マムルーク朝期にコプトは現在のような少数派になったという見解に対しては、それを否定するような根拠は見出せない。しかし、この事件を機に、コプト教会は勢力を失ったのか、という点には疑問が残る。エルライスィーは、十四世紀後半以降、改宗したコプトの人々(おもに官僚)が徐々にムスリム社会へ同化していく様子と、それがコプト教会にもたらした変容について考察した。[49] 本節では、改宗しながらも、コプト社会とつながりを維持したと聖人伝に描かれている人々について、分析をおこなった。以下においては、十四世紀後半に関する議論を補完するために、年代記の記述を中心に一三五四年以降のムスリム・コプト関係の展開を検証することとする。

マクリーズィーが伝える一三五四年の事件

マクリーズィーは、一三五四年に起きたズィンミーに関する事件について、以下のように伝えている。ヒジュラ暦七五五／一三五四年、「キリスト教徒はスルタンとアミールのディーワーン（行政機関の諸官庁）の職に就き、豪奢な生活をし、権勢をふるっている」という訴えがマザーリム法廷（スルタンに直訴する場）にもたらされた。この訴えに関する御前会議（majlis）が開かれ、ズィンミーの待遇に規制を加えるために、勅令（marsūm）が発布されることになった。[50]

この法令はエジプト・シリア各地に送られ、公布と同時にズィンミーに対する暴力行為が始まったようである。カイロでは、アズハル・モスクの金曜礼拝にて法令が読み上げられた。礼拝が終わりモスクから出た民衆は、通りでキリスト教徒やユダヤ教徒を襲い、彼らの衣服を剝ぎ取り、信仰告白をするまで殴打した。彼らが信仰告白を拒否した場合は、用意した火の中に投げ入れたという。[51] また、法令の発布とともに、キリスト教徒の官職追放がおこなわれ、改宗が奨励されたとマクリーズィーは伝えている。そのうえ、改宗したとしても官職に復帰することは禁じられ、改宗した者は家族との接触を断ち、モスクに通うよう命じられた。キリスト教徒（実態として、その多くはコプト）官僚に対するこの措置の結果について、マクリーズィーは以下のように述べている。

彼ら〔コプト〕に対する損失は甚大であった。彼らはイスラームに改宗したあとも雇われることを禁止されたからである。以前は、雇われることを禁止された場合、イスラームを表明することでムスリムを騙していた。[52]

この記述からは、コプト官僚が官庁から一掃され、ムスリムが以前から不満を抱いていた、「コプト官僚がムスリムから税を搾取し、それを教会や修道院に奉納している」という疑惑がようやく解決したように読み取れる。[53]

法令の影響については、マクリーズィーのカルユーブにおける大改宗の記述が実際に起きた事件であるならば、下エジプトにおいても、キリスト教徒への迫害が起きていたことがうかがわれる。『ルワイス伝』における、ガルビーヤ地方に住むルワイスの父が改宗圧力を受けて改宗した、という記述は、ガルビーヤ地方で起きていた状況を反映した記述であるのかもしれない。ただし、一三五四年の迫害に関する証言はあまりにも乏しく、「コプトの大改宗」の規模、そしてコプト教会への影響の程度を知るには根拠が不十分である。

一三五四年以降のコプトの社会的状況

この時代に著されたビザンツの年代記には、一三五〇年代、イェルサレムにおいて、メルキト派（おもにビザンツ教会信徒）に対する迫害が継続的におこなわれ、総主教ラザルス自身も投獄されていたことが伝えられている（一三五〇年代から八〇年代までのエジプトの状況に関しては、エジプトの年代記は十分な情報を伝えていない）。[54]また、シリアのウラマー、イブン・カーディー・シュフバ（一四四八年没）やイブン・カスィール（一三七三年没）らの年代記によると、ダマスクスでは、一三五六年と六三年に、五四年の法令が再度発布されている。[55]事件からおよそ一〇年後のこのような措置は、風化や周知不足があるものの、一三五四年の法令の内容が一〇年後も有効であるとみなされていた、あるいはその内容の徹底が要求されていたことが読み取れる。ズィンミーに対する取り締まりは継続していたのである。

一三六五年に起きた、キプロスのピエール一世（在位一三六一～六八）によるアレクサンドリア侵攻と略奪（通称キプロス十字軍）は、エジプトとシリアのキリスト教徒に甚大な被害をもたらしたとされている。これにより、キリスト教徒は捕虜の身代金とキプロス遠征費のために重税を課され、また総主教や修道士は投獄された。そして、一三八〇年頃には、イスラームに改宗した者、あるいはその子（キリスト教徒として育ったものの父親の改宗により法的にムスリムとなった）が、公の場でキリスト教に戻ることを宣言し、処刑されるという殉教事件がめだつようになる。[56]

十四世紀以降、コプト社会においてイスラームへの改宗の動きがあったことは事実であろう。そしてそれはおそらく、一三五〇年代以降もズィンミーの生活が圧迫されていたためであろう。しかし、実際の改宗の進展具合は明らかではない。また、コプト教会は壊滅に追い込まれたわけではなかった。現存するコプト教会の手稿本の多くは一三五〇年代以降に製作されたものであり、聖人伝以外にも、この時代にコプトによる著述活動がおこなわれていたことは知られている。[57] このような文芸活動の背景には、教会の有力者でありパトロンであるアルホン層に属する、コプト官僚や改宗コプト官僚による教会への援助が考えられる。

一三五四年以降も、コプト社会は官僚を輩出し続けた。一三五四年に官庁からズィンミー官僚が追放された、あるいはそれにともなう人事異動があったことをうかがわせる記事は年代記にみられない。むしろ一三五〇年以降、財務系官庁の職には継続してコプトや改宗コプト官僚が登用され続けている。ここから、官職追放の法令は実質的に効をなさず、コプト系官僚の財務官僚としての重要性は失われなかったことがうかがわれる。[58]

ただし、改宗した元コプト官僚には、「偽ムスリム」の疑惑がつきまとい、十五世紀の人名録には彼らの狡猾さを糾弾する記事が多数みられる。これは元コプトである場合、何世代をへたのちにも、完全にムスリム社会に受け入れられたわけではないことを示唆し、C・ペトリーは、これら改宗者の子孫について、ムスリム社会の周縁的存在であったと述べている。これに対しエルライスィーは、そのような疑惑は多くの場合根拠がない中傷にすぎず、実際には元コプトの人々(の一部)はムスリム社会に溶け込んでいったことを実証した。[59] しかし、いずれの見解もムスリム知識人が著した書物から導き出された結論であると考えることもできる。『ルワイス伝』そして次章『ムルクス・アルアントゥーニー伝』の「奇蹟録」における記述からは、改宗コプトを取り巻く環境がペトリーやエルライスィーが指摘した以上に複雑であったことが示唆されるのである。

第Ⅲ部　上エジプトにおける聖人の活動

十四世紀後半

第Ⅲ部では、上エジプト出身の二人の修道士、ムルクス・アルアントゥーニー(第六章)とその弟子、イブラーヒーム・アルファーニー(第七章)の聖人伝を取り上げる。時代は十四世紀後半となり、聖人伝の舞台は上エジプトの農耕地帯から砂漠の修道院へと移る。ムルクス・アルアントゥーニーは上エジプトの農村に生まれ、紅海に近い聖アントニウス修道院の修道士となり、七〇年間、修道院を出ることなく生涯を終えたとされる。イブラーヒーム・アルファーニーは同じく修道士で、ムルクスの弟子であった。

聖人伝の内容からは、聖人伝叙述の方法や、そこに記された当時のコプト社会の状況について、三点の変化を見出すことができる。第一に、ムルクスやイブラーヒームは司祭や隠修士ではなく、修道院に属する修道士であること。第二に、上エジプトにて繁栄する修道院の姿が描かれる一方、下エジプトやカイロ近郊では教会が破壊される記述がめだつこと。第三に、聖人伝に描写される人々の相談は、今までの聖人伝と比べ、現世的なものが減少し、信仰上の悩みが中心となることである。

また、第Ⅲ部で取り上げる聖人伝の記述からは、先行研究にて提示されたコプトの改宗者、とりわけ改宗コプト官僚の実態とは異なる姿が浮かび上がる。迫害下の時代において、コプト聖人に要求された役割、改宗に対する教会の対応、そして教会の生存戦略について考えたい。

第六章『ムルクス・アルアントゥーニー伝』の世界
修道院における暮らし

1 『ムルクス・アルアントゥーニー伝』概要

ムルクスと聖アントニウス修道院

ムルクスは死期が近いことを悟ると、息子たち〔弟子たち〕に別れを告げ始めた。……われわれは〔その別れの言葉を聞いて〕泣き出した。あまりにも泣いたために、聖アントニウスと聖パウロが師〔ムルクス〕を延命させるよう、主イエスに執り成した。師はわれわれのもとに一二年間とどまることとなった。[1]

〔「伝記」〕

ムルクス・アルアントゥーニー（Murqus al-Anṭūnī）は幼い頃から修道生活に憧れ、聖アントニウス修道院に入ったあとは、七〇年間、修道院を出ることなく、生涯を終えたとされる。[2] ムルクスがその生涯の大半を過ごしたとされる、聖アントニウス修道院は上エジプトのナイル川と紅海にはさまれた砂漠のなかに位置する（聖パウロ修道院とはおよそ二五キロ離れている。巻頭図1および図8参照）。この修道院は四世紀後半には存在していたようであるが、修道院史の類は存在しないようであり、その歴史には不明な部分が多い。当初はメルキト派（ビザンツ教会）やヤコブ派（シリア教会）の修道院で

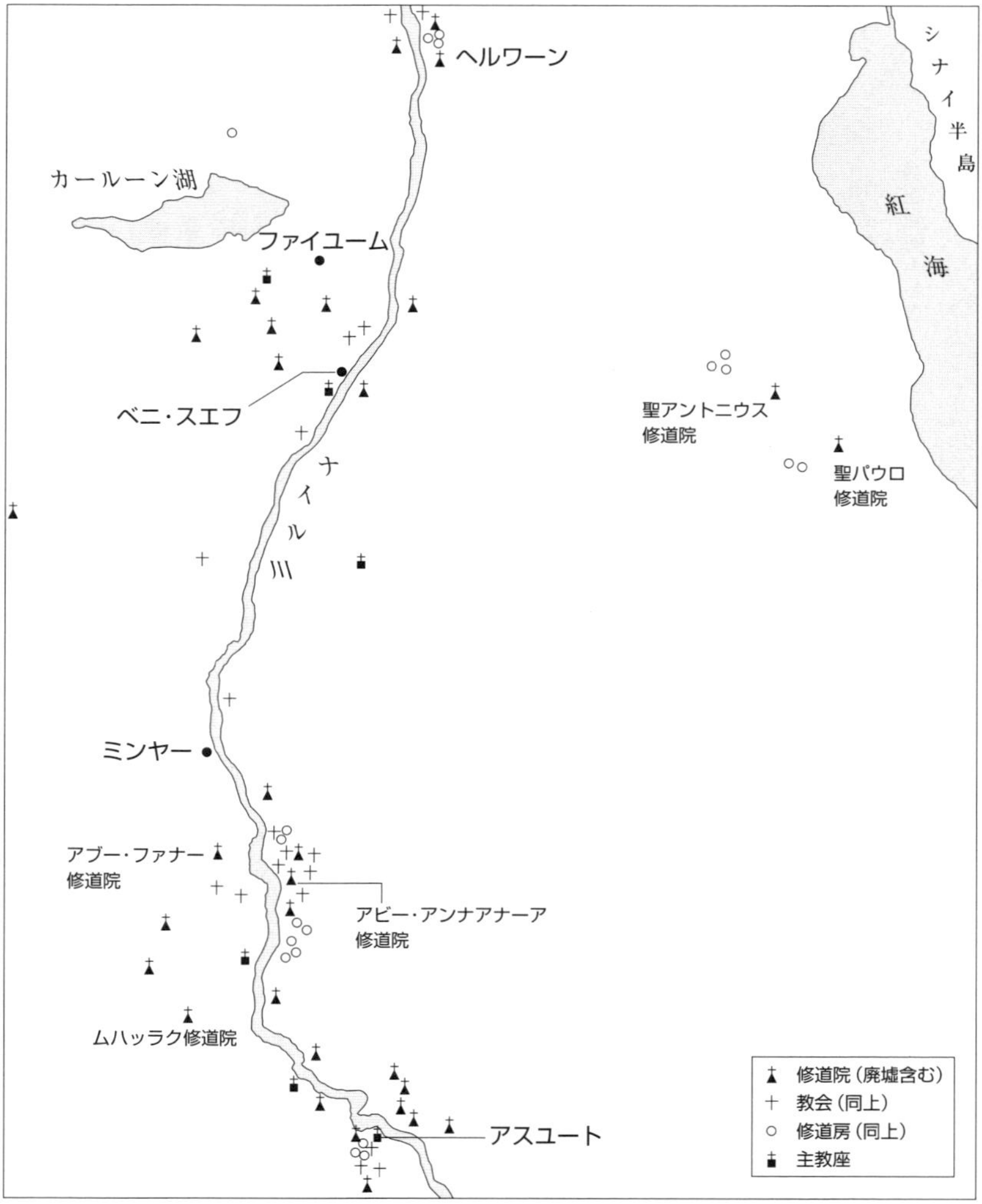

図 8　中部エジプト　ムルクスとイブラーヒームの世界
［出典］O. Meinardus, *Atlas of Christian Sites in Egypt* をもとに作成

あったが、十三世紀頃にコプト教会の修道院になったと考えられており、この時期に描かれた教会壁画（聖アントニオスのイコンなど）が現存している。十三世紀から十五世紀にかけて最盛期を迎えたものの、十五世紀後半から十六世紀初頭にはベドウィン（遊牧民）の襲撃などにより荒廃した。その後復興し、十八世紀から十九世紀にかけてコプト教会の歴代総主教を輩出した。[3]

エジプトの修道制の中心地であったワーディー・ナトルーン（スケティス）の修道院群は、十三世紀後半には荒廃していた。先行研究では、聖アントニウス修道院の孤立した環境が、その長期にわたる存続を可能にしたと考えている。[4]ただし、ここで注目すべきは、この修道院はイスラーム期以降、つねに一定の勢力を誇っていたわけではなく、十三世紀から十五世紀という時代、さらにいえば本章と次の第七章にて取り上げる聖人、ムルクスやイブラーヒーム・アルファーニーが活躍した時代に、最盛期を迎えていたということにある。

一三九五年に聖アントニウス修道院を訪れた旅行者（現フランスのアングリュール領主、オジエ八世）は、修道院には修道士が一〇〇人ほどおり、参詣者や旅行者を手厚くもてなしていたことを伝えている。十四世紀後半、この修道院はその図書館が有名であり、コプト語からアラビア語やゲエズ語への翻訳活動がおこなわれていたという。[5]一四二二年に訪れた別の旅行者によると、修道士の数は五〇人に減少していたようであるが、聖アントニウス修道院の修道士は総主教の代理として、東西両教会の再合同を模索したフェララ＝フィレンツェ公会議（一四三八〜四五年）に出席している。また、マクリーズィーはこの修道院の果樹園と泉について伝えている。[6]

このように本章の舞台となる聖アントニウス修道院の歴史を概観すると、ムルクス・アルアントゥーニーの存在と聖アントニウス修道院の繁栄、あるいは修道院の繁栄と『ムルクス・アルアントゥーニー伝』の執筆は密接に関連していることが示唆される。本章を通じ、ムルクスと聖アントニウス修道院の関係を考察していきたい。

ムルクスの存在は、一九五〇年代にK・ナフラがその生涯と奇蹟を概観し、R・コキャンが『コプト百科事典 *The*

Coptic Encyclopedia』にて紹介するとともに、聖アントニウス修道院がパンフレットを数種類発行しているのにもかかわらず、一般にさほど知られていない。『ムルクス伝』に関する本格的な研究としては、W・アワド(アブルリーフ)による『ムルクス・アルアントゥーニー伝』に関する先行研究と手稿本の所蔵状況の整理、そしてM・スワンソンによる論考があげられる。スワンソンは『ムルクス伝』「奇蹟録」における、改宗コプト官僚の描写を中心に、十四世紀後半におけるコプト教会への迫害と聖人の対応を分析した。このほかには、G・ガブラが『ムルクス伝』の聖パウロ修道院所蔵手稿本をもとに、この聖人伝における歴史的事件の描写を、テクストとともに英訳を添えて紹介し、貴重な情報を提供している。[7] 本章においては今まで取り上げられることのなかった『ムルクス伝』の前半、すなわちムルクスの生涯や修行に関する記述に注目し、この聖人伝執筆の意義や、当時の修道院生活に関して得られる情報について検討したい。

『ムルクス伝』については、『バルスーマー伝』についで多くの手稿本が得られた。エジプトにおける手稿本の所蔵先には、地域的偏向が見受けられる。すなわち、この聖人伝の手稿本は聖アントニウス修道院・聖パウロ修道院・ムハッラク修道院という、上エジプトの、イスラーム期以降存続している主要な修道院には所蔵されているものの、カイロでは、総主教座図書館とズワイラ街区の聖処女修道院にてのみ、その所蔵が確認されている。現時点にて日付が確認される最古の手稿本は、カイロの総主教座図書館が所蔵している、一六七九年に書写された手稿本である(MS tārīkh 53)。この手稿本と、聖パウロ修道院所蔵手稿本、聖処女修道院所蔵手稿本、ヴェネツィアのマルキアーナ図書館所蔵手稿本を用いることとし、これらを比較したところ、互いに若干の語彙の変動や、収録された奇蹟数の相違がみられるが、基本的にはほぼ同一の内容であることが確認された。[8]

『ムルクス伝』は「伝記」と「奇蹟録」(全三四〜三五話)からなり、「伝記」「奇蹟録」の分量はほぼ同等である。また、「伝記」の記述のおよそ四割はムルクスの病から死にいたるまでのあいだの描写である。

『ムルクス伝』の著者と著述の時期

まず、だれが『ムルクス伝』を著したのかという問題であるが、聖人伝の記述からは、著者はムルクスと直接面識がある人物、おそらく聖アントニウス修道院の修道士で、自らの体験と年長の修道士から聞いた話をもとに聖人伝を執筆したことが推察される。『ムルクス伝』の著者は、聖人の行いを語る際、しばしば「私／われわれはある日目撃した」という記述から始める。目撃による証言は古代より聖人伝の常套表現であり、『聖アントニオス伝』も同様の手法をとっている。聖人伝が目撃証言と聖人本人の言葉に基づいていることを示すことで、読者に聖人伝の内容を「事実として」信じさせるのである。[9] しかし、『ムルクス伝』においてはムルクスの死期を描写する際に、「われわれは彼〔ムルクス〕に一日でも多く、この世にいてほしいと願ったが、痛みから解放されるために〔一刻も早く〕主に召されてほしいという願いも強かった」といった表現がみられる。[10] 本章の冒頭でも引用したように、このほかにも非常に個人的な感想が随所に挿入されており、師の死に対する悲しみが癒えていない人物による語り、あるいは記述であることがうかがわれる。

次にその著述の時期であるが、『ムルクス伝』「奇蹟録」奇蹟一には、「〔ムルクスが〕この世を去ってから三年、いまだ修道士たちがシャイフ〔ムルクス〕の物語(sīra)を著さず、奇蹟(ʿajāʾib)の解説をおこなっていなかったところ、シャイフが一人の修道士の夢にあらわれたため、ただちに著し始めた」とある。[11] 単純にこの記述から聖人伝はムルクスの死から三年後に著されたとみなすことはできないが、弟子のあいだで、師の行いはなるべく早く記すべきである、という意識があったことは注目に値する。『ムルクス伝』は、反証するような情報が出現しない限り、聖人伝の記述にあるように、生前のムルクスを知る人物が、彼の死後まもない時期に著したとみなしてよいであろう。

序章3節にて取り上げたように、T・ハァグは、それまでの先行研究を踏まえたうえで、『アントニオス伝』の著者はたしかにアタナシオスであり、これはアントニオスの死の直後に著されたとみなした。そして、アタナシオスのとった手法について、留保付きながら、生前のアントニオスを知る人々が生きていて、伝記の内容について簡単に裏付けができる時代に、アントニオスの生涯について、美化や誇張はあるかもしれないが、あえてアタナシオスが虚偽の事実を著すとは考えがたいと述べている。[12] したがって『ムルクス伝』に関しても、ムルクスの生涯や奇蹟に関して美化や誇張はあるにせよ、著者は意図的な虚構をつくりあげにくい環境におかれていたと考えることができる。

なお、一般に聖人伝執筆の動機は、聖人を讃え、聖人の偉大さを世に知らしめることにある。ただし、それだけには限定されない。『ムルクス伝』後書きには、

あなた〔ムルクス〕は語った。聖人や殉教者の物語のうち、一部でも書いた者は、主がその者の罪状を記した紙(kitāb khaṭāyā-hu)を破ってくださる、と。したがって私はあなたの言葉を記録し、あなたの物語を著すことで、私が犯した罪の数々があなたの祈りにより神に赦されることを欲する。[13]

という記述がみられる。したがって『ムルクス伝』の執筆には、聖人の生涯の礼讃や宣伝のほかに、自らの魂の救済という、個人的動機もあったことを指摘できる。魂の救済や執り成しの祈願とは聖人伝の執筆動機として極めて自然であり、十四世紀に限られた現象ではない。[14] しかしながら、このように後書きとして残されていることは、聖人伝著者の素性を考える際に有用となる。

2　ムルクス・アルアントゥーニーの生涯

『ムルクス・アルアントゥーニー伝』前書き

『ムルクス・アルアントゥーニー伝』「伝記」の前書きにて、著者はムルクスの伝記を著す理由を詳細に述べている。そのため、『ムルクス伝』に関しては、ほかの聖人伝と比べ、著者の執筆動機とその意図を明確に知ることができる。

著者はまず、ムルクスの伝記を著す理由を、ムルクスの行いを思い出すため、そしてムルクスの奇蹟を説明するため

であると述べる。このような表現は第四章『アラム伝』そして第五章『ルワイス伝』においても確認されるが、『ムルクス伝』の前書きはこの伝記を執筆する意義についても述べている。[15] 著者曰く、「ムルクス・アルアントゥーニーに関しては、いまだだれも彼の物語(sīra)を書いたことがない。そのため、われわれの世代が彼について見聞きしたことを述べるが、これはほかの聖人の伝記から補足する必要がない[16]」。ここで著者は、この聖人伝に先行するムルクスの伝記は存在しないこと、記述は著者(とおそらくその周囲の人々)の目撃証言に基づいたものであり、過去の聖人伝からの引用ではないことを述べているのである。

それでは、聖人伝執筆の意図はどこにあるのか、ということであるが、これについても、著者は「ムルクス自身は書物を残さなかったが、われわれは彼の行いを見習いたい。そのため、彼の伝記を著すのである」と説明している。この記述の後に、ムルクスは聖アントニウス修道院にて七〇年間修道生活を送ったと記されている。[17] また、前述のように、著者はおそらく聖アントニウス修道院に所属する修道士である。以上を踏まえると、『ムルクス伝』は「われわれ」という限定的な集団、すなわち聖アントニウス修道院に属する修道士のために著されたという仮説を立てることができる。修道生活の規範として、ムルクスの聖人伝が著されたのであれば、この「伝記」は聖アントニウス修道院における修道士の理想像、あるいは当時の実際の修道士のあり方を伝えているのではないだろうか。これらの点について以下、分析をおこないたい。

ムルクスの生涯

「伝記」によると、ムルクスは上エジプトのミンシャア・アンナサーラー(Minsha'at al-Naṣārā)という村に生まれた。両親は敬虔なキリスト教徒であり、父親はムルクスの幼少時に亡くなった。ムルクスが五歳のとき、母親に連れられて教会へ行くと、アスユート主教サウィールスに会い、ムルクスは使徒マルコ(アラビア語名はムルクス)のように偉大になることを予言され、喜んだ母親は熱心に教育に取り組んだという。[18]

ムルクスの出生と幼少時の記述も、本書にて取り上げたほかの聖人伝同様、古代からの聖人伝の定型を踏まえて著されているように思われる。様式化された著述であるため、史実を抽出することは難しい。ムルクスは敬虔な両親のもとに生まれ、その将来に関して予言があり、幼い頃から熱心なキリスト教徒として育てられた。これらはみな、聖人伝のトポス（類型）である。[19]『ムルクス伝』著者は女人からの誘惑や、ムルクスが弟子に語ったという、ムルクス幼少時のエピソードを複数あげているが、これらも「伝記」にて明記されているように、ムルクスの心優しさや純真さ、イエスへの信頼や母親の敬虔さを強調するものである。[20]

ただし、「伝記」はムルクスが幼少時にかかわった人物として、実在したと思われる者の名前をあげている。前述したアスユート主教サウィールスと、修道院長（Qummuṣ）ラーファーイール・アンナアナーニーである。ムルクスの両親は、後者の保護下（rāya）にあったという。ムルクスが一三八六年に九十歳で亡くなっていることを考えると、ムルクスについて予言をしたとされるアスユート主教サウィールスは、一三〇五年におこなわれた、コプト教会の重要な儀式である聖油調合式（ṭabīkh al-mayrūn）に出席した、アスユート主教サウィールスと同一人物であると推察される。ラーファーイール・アンナアナーニーについては『ムルクス伝』以外から情報を得られないが、『ムルクス伝』には、この人物は当時聖アントニウス修道院の修道院長であったと記されているため、架空の人物であるとは考えがたい。[21]

以上を踏まえ、ムルクスが育った環境について考えたい。ムルクスが生まれたとされる、ミンシャア・アンナサーラーの正確な位置は明らかでないが、マクリーズィーの『地誌』の記述、そして『ムルクス伝』における「ムルクスはアスユート主教により祝福された」という記述から、この村はアスユートの主教区、あるいはその周辺（中部エジプト）にあったと考えることが自然であろう。[22]現代においてもエジプトの他地域と比べ、中部エジプト、ミンヤーからアスユート、アフミームにかけてはキリスト教徒人口の比率が高い（巻頭図1参照）。十三世紀初頭に著された『教会と修道院の歴史』にはアスユートには二五の教会、その南のアフミームには七〇の教会があったと記されており、中部エジプトのナイル川沿いには多数の修道院が存在したことが知られている（図8〈一四二頁〉参照）。ラーファーイール・アンナアナーニーは、その名前からこの地域の修道院（アビー・アンナアナーア修道院）出身であることが示唆される。また、アスユート主教サウィールスの後任と思われる、アスユート主教フィラータウースは一三三〇年の聖油調合式に出席しており、この人物は六二年の時点でもアスユート主教であったため、少なくとも十四世紀半ばまでアスユートの主教座が存続していたことがわかっている。[23]

十四世紀の上エジプトにおいて、いまだ教会組織が機能していたであろうことについてはT・エルライスィーがすでに指摘している。[24]ムルクスの生まれたミンシャア・アンナサーラーがアスユート周辺に位置するという前提はあるが、『ムルクス伝』の記述と、当時のアスユート周辺の状況を照らし合わせると、ムルクスの幼少期はキリスト教徒が妨げなく教会に通い、相談できる聖職者もいるという環境にあったとみなすことは可能であろう。ムルクスにはその修行先の修道院として複数の候補があったとされることからも、このことがうかがわれる。

「伝記」によると、ムルクスは二十三歳のときに修道士になることを志し、母親に別れを告げた。リーフ（農耕地帯）にある修道院に入ったものの、その修道院の修道士たちが断食を守っていないことにショックを受け、母親のもとへ戻ったという。[25]しかし母親に諭され、修行が厳しいことで知られる聖アントニウス修道院に向かった。当時の聖アントニウス修道院長は先述したラーファーイール・アンナアナーニーであり、ムルクスの姿を見ると喜んだという。[26]

数日間知識を授けたのち、修道院長ラーファーイールはムルクスを聖アントニウス修道院の近隣に位置する聖パウロ修道院に送った。これは、ムルクスに髭が生えておらず、ラーファーイールはムルクスの髭が生えるまではだれとも接触させたくなかったためと説明されている。ムルクスは聖パウロ修道院に到着すると、果樹園のそばに墓（qabr）を掘り、断食を始めた。[27]

ムルクスが聖パウロ修道院に送られたという記述は、当時の聖アントニウス修道院の慣習を忠実に伝えているように思われる。O・メイナルドゥスは、十三〜十四世紀にかけて、聖アントニウス修道院と聖パウロ修道院は同一の修道院長に率いられていた可能性を指摘しているが、「伝記」の記述もそれを示唆している。また、年若い修道士を聖パウロ修道院にて修行させる慣習は、十九世紀の記述からも確認できる。[28]

さて、墓を掘り、断食を開始したムルクスは、しだいに断食の日数を増やしていった。最終的には一週間(土曜から土曜まで)を通じて断食をおこない、心配した修道士たちがむりやり食物を摂取させようとすると、パンなどの食糧をひそかにラクダやラバに与えた。そのうえ空腹であることを気づかれないよう、聖パウロ修道院にいた六年間、修道士たちと同じ食卓に座ることはなかったという。ここで『ムルクス伝』著者は、「ムルクスがこのような自らの体験を弟子に語ったのは、賞賛を受けるためではなく、われわれを力強くするためである」と註釈を加えている。[29]ここから、断食といったムルクスの修行に関する記述は、(聖アントニウス修道院の)修道士たちの規範、あるいは理想として記録されていることがうかがえる。

ムルクスの断食やその粗食に関する記述がさらに続き、「(ムルクスは)肉体の欲望を絶つための教えをわれわれに授けた」として、ムルクスの肉体労働(身体を疲れさせるために石を割る、庭を掘り起こす、壁を壊してまたつくりなおす、縄を編む、など)や、性欲や悪霊との闘い(竈《かまど》の中で身体をこがす、棘の上に身体を投げ出す、山で悪霊に悩まされたが、悪霊はムルクスが怖くなり逃げていった、など)に関するエピソードが語られる。食事の節制や身体を疲れされるための肉体労働、性的禁欲への苦闘は、修道士の修行として古代から伝わっている。しかし、『ムルクス伝』著者は「私は多くの修道士たちが(修行の激しさについて)ムルクスを叱るのを見た」と述べているように、これらの記述はムルクスの実際の体験として描写されている。[30]

このようにしてムルクスは九十歳になるまでの七〇年間、聖アントニウス修道院から外に出ることなく修道生活を送ったとされる。「伝記」はこの七〇年のあいだにムルクスの身に起きたさまざまなエピソードを記している。[31]

「伝記」の後半はムルクスの病から死にいたるまでの描写である。本章冒頭に示したようにムルクスは死期が近いことを知ると、弟子を慰め、別れを告げた。病に冒された後の二年間は、弱々しく地面に横たわりながらも、手はつねに縄を編んでいたとされ、この間に罪人を赦したり、罪人について主イエスと対話したりしたという。[32] ムルクスは弟子たちが礼拝のために彼のそばを離れたときに息を引き取り、その葬儀は弟子、イブラーヒーム・アルファーニーにより盛大に執りおこなわれたが、ムルクスの死から葬儀までの様子を、『ムルクス伝』著者は感情をまじえながら詳細に語っている。[33]

ムルクスの死にいたるまでの一連の描写には、「伝記」の四割近い分量が割かれている。先に述べたように「伝記」執筆の目的は、修道士の理想としてのムルクスの姿を描くことにあったが、その一方で、ムルクスの死の悲しみから癒えていない人物が、その病から死までの様子を記録することで慰めを見出そうとした結果、『ムルクス伝』が生まれたとも推察される。

3　聖アントニウス修道院における暮らしと外界からの訪問者

聖アントニウス修道院における生活

『ムルクス伝』は当時の聖アントニウス修道院における修道士たちの暮らしや外界との関係についても伝えている。十三〜十五世紀の聖アントニウス修道院については、地誌や旅行記、修道院に残された落書きから情報を得られる。以下においては当時の聖アントニウス修道院における生活、飢饉やベドウィンの襲撃、カイロや外国からの訪問者に関する記述について検討したい。なお、「奇蹟録」全体の特徴については次節にて述べることとする。

まず、聖アントニウス修道院における生活であるが、修道院は壁に囲まれ、中には教会と僧房、大きな果樹園(bustān)と三つの泉があったことが知られている。[34] 修道士たちは修道院の中で、何を見ながら生活を送っていたのか、そのヒントとなるのは『ムルクス伝』に登場する、果樹園や(教会内の)イコンの描写である。

修道院内にある聖アントニウス教会は、十三世紀に改築されたことが知られている。この教会の壁面には聖母やコプト教会のさまざまな聖人が描かれているが、『ムルクス伝』にもこれらのイコンが登場する。例えばムルクスが指に怪我をした際、聖母マリアのイコンから声が聞こえたという逸話があるが、実際、教会内にある聖母マリアのイコンは執り成しや治癒祈願の対象であったと考えられている。奇蹟二〇でも、教会にて聖母マリアに執り成しを願ったところ、ムルクスの弟子である修道士の病が完治したという記述がみられる。[35] またあるとき『ムルクス伝』著者は、ムルクスが教父シェヌーテ(四五〇年頃没)は罪人を退けて地獄に送ったとして、そのイコンを叱りつけたところを目撃したようであるが、このシェヌーテのイコンも教会の北の身廊に確認できる。教会には、コプト教会の教父たちのイコンが描かれており、そのなかにはアントニオスやシェヌーテのほかに、小人ヨハネ、序章でふれたパホームも含まれている。『ムルクス伝』にしばしば守護聖人として登場する、聖メルコリウスのイコンも教会の中にみられる。[36]

「奇蹟録」が著された頃には、生前ムルクスが住んでいた僧房に、ムルクス自身のイコンが描かれていたようである。奇蹟二にはムルクスが自ら山で色のついた土を集め、修道士の一人にイコンを描くよう命じたと記されており、奇蹟三ではベドウィンが僧房を荒らしてまわった際、このムルクスのイコンが奇蹟を起こしたと語られている。[37]

この修道院の庭、あるいは果樹園(ここにはナツメヤシや果樹が植わっていた)と泉は、『ムルクス伝』にしばしば登場する。ムルクスはこの果樹園にて、地面を掘り起こす、壁を壊してまたつくりなおす、石を切るといった、身体を疲れさせるための修行をしていたとされる。そして病に倒れると、この果樹園で死んだように横たわっていたという。[38]

『教会と修道院の歴史』には、この果樹園には一〇〇〇本ほどのナツメヤシの木(nakhl)が植わっていたと記されている。「伝記」にはムルクスがヤシの葉（khūṣ）を編んでいたという記述がみられるため、ムルクスがつねに編んでいたとされる縄とは、このナツメヤシの木の葉が原料であると思われる。果樹については、果樹園のアーモンドの木が倒れ、カイロで総主教ユアンニス（おそらく第八五代総主教ユアンニス一〇世、在位一三六三〜六九）が死去したことを知ったという奇蹟譚がみられる。修道士たちの僧房は果樹園を取り囲むように配置されていたようであり、ムルクスは歳をとると礼拝以外の時間を僧房内で過ごしていたとされる。[39]

また、『ムルクス伝』が書かれた時代には、修道院の敷地内にあった泉の名はムルクスに帰せられていたようである。この泉の土を身体に塗ると病が治ることから「治癒の泉」ともいわれ「現在までその利益は続いている」と著者は伝えている。奇蹟二一では、水がたまる病気（?）の男がムルクスのもとへ連れてこられ、ムルクスは泉の泥（ṭīn）を与え、村に帰したところ、男がその泥を塗るやいなや病は治り、ムルクスのもとへ礼にきたという。奇蹟二五においても、ムルクスはハンセン病にかかった娘に泉の泥と水を与えている。[40]

ところで、修道院にはどれほどの人間が住んでいたのであろうか。ムルクスの葬儀の際（一三八六年）、修道院には一〇〇人以上の修道士がいたと記されているが、この数は一三九五年にこの修道院を訪れた旅行者の記述からも裏づけられる。[41] また、当時聖アントニウス修道院の周辺の山には隠修士（ここでは sāʾiḥ と記述）が住んでいたようである。『ムルクス伝』には、弟子がムルクスに「山（聖アントニウス修道院は山の麓にある）には何人の隠修士がいるのか」と尋ねると、つねに正確な人数を知っていたことが驚異として語られている。そのほかにもある日、聖パウロ修道院長ジルジャー（Jirjā）が砂漠の中で隠修士に遭遇したという逸話がみられるため、一般の修道士たちは彼らとほとんど接触がなかったことがうかがわれる。[42]

古来、エジプトの修道士たちは自給自足であることを理想とし、肉体労働に励み、さらに縄やカゴを編み、食糧と交換していたとされる。だからこそ、ムルクスが絶えず縄を編んでいたことが強調されるのであろう。砂漠の中における集住生活では、修道士たちがどれほど労働に励んだところで、彼らはつねに飢餓寸前の状態であったという見解も存在する。[43]『ムルクス伝』を読んでいると、修道士たちはつねに空腹であったかのように、繰り返し食糧のことが描写される。登場するのはパンや卵、タマネギや蜂蜜である。タマネギは治癒にも使われ、蜂蜜は贈答品として扱われる貴重な品であったようである。これはムルクスの美徳として、信徒が持参した蜂蜜を捨てた(すなわち物欲がない)ことや、ムルクスが弟子に、ベドウィンに蜂蜜を渡すよう命じたところ、弟子は嫌がったが、その直後に信徒から蜂蜜をたくさんもらって恥じ入ったという逸話から推察される。[44]

食糧の一部、とりわけ小麦はキャラバンで修道院に運ばれてきていたようである。「伝記」には、あるときキャラバンが予定通りにこないことを修道士たちが悲しんでいるのを見たムルクスが、食堂の入り口にクッキー(qarāqīsh)を置き、キャラバンが到着するまで修道士たちの気をそらそうとした、というエピソードがみられる。[45]この記述からは、修道士たちがキャラバンを待ちわびていたのは外界からの知らせのためか食糧のためであったか判断はできないが、奇蹟三〇では、キャラバンが小麦を運んできたと記されている。これは、修道院で聖餐(qurbān)のパンのための小麦がつきてしまい、修道士たちが悲しんでいると、ムルクスが今晩、ある男が小麦を持ってくると予言し、その言葉が終わるやいなやカイロからやってきた男とキャラバンの隊長が小麦の入った革袋(kharīṭa)を持ってあらわれるというエピソードである。[46]

このような環境にあると、食糧不足は修道院を危機に陥れたであろうことは間違いない。前述の奇蹟三〇は、「コプト暦一〇九〇/西暦一三七三〜七四年にエジプト全土で物価高(ghalā')となり、小麦の価格が一エジプト・アルダッブ当り一二〇ディルハムまで上昇したとき」という描写で始まる。[47]また、一三七三〜七四年のできごとであるかは不明であるが、「伝記」には「小麦がつきるたびに修道院から修道士がいなくなったが、このシャイフ〔ムルクス〕は草(ḥashīsh)と水で過ごし、決してリーフへ行こうとしなかった。私は、シャイフが多くの弟子たちに、リーフに行って物乞いをするよりは、修道院の中で飢えにより死んだほうがよい、と諭しているところを目撃した」という記述がみられる。[48] これは、聖アントニウス修道院において、修道士たちは食糧がつきると、リーフ、すなわち農耕地帯において物乞いをせざるをえなかったこと、それは一度のできごとではなかったことを物語っている。

ある年の物価高について、『ムルクス伝』の著者はその原因を、当時の修道院長イスハークがパン一つのために修道士をリーフに追放した、という事件に帰している。この措置にムルクスが怒り、神も怒ったために「小麦が取り上げられ」、食糧不足に陥ったという。このとき、エジプト全土で物価高が起き、ベドウィンが修道院を襲撃して「麦一粒も残さずに」食糧を持ち去り、さらには飢餓のため、人間も家畜も死に絶えたと『ムルクス伝』著者は語る。この飢餓とは、旱魃《かんばつ》が原因であったようである。著者は、このような事態のなかムルクスが連日祈りを捧げていると、夢の中にキリストがあらわれ、ムルクスの存命中は二度と飢饉が起きないことと、パンの値段を安く抑えるという約束が取り交わされた、と記している。この一連の記述がどの年のできごとであるかは不明であるが、一三七四年の食糧危機はカイロやフスタートだけでなく、上エジプトの諸都市においても起きていたようである。[49]

このように修道院を襲った危機のなかには、ベドウィンによる襲撃もあった。「伝記」にはある年、ベドウィンが修道院を襲ったが、何も収奪せずに帰っていったという記述がみられる。このとき、ムルクスは弟子たちに聖メルコリウスがベドウィンを追い出したと語ったとされ、この年ベドウィンは内紛(fitna)を起こし、二年間修道院に近づかなかったという。このほかにも、ベドウィンがムルクスの僧房に入って盗みを働いたという記述もみられる。これらは、ベドウィンが修道院に二年間近づかないことが特筆すべきできごとであるほど、ベドウィンによる修道院の襲撃が頻繁なものであったことを物語っている。[50]

聖アントニウス修道院への参詣者

ベドウィンと修道院との関係はつねに敵対的であったわけではない。ムルクスはベドウィンに敬われ、「沈黙の人 al-sākit」と呼ばれていた。「伝記」によると、ムルクスの存在は「今日にいたるまで」ベドウィンのあいだで有名であり、彼らは病を治すために布きれやズンナール（腰ひも）を求めたという。なお、現代においては、この地域のベドウィンは砂漠の隠修士聖パウロのほうが、聖アントニオスよりも貧しい者に応えてくれるとして、聖パウロ修道院にて病やトラブルの際に執り成しを願うという報告がみられる。[51]

ムルクスの崇敬者は修道士や修道院周辺のベドウィンだけではなかった。『ムルクス伝』にはしばしば在家信徒（almānī）が登場する。彼らのなかには村（balad）からやってくる者もいたが、カイロからやってくる者もいた。十四世紀後半、カイロから修道院まではナイル川をベニ・スエフ（図8〈一四二頁〉参照）あたりまで船で二〜三日かけてくだり、そこから陸路で二日ほどを要した。[52] このような遠路にもかかわらず、カイロからの崇敬者に関する記述は多い。ムルクスが病に倒れると、カイロから医師の若者が、ムルクスの病を治したいとやってきたとされているほどである。奇蹟一二ではキリスト教徒である書記とその年若い奴隷がムルクスのバラカ（恩寵）を求めてカイロから修道院まで旅をし、奇蹟一一ではムスリムの女性に夢中になり改宗した書記が改悛し、ムルクスのもとを訪問している。[53]

ムルクスの崇敬者には、女性も多かったようである。ただし、「伝記」は「多くの女性がムルクスのもとへやってきた」と伝えているものの、登場するのは男装してムルクスのもとを訪れたとされる、カイロの修道女アフルニーヤのみである。カイロの女性たちはムルクスにおもに手紙や贈り物を送っていたようである。ある女性は髪をムルクスのもとへ送り、ある女性は罪を赦すことを乞う手紙を送った。エチオピア人の女奴隷（jāriya）は信仰の証として、ムルクスに布きれを送っている。奇蹟一四では、とある男の手紙を預かった修道士が、カイロからラバに乗って修道院へやってきたと記されており、こうした手紙のやりとりは実際に可能であったと推察される。[54]

ところでカイロに住むキリスト教徒の男性、とりわけ官僚たちは避難先として聖アントニウス修道院を利用していたようである。奇蹟一五では、実在する官僚である、カリーム・アッディーン・イブン・マカーニスという男が、スルタン・バルクーク(在位一三八二～八九、一三九〇～九九)の要求する徴税金額に応じ切れず、ハウリー(khaulī 管財人・農地管理人)に変装して修道院へ逃亡してきたというエピソードが語られている。実際、この人物は一三七九～八〇年、八二年、九〇年の三度にわたって失脚・逮捕される(または逮捕されそうになる)と、カイロから逃亡していることが年代記から確認できる。[55]

奇蹟一八にても、書記であるタージ・アッディーン・リズク・アッラー・イブン・カーティブ・トゥーガーンという男が、役人に追われ、ムルクスのもとへやってきている。同様に、奇蹟一九ではとある書記が、主人であるアミール(軍事司令官)の要求に耐え切れなくなり、カイロを離れさまよっていると、ムルクスのもとにたどり着いたという。逆に、奇蹟四ではスルタン・ナースィル(おそらくナースィル・ムハンマド、在位一二九三～九四、一二九九～一三〇九、一三一〇～四一)の使いである、タイムーンという名前のベドウィンの長(amīr ʿarab kabīr)とベドウィンの集団が、人を捜しに修道院を訪れている。[56]

ところで、奇蹟四では、ムルクスはベドウィンの長の到来を予見し、湯を沸かして食事を用意させていた。道中寒さと空腹に苦しんだベドウィンたちは食事に感謝し、修道院内を探索せずに帰っていったという。先述したように、砂漠の中の修道院ゆえ、修道士たちは食糧の確保に苦労していたが、同時に訪問者を手厚くもてなしていたようである。アングリュール領主、オジエ八世の旅行記にも、修道士たちのもてなしについて言及されている。[57]「伝記」には、「多くの人々がこの修道院を訪れたが、〔ムルクスが〕訪問をあらかじめ予告した人々については、われわれは(kunnā naḥnu)喜んで準備をしていた」と記されている。このような記述は、聖人の生涯について語る「伝記」のなかに、修道院の習慣が反映されていることをうかがわせる。

「伝記」はムルクスの名がエジプト中に広まり、老若男女、高位の者(al-ʿuẓamāʾ)、さらには各国の王たちまでムルクスのもとへやってきたと語る。ただし、当時のスルタン、バルクークはひそかにムルクスのもとへ使者を送り、彼に物事を相談するまでは王位に就かなかったと記されているが、この記述は曖昧であり、歴史的事実とは考えがたい[58]。

修道院と、エジプト以外の世界との関わりはどうであろうか。聖アントニウス修道院はエチオピアとの歴史的関係でコプトの歴史においてよく知られているが、この関係は『ムルクス伝』においても登場する。「伝記」には、当時修道院で修行をしていたとされるエチオピアの修道士の描写があり、奇蹟三一では修道院からエチオピアに向かった二人の修道士が帰路、盗賊に襲われて聖メルコリウスとムルクスに助けを求めている。一四〇〇年頃にセムオン(Semʿon)という人物が、聖アントニウス修道院にてコプト教会の『シナクサール』をゲエズ語に翻訳したことが知られているため、「伝記」の記述はたしかに十四世紀当時の聖アントニウス修道院とエチオピアの関係を物語っていると考えられる[59]。

ムルクスはエチオピア、ビザンツ、フランクの王たちを見守っていたとも『ムルクス伝』には記述されている。ムルクスの名声が広まると、王たちは貢ぎ物を贈ったり戦いのときに助けを求めたりしたとして、「伝記」は、あるフランクの王が、戦場にてムルクスに助けられたため、その礼に修道院を訪れ、大きな鐘を寄贈したという逸話を伝えている。この物語は前述したスルタン・バルクークの逸話同様、事実無根とも考えられるが、聖アントニウス修道院はヨーロッパではよく知られていたため、ヨーロッパ人旅行者がしばしばこの修道院を訪れていたことは事実である。そして、そのなかには王侯ではないものの、数多くの貴族が含まれていた。彼らは十四世紀から十五世紀にかけてこの修道院を訪問したようであるが、これは、修道院の壁に、これらの貴族が残した紋章付きの落書きが残されていることから明らかである[60]。フランク王に関する物語は、ヨーロッパからの旅行者と修道士たちの接触の結果生まれたものなのであろう。「伝記」はフランクの集団がやってきてムルクスに会おうとしたこと、ムルクスは彼らに布きれやズンナールを与えたことを伝えている。

以上、『ムルクス伝』の記述から、当時の聖アントニウス修道院における修道士たちの暮らしや、外界との関係について みてきた。この修道院は現存しており、しかも旅行記や教会内の落書きといった補完史料が得られたため、『ムルクス伝』については聖人伝における記述の史実性について精細に検討することができたといえる。

『ムルクス伝』はムルクスの死後まもない時期に、おそらく聖アントニウス修道院の修道士が、同修道院の修道士たちのために著した作品であると考えられる。だからこそ、そこには十四世紀末から十五世紀初頭における聖アントニウス修道院の様子が生き生きと描写されているのであろう。修道士たちは、ムルクスの生涯とその教えを、自分たちが暮らす環境のなかにおいて理解しようとした。それゆえに、『ムルクス伝』はムルクスとその弟子たちが暮らした空間について詳細に述べ、食糧の供給やベドウィンの襲撃といった問題を抱えながらも、キリスト教徒として精神的には豊かな修道生活を送る修道士たちと、ムルクスに会うために遠方からやってくる人々に関する情報をわれわれに提供しているのである。

4 ムルクスに帰せられる奇蹟　治癒と執り成し

『ムルクス伝』「奇蹟録」に収められた奇蹟の数は手稿本により三四あるいは三五であるが、第三章の『バルスーマー伝』や第五章の『ルワイス伝』とは異なり、手稿本間における収められた奇蹟譚の相違は認められない[61]。ムルクスはその生涯において、聖アントニウス修道院を離れたことはなかったとされるため、「奇蹟録」の舞台は後述する奇蹟七を除き、修道院やその周辺の山や海である。

ムルクスに帰せられる奇蹟は、おもに予見や予言、食糧に関するもの、治癒や悪霊払い、航海の安全や道中の安全に関するものである。これらのうち、「奇蹟録」のなかで目を引くのはムルクスの予見能力にまつわる奇蹟譚である。ムルクスの予見能力はさまざまな状況において発揮されたとされ、前述したように奇蹟四では、スルタン・ナースィルの使いが人を捜しに修道院へやってきた際、彼らの到来を予見したムルクスは食事を準備して彼らをもてなし、感謝されたことを伝えている。奇蹟二三は、ムルクスが参詣者の集団のなかから一人を引き止めたという逸話である。後日、男がムルクスの行為について不思議に思いながら村に戻ると、ベドウィンが彼ともう一人のキリスト教徒を捜し、殺そうとしていたことを知らされた。ベドウィンはムルクスのことを知っていたため、男がムルクスのもとに引き止められていることを知ると驚いたという。[62]

このように、ムルクスの予見能力は訪問者や旅行者を守るために発揮され、奇蹟二八ではムルクスが修道院の中にいながら、砂漠を旅している者を災難から守ったとされる。奇蹟二九ではアブー・フィダーという山の麓で船が難破し、乗船していたムルクスの弟子である信徒が助けを求めると、ムルクスがあらわれ、船を陸に誘導したとされている。同様に、奇蹟三二ではムルクスの弟子の男が盗賊に襲われそうになったところ、かねてからムルクスがその男の保護を約束していたため、男のもとにあらわれて盗賊を追い払ったとされる。奇蹟三一では修道院からエチオピアへ向かった二人の修道士が、帰路盗賊に襲われて殺されそうになったところ、一人はムルクスに、一人は聖メルコリウスに助けを求め、ムルクスは祈りで彼らを守ったと伝えられている。[63] これらの物語は、修道院の周辺の砂漠で起こりうる災難について伝える物語であると解釈される。

十四世紀後半、コプトは迫害や改宗の波にさらされた。さらに一三六五年に起きた、キプロスのピエール一世によるアレクサンドリア侵攻と略奪（通称キプロス十字軍）は、エジプトとシリアのキリスト教徒に甚大な被害をもたらした。このできごとにより、キリスト教徒はマムルーク朝政府から捕虜の身代金とキプロス遠征費のために重税を課され、また総主教や修道士が投獄されたと伝えられている。『ムルクス伝』の奇蹟七では、対キプロス遠征の準備をしていたアミール・ヤルブガーに修道院の財産が狙われ、のちの総主教マッタウス（在位一三七八～一四〇八）やムルクスなど聖アントニウス修道院の修道士たちがカイロに連行されそうになったできごとについて伝えている。「奇蹟録」によると、道中で奇蹟が起き、彼らは修道院へ無事戻ることができたという[64]。

奇蹟九と奇蹟一〇は、一三八〇年に起きた、アブー・ムカイティフという修道士と三人の修道女が殉教した事件について、ムルクスの関わりを述べたものである。奇蹟九では、修道女がムルクスのもとで修行することを望み、男装して聖アントニウス修道院へやってきたとされる。修道院にて彼女が女性であることが判明すると修道士らから嫌がらせをされたものの、ムルクスにバラカを授けられ、カイロへ戻るとアブー・ムカイティフとともに殉教したという。同様に奇蹟一〇は、エチオピア出身の女奴隷が、贈り物としてムルクスに布きれを送ると、ムルクスが受け取った布を頭に巻き、使者にそのことを彼女に伝言するよう指示したという内容である。女はその意味を理解できなかったが、女の主人が死亡すると修道女になり、前述した二人とともに殉教した、すなわち殉教者の聖冠を戴いた（ムルクスの行為がそれを予言）という[65]。

ムルクスに帰せられる奇蹟の内容は予見や予言、治癒や道中の安全と、本書で取り上げたほかの聖人に帰せられる奇蹟と共通したものが多い。砂漠の修道院においても、崇敬者に求められる奇蹟はさほど変わらないのである。しかし、ムルクスの予言に関する奇蹟はもっぱらイスラームに改宗した者、彼らのうち殉教あるいは再改宗を望む者に関する内容である。『ムルクス伝』には前章の『ルワイス伝』以上に、十四世紀後半のコプトを取り巻く状況が反映されていることがうかがわれる。

5 聖人伝に描かれた十四世紀後半の改宗問題

あるとき、ムルクスのもとにウバイド・アンナッジャールという、傷ついた(majrūḥ)在家信徒がやってきた。シャイフ〔ムルクス〕は男からターバンをとり、それを青色に染めたうえで男に返し、「あなたのターバンを巻きなさい。そしてあなたの村へ帰りなさい。恐れることはない。主はあなたとともにある」と言った。……男はその後、彼が生まれてからキリスト教徒のままであることを証言した証書を入手し、キリスト教徒として余生を送ったという。[66]

〔「奇蹟録」奇蹟二七〕

避難先としての修道院

ムルスクのもとには、信仰上の悩みを抱えたさまざまな(元)信徒がやってきたとされる。先に述べたような、殉教を望んだ人々のほか、イスラームへ改宗したものの、キリスト教へ戻ろうとした人々もいたようである。右記の奇蹟譚からは、ムルクスがこういった人々を迎え入れていたことがうかがえる。冒頭の「傷ついた」とは何を意味するか、ということが本節の焦点となるが、まずはイスラームへの改宗者に対する、ムルクスや教会の態度を考察したい。

『ムルクス伝』に登場する官僚の大半は、すでにイスラームへ改宗した者である(『ムルクス伝』においても、奇蹟一二にてキリスト教徒の書記とその年若い奴隷がムルクスのバラカをもらいにくるという逸話が語られているように、キリスト教徒の官僚も登場しないわけではない)。これは、『ムルクス伝』に記された元コプト官僚たちが、逃亡先あるいは避難先として、聖アントニウス修道院を利用したことに起因しているのであろう。一五七頁で前述した奇蹟一五は、イブン・マカーニスという失脚した改宗コプト官僚が、逮捕をおそれハウリー(管財人)に変装し、聖アントニウス修道院へ避難してきたことを伝えている。ムルクスは彼をもてなしたのち、その復職を予言し、カイロへ送り返したとされる。[67] 同様に、奇蹟一八では、とある書記が娼婦に陥れられた結果、役人に追われ、ムルクスのもとへやってきたとされる。その後カイロへ戻ると、アミールのもとに出仕し、財も増えたため、ムルクスに対して寄進(サダカ)をおこなったという。また、奇蹟一九はアミールのもとに書記として仕えていた男が、度重なる(おそらく徴税金額の)不当な要求に耐え切れなくなり、カイロから逃げ出しさまよっていたところ、ムルクスのもとにたどり着いたという物語である。ムルクスが彼を家族のもとへ送り返すと、スルタンの命令によりアミールは回心し、書記を再雇用したという。[68]

『ムルクス伝』に登場する改宗コプト官僚については、当時の年代記や人名録からその存在どころか、聖人伝にて述べられた、逮捕や復職の事実を確認することができる。例えば奇蹟一五に登場したイブン・マカーニス(一四〇一年没)は実在した人物であり、マクリーズィーとイブン・カーディー・シュフバが、この男が一三八二年にワズィール(宰相)位を解かれ、投獄されていたところ、ズワイラ門外の監禁場所から脱走したため、スルタン・バルクークがイブン・マカーニス家の者すべてを逮捕したことを伝えている。その後、八六年には復職し、八九年にはバルクークから政権を簒《さん》奪《だつ》したアミール・ヤルブガーにより取り立てられるものの、バルクークが復位すると再び失脚する、というように波乱に満ちた生涯を送った。[69]

このイブン・マカーニスは脱獄したのち、一三八六年に財務庁長官(nāẓir al-dawla)に任命されるまで、その所在は不明であったと年代記は伝えている(なお、年代記には一三八九年の失脚時には、イブン・マカーニスはメッカに避難していたと記されている)。『ムルクス伝』ではイブン・マカーニスの兄弟は処刑されたと記されているのに対し、年代記からは逮捕されたにすぎないとされるように、細部には矛盾があるものの、大筋においては、イブン・マカーニスの失脚と逮捕、脱獄に関する『ムルクス伝』の説明と、マクリーズィーをはじめとする年代記の記述は一致している。[70]

マクリーズィーはイブン・マカーニスについて、彼の妻子はコプトのままで、イスラームの信仰を軽視していたと批判している(『ムルクス伝』奇蹟一四では彼の家族は全員改宗したと記されている)。[71] 同様に、奇蹟一七に登場する、イブン・アルバカリー（一三九七年没）についても、この人物はスルタンの私産庁長官（nāẓir al-khāṣṣ）を務めていたが、ヒジュラ暦七八四／西暦一三八三年に突然逮捕され、激しい拷問を受けたものの、のちに解放されたことがわかっている。[72]

イブン・マカーニスとイブン・アルバカリーについて興味深いことは、ムスリム側の史料（年代記）とコプト側の史料（聖人伝）双方において、「彼らはキリスト教社会との関係を維持している」と描写されていることにある。イブン・マカーニスの妻子は年代記の記述によると、改宗せずキリスト教徒として暮らしていたとされる。また、イブン・アルバカリーは、ハディース集を書写するなど敬虔なムスリムとしての行為に励んでいたようであるが、マクリーズィーは、「彼はイスラームを表明したが、ひそかにキリスト教徒と通じているという疑いをかけられていた」と述べている。[73]

それでは、なぜ聖アントニウス修道院は教会を離れた彼らを受け入れたのか、あるいは受け入れたとされているのか、という問題であるが、まず『ムルクス伝』から得られる情報としては、これらの元コプト官僚たちは聖アントニウス修道院に多額の寄進をおこなっていたということがあげられる。奇蹟一八に登場する書記は、ムルクスに対し寄進をおこなったとされている。同様に、奇蹟一七では、イブン・アルバカリーが逮捕され、拷問を受けているという知らせが聖アントニウス修道院に届くと、「この男はムルクスに対する信心（amāna）が大きく、修道院に対して慈愛（raḥma）が大きかったため」、修道士たちは悲しんだと語られている（のちに彼が解放されると、一同喜んだという）。[74]「修道院に対して慈愛が大きい」とは寄進をおこなっていたとみなしてよいであろう。

『ムルクス伝』に登場した官僚たちが、実際に修道院を訪れたかどうかは確認できず、スワンソンはそのことに疑問を呈している。しかし、ここで重要となるのはその真偽ではなく、「訪れた」あるいは「寄進をおこなった」と記されていることである。『ムルクス伝』の著者は、改宗した官僚に対して、肯定的な立場をとっているのである。『ムルクス伝』においては、著者はむしろムルクスとこれら改宗官僚たちとの関係を顕示しようとしているともいえる。その背景には、教会や修道院はアルホン（有力信徒）の寄進に支えられており、アルホンの大半は官庁やアミールに仕える書記であった、という事情もあったことであろう。スワンソンは、政府内の有力者との関係を強調するため、『ムルクス伝』がこれらの官僚によるムルクスへの崇敬について記した、という見解を示している。[75]

それでは、実際に改宗コプト官僚は寄進などによりコプト教会との関係を維持していたのであろうか。現在のところ、それを裏づけるような史料は得られない。しかしながら、彼らにそのような疑惑がかけられていたことは事実である。例えば一三一〇〜二〇年代に活躍した、改宗コプト官僚で財務庁長官であったカリーム・アッディーン・アルカビール(一三二四年没)は、一三二一年にカイロのマドラサ(イスラームの教育施設)に放火したとして、複数の修道士が逮捕された際、彼ら、すなわちキリスト教徒を擁護したとして批判されている。この人物は『バルスーマー伝』にも登場し、好意的に描かれている(九八頁参照)。同じく改宗官僚であり、ワズィールを務めたイブン・ズンブール(一三五五年没)の失脚のきっかけは、一三五三年にイェルサレムを訪れた際、イスラームの聖地であるアクサー・モスクには立ち寄っただけで寄進もしなかった一方、キリスト教の聖地である聖墳墓教会では礼拝をし、さらには寄進をおこなった、という告発にあった。[76]

十四世紀後半以降も、改宗コプト官僚がキリスト教徒社会との関係を維持していたことは、彼らがキリスト教徒と「接触しなかった」ことが美徳として記されていることからうかがわれる。十五世紀にワズィールを務めたアラム・アッディーン・ヤフヤー・アブー・クンム(一四三一年没)は、「キリスト教徒との関わりを避けた」と記されている。また、カイロにマドラサを建立したことで知られている改宗コプト官僚、シャーキル・イブン・アルバカリー(一三七七年没)については、「彼の執り成しを求めてきたキリスト教徒を遠ざけた」と伝えられている。[77] これらの記述からは、教会や一般のキリスト教徒が、王朝の有力者である彼らとの関係を積極的に維持しようとしていたことが推察される。

改宗官僚の信仰

このような改宗者のなかには、キリスト教の信仰を捨て切れない者がいたようである。これは、改宗コプト官僚が失脚し、財産没収がおこなわれた際に、家の中から十字架や秘密の礼拝堂、イコンやワインなどが発見されたという報告がしばしばみられることからわかる[78]（もちろん、このような報告は、その人物の失脚と逮捕を正当化するための記述とも受け取れる）。

官僚のなかには、再改宗を試みた者もいたことが知られている。そのような者のなかでもっともよく知られている人物が、十四世紀にダマスクスに生きたユダヤ教徒の官僚、ムーサー・ブン・サムイールである。彼が残した『詩集 *Dīwān*』には、ムーサーがダマスクスのアミール（おそらくダマスクス総督を指すと思われる）に仕えていたこと、ある年、法令が公布されると（法令の描写から、一三五四年のできごとであることがうかがわれる）、アミールから改宗を強要され、やむなくそれに従ったこと、アミールに随行して、メッカ巡礼をおこなったことが記されている。ムーサーはその後アミールのもとから逃亡することに成功し、当時ユダヤ教徒の参詣地として有名であった、ジャウバルにある預言者エリヤのシナゴーグにて、ユダヤ教への復帰の意思を神に告白し、この詩集を著したという。ムーサーについて研究したJ・マンは、ムーサーはおそらくダマスクスを離れたのち、ユダヤ教への再改宗を果たしたであろうと述べている[79]。

『ムルクス伝』と『ルワイス伝』も、ムーサー・ブン・サムイールのように、一度は改宗したものの、キリスト教へ戻ろうとした官僚について伝えている。第五章で紹介した『ルワイス伝』の奇蹟一三（一三三頁参照）は、富と名声に目がくらみイスラームへ改宗したものの、あるときキリスト教に戻ることを希望した官吏に関する物語である。この男は、『ムルクス伝』「奇蹟録」奇蹟一一にも登場するが、ルワイスにより聖アントニウス修道院に送られ、そこで余生を過ごしたという[80]。

前述したイブン・アルバカリーについては、マクリーズィーが彼について、外面ではムスリムのふりをし（aẓhara

al-islām）、内面においては敬虔なキリスト教徒であり続けたと批判している。[81] そして『ムルクス伝』においては、拷問を受けるイブン・アルバカリーの姿がディオクレティアヌス帝（在位二八四〜三〇五）期の殉教者、聖エピメ（ビーマー、アビーブ月八日）の苦難に喩えられているのである。

このように、改宗者の一部は秘密裏にキリスト教への信仰を維持し、可能であれば内面の信仰を表明したいと考えていたことがうかがわれる。もちろん、エルライスィーが明らかにしたように、マクリーズィーらによるこれら改宗官僚に対する批判は、根拠のない中傷である場合も多い。しかし、ダマスクスの官僚ムーサーのように、自ら再改宗を望む手記を残す者もおり、イブン・アルバカリーの信仰の秘匿についても、ムスリム・コプト双方の史料がこれを裏づけているのであるから、彼についてはマクリーズィーの批判は妥当であると考えてよいであろう。

以上からは、改宗したコプト官僚にはムスリム社会に溶け込もうとしていた者がいた反面、そのままコプト社会内で生活し、十四世紀前半同様、教会への奉納などによりコプトの共同体を支えていた者もいたことが示唆される。これは、彼らが住む地区でも確認され、エルライスィーは、十四世紀に関していえば、改宗コプト官僚はキリスト教徒地区に住む傾向があったと指摘している。しかし、寄進や政府との交渉のために、官僚とのつながりを強調する、というスワンソンが提示したような図式のみでは、こうした改宗者について必ずしも説明できないのではないだろうか。[82] この見解を強化するために、以下においては再改宗を望んだ者のうち、官僚ではない者に関する描写について検討したい。

改宗問題への対応

ムルクスは人里離れた砂漠の修道院の中で一生を過ごしたとされるが、外部社会の動向とは無縁ではいられなかったようである。コプト社会の状況が激変し、殉教があいついだ一三七〇〜八〇年代、ムルクスはカイロのコプトに手紙を送ることにより、彼らを精神的に支え続けたとされる。『ムルクス伝』の記述によると、カイロに住む女性がムルクスに罪の赦しを乞う手紙を送ると、ムルクスは女性の目の前に姿をあらわし、神が女性の罪を赦したことを告げたという。また、人が罪を告白した手紙を書き、ムルクスに送ってきた際にはいつも、手紙が人目にふれないよう手紙を水で洗い、神に彼らを赦すよう祈ったと記されている。[83]

この場合の「罪」には日常的な悩みも多く含まれていたであろうが、改宗か殉教か、といった信仰上の苦しみも多かったと思われる。『ムルクス伝』には、ムルクスは修道士だけではなく一般信徒の魂（rūḥ）の救済にかかわり、「多くの魂には、過ちや信仰の脆さがある。シャイフ〔ムルクスを指す〕は一部を修道生活に、一部をキリスト教徒としての普通の人生に送り返した」と述べられている。[84] この「キリスト教徒としての普通の人生」とは、具体的にどのような生活を指しているのであろうか。

『ムルクス伝』「奇蹟録」全三三話のうち、五話は再改宗に関するものである。奇蹟一一は、ムスリム女性に恋をし、改宗した、とある書記の物語である。この男はのちに罪の意識に苛まれ、ある日ひそかに聖アントニウス修道院へやってきて、ムルクスに赦しを求めた。彼の来訪を予見していたムルクスは彼を温かく受け入れ、「奇蹟録」が著されたときまで、この男は修道士として修道院に暮らしていたと語られている。[85]

奇蹟二六は、ハディードという、修道院にいたとされる男が、「悪魔に取り憑かれ」改宗したという物語である。ムルクスが涙を流しているのを見たハディードは改悛し、再び修道士に戻り、修道士として亡くなったという。奇蹟三三では、とある書記が、カイロで借金を抱えて投獄されることとなったが、牢に入る前にムルクスを訪れ、解放されたら修道士になりたいと告げたと記されている。その後、牢にムルクスがあらわれ、彼の解放を取りつけたことから、彼は財産を放棄し、修道士になった。この男は「現在」、すなわち聖人伝が著されたときも、聖アントニウス修道院にいたという。[86] このように、再改宗をテーマとした奇蹟一一、二六、三三は聖アントニウス修道院で亡くなった、あるいは「奇蹟録」が著されたときにいまだ修道院に住んでいた修道士の体験であるとされている。

これらの奇蹟譚以外の逸話には、改宗のきっかけが記されていない。本節の冒頭で引用した奇蹟二七には、とある「傷ついた majrūḥ」男がムルクスのもとへやってきて、ムルクスが彼の頭に青いターバンを巻き、彼の村に送り返した経緯が語られている。この男はその後、彼が生まれてからキリスト教徒のままであることを証言した証書を入手することに成功し、キリスト教徒として余生を送ったとされる。[87] この奇蹟譚からはまず、「傷ついた」とはイスラームに改宗した者を指す用語であることがうかがわれる。そして、この奇蹟譚はこのような改宗コプト、あるいは新ムスリムを取り巻く当時の社会状況について、さまざまなことを示唆している。

第一に、「奇蹟録」はなぜこの男が改宗し、さらにキリスト教へ復帰しようとしているのかという点を説明していない。ムルクスや聖人伝の著者による糾弾はなく、ただ「傷ついた」とのみ説明されるだけである。この語はアラビア語において極めて一般的、あるいは日常的に使われる用語であり、皮膚を切るといった軽傷を指す。キリスト教アラビア語においては、この用語は十四世紀後半にのみ登場し、改宗したキリスト教徒を指すようである。[88] このような用語からは、教会や一般信徒が、改宗者に対し、改宗の責任を追及していないことがうかがわれる。責任が問われないからこそ、キリスト教への復帰も可能なのである。先述した奇蹟三三でも、ムルクスの弟子であった「傷ついた」書記が、借金のために投獄され、獄中において男は解放されしだい、修道士となることを誓ったと記されている。

第二に、奇蹟二七に登場する「証書」は、この男が元来キリスト教徒であることを保証しているようである。これは、原則としてはキリスト教への再改宗は認められないが、実際にはなんらかの方法があったことを推察させる。奇蹟譚においては、男がこの証書を「奇蹟的に」入手したことになっている。同様に、奇蹟三四においても男の再改宗が認められたと語られている。[89]

改宗者がコプト社会との接触を保つことができた理由としては、エルライスィーが「一代限りの改宗」と名づけた改宗の慣行が、十四世紀のエジプト社会では極めて一般的な事象であったことが指摘できる。これは、男が改宗しても、家族はキリスト教にとどまるものであり、妻や兄弟・姉妹、そして子も改宗する必要はない。そのため、ムスリムとなっても、コプト社会から排除されるわけではないのである。ただし、このようなムスリムとキリスト教徒が混在する家庭からは、キリスト教の信仰のために殉教しようとする者が続出したことも語られている。[90]

十四世紀後半、コプト社会とその周辺には、前述した改宗官僚たちのような、ムスリムにもなりきれず、一度はキリスト教を棄てた、あるいは棄てる圧力にさらされた、いわば「信仰の中間地帯に位置していた人々」があふれていたことであろう。[91] 教会は、このような人々に対して強硬な態度をとろうとはしていない。『ムルクス伝』や『ルワイス伝』、『アレクサンドリア総主教座の歴史』からは、総主教やルワイスをはじめとする聖人たちが、殉教を回避させようと努力していたことがうかがわれる。ムルクスやルワイスと親交があったとされる総主教マッタウスは殉教を終わらせたとして讃えられており、ルワイスは、殉教を希望して相談にきた男を殴って失神させ、「このような一打撃にさえ耐えられないのに、殉教にはどのように耐えるのか」と問いかけ、男を聖アントニウス修道院に送ったとされる。[92]

一方、改宗したものの、キリスト教に戻ろうとする者のために考案されたのではないかと思われる、「水差し (qidr) の儀式」という、再洗礼のような儀式の存在も知られている。これは司祭により教会で秘密裏におこなわれるものであり、表面上はムスリムのままキリスト教に戻ることが可能となる。棄教した者や、異教徒と結婚したり交わったりした者が対象となり、水を注がれることにより穢れを落とし、罪を消し、信仰を再強化することを目的としている。この儀式に関する最古の記録が一三七四年のものであり、七〇年代にこのような儀式の需要があったことが指摘されている。[93]

なお、このような秘密裏の再改宗についてはムスリム側も気づいていたようである。一三二六年に、トゥーマーというバアルバック出身の元修道士がイスラームに改宗したものの、キリスト教へ再改宗していたとして処刑されているが、この男について、この時代に生きた歴史家であるザハビーは、「この男の再改宗は秘密裏におこなわれた (irtadda sirran)」と述べている。[94]

ムスリム女性に恋をして改宗した書記(『ムルクス伝』奇蹟一一、『ルワイス伝』奇蹟一三)の逸話(一六八頁参照)に戻ると、エルライスィーはこの奇蹟譚について、殉教者伝にありがちな物語の展開が巧妙に書き換えられていることを指摘している。物語の主人公であるコプトの書記は、官庁への出仕機会を得るため、そしてムスリム女性と結婚するために改宗した。しかしその後、良心の呵責に苛まれ、キリスト教へ戻ろうとする。繰り返しになるが、イスラーム期に著された一般的な殉教者伝であれば、男は公衆の面前でイスラームあるいは預言者ムハンマドを侮辱して逮捕され、スルタンや総主教の説得に応じず、自らの言葉を撤回することなく殉死するはずである。[95] しかし、『ムルクス伝』および『ルワイス伝』においては、この男は砂漠の修道院にて、ムルクスの手により修道士としての生活を始めたと語られている。

殉教に対する教会の非積極的な態度を踏まえると、このような物語が偶然記されたとは考えがたい。これは、『ルワイス伝』と『ムルクス伝』における、殉教に対する著者の態度が明確化された逸話として理解すべきであろう。そして、『ムルクス伝』における再改宗に関する奇蹟譚は、十四世紀後半にイスラームへ改宗をよぎなくされた人々、あるいはそのような選択を迫られている人々に対し、再改宗の現実性はさておき、彼らを再び迎え入れるという教会の立場を提示したものと解釈される。

以上、これまでの議論をまとめると、『ルワイス伝』はハンダク修道院に住み着いたルワイスを讃え、『ムルクス伝』は理想の修道士としてのムルクスを讃えるために著された文学であった。しかし、それと同時に、これらの聖人伝執筆の目的には、当時の教会にとって最たる課題であったであろう改宗と殉教の問題について、著者とその周囲の人々、ひいてはその文学を承認した教会の立場を明確化し、聖人の命日に教会で読み上げるという聖人伝の性格を利用して、信者を鼓舞することにあったと考えられる。

改宗したコプトは、すぐさまムスリム社会のなかに溶け込んでいったわけではない。レコンキスタ(国土回復運動)後、キリスト教への改宗を強制されたスペインのユダヤ教徒やムスリムが、カトリックになりきれずに差別され続け、イスラーム圏に亡命した場合でも、裏切り者として現地のユダヤ教徒やムスリムから差別されたことは有名である。コプトの場合も、改宗した高級官僚には、つねに「偽ムスリム」の疑惑がつきまとっていた。また元コプトである場合、何代たっても、完全にムスリム社会に受け入れられたわけではなかった。[96] 一方、この時期に改宗したキリスト教徒やユダヤ教徒のなかには、熱心なムスリムとなり、メッカ巡礼を果たした者もいた。ただし、ムスリム社会に積極的に溶け込もうとしていた者がいた反面、「偽ムスリム」の疑惑は誇張ではなく、改宗後もそのままコプト社会内で生活し、教会への奉納などによりコプトの共同体を支えていた者もいたのである。

ムルクスは上エジプトに生まれ、修道院の中で一生を終えたとされる。『ムルクス伝』の著者は、おそらくムルクスの弟子であった聖アントニウス修道院の修道士であり、ムルクスを修道士の規範として描いた。また『ムルクス伝』は、十四世紀後半における聖アントニウス修道院における暮らしと、修道院と外界との関わりについて伝えている。そして、『ムルクス伝』の記述からは、キリスト教徒を取り巻く改宗の圧力のなかでもキリスト教徒として豊かな信仰生活を送ることができる、当時の上エジプトの様子が浮かび上がる。

一般に、十三世紀後半以降、ワーディー・ナトルーンの荒廃にともない、コプト教会における文芸活動や修道生活の中心地は(ワーディー・ナトルーンを中心とする)下エジプトから、(聖アントニウス修道院、十五世紀にはアスユート近郊のムハッラク修道院を中心とする)上エジプトへ移行したと考えられている。このような現象は聖人の活動、あるいは聖人伝編纂の場にも影響を与えたであろう。

現在も上エジプトではキリスト教徒人口の比率がエジプトの他地域と比べて高い。それゆえ、上エジプトではイスラーム期を通じて改宗がさほど進展せず、この地域において修道院が繁栄していたことは自明のこととして受け止められているかもしれない。しかし、実際には、イスラーム期以降前近代上エジプトにおける修道院の繁栄は、十四世紀から十五世紀にかけての一時的な現象であった。

第七章 『イブラーヒーム・アルファーニー伝』の世界

ある修道士の生涯

1 『イブラーヒーム・アルファーニー伝』概要

まずは〔イブラーヒームの〕死に関するつらい記憶について語りたい。われわれの町であるフスタートを離れ、〔生まれ故郷である〕神に愛されたミンヤー・バニー・ハスィーブへ向かったことについて語りたい。彼の生涯で起きた驚くべきこと（al-ʿajab）を注意深くみて、われわれはあなた方に彼の死について語ることとする。[1]

〔『イブラーヒーム伝』前書き〕

本章では、第六章で取り上げたムルクス・アルアントゥーニーの弟子であり、その葬儀を率いた聖アントニウス修道院の修道士、イーグーマーヌス・イブラーヒーム（アブラーム）・アルファーニー（Ighūmānus（Qummus）Ibrāhīm（Abraʿam）al-Fānī）の伝記を取り上げる。[2] イブラーヒームは中部エジプトのミンヤー・バニー・ハスィーブ（現在のミンヤー）に生まれ、ミンヤー近郊のアブー・ファナー修道院にて修行し（ゆえにアルファーニーと呼称される）、コプト暦一一一三年ハトゥール月九日／西暦一三九六年（以下コプト暦・西暦を略）三月九日に亡くなったとされる。イブラーヒームの名前は『シナクサール』の校訂版には登場しないが、『聖人録』には記載されている。また、イブラーヒームは第八七代総主教マッタウス（在位一三七八〜一四〇八）の師であったとされ、『アレクサンドリア総主教座の歴史』にも登場する。[3]

イブラーヒームの人生は第五章のルワイスやムルクスのそれと重なり、彼ら同様、十四世紀後半に起きたキリスト教徒への迫害を経験したようである。また、ムルクス同様、上エジプトの出身で、聖アントニウス修道院の修道士でありながら、ムルクスとは異なり、移動の多い人生を送った。『イブラーヒーム伝』の舞台は上エジプトの農耕地帯から砂漠の聖アントニウス修道院へ、そしてカイロ（フスタート）へとめまぐるしく移り変わる。また、彼にまつわる奇蹟譚は、本書においてもっとも新しい時代に起きたとされるものである。

イブラーヒームの名前は一九八〇年代の研究書にて確認されるものの、『イブラーヒーム・アルファーニー伝』の存在は、M・スワンソンがムルクスの生涯に関する研究において紹介した際に、はじめて知られたと思われる。スワンソンは『イブラーヒーム伝』を、十四世紀後半に起きた一連の殉教事件を理解するための有用な史料であると評価しながら、イブラーヒーム自身についてはムルクスの影のような存在にすぎないと述べている。[4] 筆者はスワンソンの見解に疑問を抱いており、これらの点について検討したい。

現時点にて判明している限り、『イブラーヒーム伝』の手稿本は聖アントニウス修道院所蔵の一点のみが確認されている。この手稿本の最終葉には、この手稿本は一四一六年アビーブ月十日／一七〇〇年七月四日に、カイロにてギブリヤールという人物が書写したと記されている。『イブラーヒーム伝』は「伝記」のみからなり、全二八葉と非常に短い聖人伝である。イブラーヒームに帰せられた奇蹟は、「伝記」のなかに「あるとき fidaf'a」と始まるかたちで収録されている。[5]

2　イブラーヒーム・アルファーニーの生涯

『イブラーヒーム・アルファーニー伝』前書き

本章の冒頭で引用したように、『イブラーヒーム・アルファーニー伝』の前書きは、イブラーヒームの死と、「〔死期を悟ったイブラーヒームが〕われわれの町であるフスタート（原文ではミスル）を離れ、〔生まれ故郷である〕神に愛されたミンヤー・バニー・ハスィーブへ向かった」という記述から始まる。[6]『イブラーヒーム伝』の著者は「われわれはあなた方に彼の死について語ることとする」と述べるものの、イブラーヒームがフスタートを去った日のことを思い出すよう呼びかけ、「われわれ、すなわちイブラーヒームの弟子である総主教や主教、司祭や助祭、フスタートの人々」がイブラーヒームに行かないよう懇願したのにもかかわらず聞き入れられなかったことへの嘆き（rithā'）が繰り返し述べられる。著者はイブラーヒームの強い望郷の念を認めながらも、彼が去ったあとのフスタートを未亡人に喩え、「イブラーヒームはフスタートにいるわれわれ全員を捨てた」と語る。[7] これらの記述は、『イブラーヒーム伝』の著者が彼の死自体よりも、フスタートを離れたことを悲しんでいるかのような印象を読者に与える。

前書きの記述から、この伝記の著者はイブラーヒームのことを直接知っていた人物であり、フスタート（あるいはカイロ）の在住者であることがうかがわれる。「伝記」の最後にミンヤーにおけるイブラーヒームの死について言及されているが、その描写は短く、情報が断片的である。[8] これは、イブラーヒームのフスタートにおける活躍の描写とは対照的である。また、イブラーヒームが亡くなった場所に関する記述には混乱がみられる。ある箇所ではミンヤーと記され、ある箇所ではアフミームと記される。[9] ミンヤーとアフミームは離れており（巻頭図1参照）、これは『イブラーヒーム伝』著者の上エジプトに関する知識の少なさを示唆し、彼が上エジプトの修道院に在住している者というよりは、カイロやまたはその近郊(そこにはフスタートも含まれる)にいた人物であることをうかがわせる。
イブラーヒームの死に関する記述のあと、イブラーヒームの生涯が礼讃文のかたちで語られる。そしてムルクス・アルアントゥーニー、さらには「あなた方(ムルクス、イブラーヒーム)の弟子のうちで、われわれの時代に殉教した者たち」への讃辞が続く。そして『イブラーヒーム伝』の著者はイブラーヒームの祝福(baraka)を要求し、「あなたの物語が聞き手にとって有益(manfaʿa)であるように」という祈願文とともに、前書きを締めくくる。[10]
以上を総括すると、『イブラーヒーム伝』前書きからは、イブラーヒームがフスタートの住民に慕われた存在であったことがうかがわれる。イブラーヒームを失った悲しみが繰り返されているため、著者は伝記を著すことで個人的な慰めを見出そうとしているかのような印象を受ける。同時に、『イブラーヒーム伝』執筆の目的は、信者たちがイブラーヒームの生涯から教訓を得ることにあった。それでは、イブラーヒームの生涯はどのように描かれ、そこからはどのような教訓が導き出されるのであろうか。

「伝記」に記されたイブラーヒームの生涯

「伝記」によると、イブラーヒームはカイロ以南、中部エジプトにあるミンヤー・アブー・フィース(現ミンヤー。前記のミンヤー・バニー・ハスィーブの古い名称)に生まれた。[11] 父親の名前はイブラーヒーム、母親の名前はサイイダであり、父親はイブラーヒームが生まれる前に亡くなったとのことである。幼少期のイブラーヒームについては、勉強が好きで物欲がなく、修道生活に憧れていたなど複数のエピソードが語られている。[12]
修道士になりたいと望んでいたイブラーヒームはある日、母親に何も告げずに家を去り、南部(サイード)の修道院に向かった。母親はイブラーヒームを死んだものと思い、喪服をまとい、嘆き悲しんだ(ここにイブラーヒームの母親による、子を失った哀歌が挿入されている)。「伝記」は、母親の悲しみを見た神が、彼女のもとにキリスト教徒の男を送り、イブラーヒームが修道院にいることを告げさせた、と語る。母親はすぐさま修道院へ向かい、修道院の門にてイブラーヒームに別れの言葉を叫ぶと、その悲しみのありさまを見た修道士たちは、イブラーヒームに母親のもとへ戻るよう説得し、彼はそれにしたがった。[13]

その後、母親が亡くなると、イブラーヒームはアブー・ファァナー修道院に戻ったとされる。[14] そして、修道院の図書館で聖ファァナー（三九五年頃没）の生涯について著された書物を読み、彼の修行を見習い、跪拝や断食を繰り返しおこない、日々を過ごした。[15] イブラーヒームは手稿本の書写にも従事していたとのことである。[16]

この時期、イブラーヒームは司祭に任命されたようである。これは修道院の図書室にてつねにイブラーヒームとともにいた主教による任命であった。なお、著者はイブラーヒームの叙階について、「年若かったのにもかかわらず」と述べている。『アレクサンドリア総主教座の歴史』において、のちの総主教のマッタウスが十八歳で司祭に叙階された際、イブラーヒームがその叙階について、マッタウスの年齢が若すぎると反対したとされている。これは自分自身に関する司祭任命の記述とは矛盾することとなり、このときのイブラーヒームの年齢は不明である。イブン・カバル（一三二四年没）は、司祭は三十歳以上であることが望ましいと述べている。[17]

このようなイブラーヒームの修道院における生活は、「エジプトのキリスト教徒を襲った災難」によって中断されてしまう。「伝記」によると、このとき修道士たちのほとんどは修道院を離れて逃亡生活を送ったが、イブラーヒームは修道院にとどまり、結果として逮捕されてしまった。ここで、イブラーヒームを逮捕した役人らがイブラーヒームを棄教させるべくさまざまな拷問を加えたとして、イブラーヒームに対する拷問の記述が続く。あるとき、イブラーヒームは馬の後ろに縛りつけられ、村々を引きずりまわされた。その姿を見た村人たちは役人に賄賂を渡し、やめさせようとするが、逆にイブラーヒームに諭されたという。[18]

『ルワイス伝』にみられた、拷問を受ける聖人という殉教者伝を想起させる描写が、ここにて再び確認される。『イブラーヒーム伝』における描写は、キリストの受難を読者に想起させるようなかたちで著されている。これはイブラーヒーム自身あるいはこの聖人伝の著者が、イブラーヒームの一連の体験をキリストの受難の追体験(imitatio Christi)としてとらえ、(この時期同様の体験をしていたかもしれない)読者と苦しみを分かち合うために、このような描写を選んだものと推察される。[19]

ここから、イブラーヒームに帰せられる聖性は、受難に耐えたことにより授けられたとされていることがうかがわれる。「伝記」によると、しばらくしてイブラーヒームは解放され、修道院に戻った。一連の拷問に耐えたことでイブラーヒームの名声は上エジプト中に広がり、多くの司祭が告解のためにイブラーヒームのもとを訪れたという。

そうしたなか、イブラーヒームは改悛しようとしなかった助祭を不意に呪い殺してしまった。このことにショックを受けたイブラーヒームは修道院を離れ、アフミーム郊外に一人で住み始めたという。[20] ここでイブラーヒームの新たな生涯が始まり、「伝記」の主題は、殉教から改悛と赦しの問題へと移る。アフミーム郊外の僧房に住み着いたイブラーヒームは、あるときムルクス・アルアントゥーニーの評判を聞いた。呪い殺してしまった助祭について悩んでいたイブラーヒームは、ムルクスのもとを尋ねたところ、ムルクスは赦しの大切さを説いたため、イブラーヒームは死んだ助祭のために一八日間祈り続けたという。[21]

このようにしてイブラーヒームは生涯の師とめぐりあった。ムルクスから教えを受けるために聖アントニウス修道院へ移り住んだイブラーヒームについて、「伝記」は聖アントニウス修道院とその周囲の山中におけるイブラーヒームの修行や、ムルクスの弟子として認められた経緯、そしてムルクスの死について伝えている。[22] この部分の描写は、『ムルクス・アルアントゥーニー伝』のそれとほぼ同一であり、『イブラーヒーム・アルファァーニー伝』の著者の手元に『ムルクス伝』があったものと推察される。

ムルクスの死後、イブラーヒームはカイロにいる自分自身の弟子と合流すべく、カイロへ向かったようである。[23] 弟子のなかには、第八七代総主教マッタウス（在位一三七八〜一四〇八）も含まれていた。「伝記」にはイブラーヒームがカイロへ移住した経緯については詳しく説明されていないが、イブラーヒームが起こしたとされる奇蹟の逸話が複数挿入されている。ここから、「伝記」の語りが変化する。その文からは、著者自身がこれらの奇蹟を目撃したか、あるいはカイロの人々が著者にこれらの奇蹟について語ったものを記したという印象を与える。

『イブラーヒーム伝』の著者は、イブラーヒームの風貌について、「〔イブラーヒームは〕預言者アロンに似ていて、雪のように白い髪と髭を生やし、顔は輝いていた」と述べている。[24] イブラーヒームのカイロでのエピソードが述べられたのち、イブラーヒームが病に倒れたことが記されている（これ以降の記述は、『イブラーヒーム伝』の前書きにて語られた内容をより詳しく述べたものである）。本章冒頭で示したように、死期を悟ったイブラーヒームは、故郷であるミンヤー・バニー・ハスィーブへ戻ることを決心した。引き止めようとするカイロの人々の懇願を振り切り、村に戻ると、村の人々はいつもどおりイブラーヒームが滞在するためにやってきたと思い、歓迎したという。しかし、到着してから三日後、弟子に見守られながらイブラーヒームは息を引き取った。その遺体は、ミンヤー・バニー・ハスィーブにある教会の、彼を司祭に叙階した主教の墓の隣に埋葬されたという。[25]

このように、ミンヤー・バニー・ハスィーブに戻ったあとのイブラーヒームの行動に関しては説明が簡潔である。著者は総主教マッタウスに率いられたカイロの信者たちが、シャフラーン修道院にてイブラーヒームを弔い、また聖アントニウス修道院にてもイブラーヒームへの弔辞が捧げられたことを伝えている。[26]

以上、『イブラーヒーム伝』の記述に基づいてイブラーヒームの生涯を概観したが、ここからは以下のことを指摘できる。まず、『ムルクス伝』と『イブラーヒーム伝』を比較すると、ムルクスの葬儀に関する描写は両聖人伝において記述がほぼ一致している。ここから、『ムルクス伝』は『イブラーヒーム伝』が著された時期には完成し、流布していたとみなすことができる。つぎに、『イブラーヒーム伝』の執筆時期であるが、前書きの記述からはそれがイブラーヒームの死(一三九六年)からまもない時期であることがうかがわれ、また「伝記」にオスマン朝とティムール朝の衝突(すなわちアンカラの戦い、一四〇二年)について言及されていることから、具体的には十五世紀初頭であることがうかがわれる。

以上の議論をまとめると、『ムルクス伝』と『イブラーヒーム伝』は修道士の生涯を記した聖人伝であるという点においては共通しているが、そこに描かれた修道士の生涯は大きく異なる。ムルクスはその生涯の大半を聖アントニウス修道院にて過ごしたとされるが、イブラーヒームは中部エジプトの修道院からアフミームの僧房、聖アントニウス修道院、そしてカイロと転々とした。『ムルクス伝』の特徴は修道士への規範としてのムルクスの修行の描写にあった。『イブラーヒーム伝』においても、イブラーヒームの修行の姿は描写されているが、『ムルクス伝』のそれと比べると圧倒的に短い。むしろ、『イブラーヒーム伝』では棄教するよう拷問を受けるイブラーヒームの姿が詳しく描写され、イブラーヒームは修道士の理想というよりは、迫害に屈しなかった殉教者としての側面が強調されているように見受けられる。また、スワンソンはイブラーヒームをあくまでムルクスの弟子にすぎないと位置づけているが、伝記の記述からはイブラーヒームが彼自身の美徳においてカイロとフスタートの人々から慕われていたことが読み取れる。

イブラーヒームは、現在もキリスト教徒人口の多い、中部エジプトのミンヤーに生まれたとされる。イブラーヒームがアブー・ファナー修道院にて修行した十四世紀は、聖アントニウス修道院はもちろん、中部エジプトの修道院(ムハッラク修道院など)が繁栄していた時代であった。すると、十三〜十四世紀にかけての修道院の復興は聖アントニウス修道院に限られず、中部エジプトや上エジプトにかけて広くみられた現象であったことが示唆される。繁栄の要因については不明な点が多いが、これらの修道院は十三〜十五世紀の総主教、そして十四世紀後半には殉教者を輩出した。このような世界から、『ムルクス伝』や『イブラーヒーム伝』が生まれたのであろう。

3 忠告と予言　イブラーヒームに帰せられる奇蹟

『イブラーヒーム伝』においてイブラーヒームに帰せられる奇蹟は「奇蹟録」として独立しているわけではなく、「伝記」のなかに組み込まれている。全一〇話であるが、奇蹟番号は付されていないため、便宜的に記述された順に番号を付すこととしたい。

イブラーヒームにまつわる奇蹟は、ムルクス（一三八九年没）の死後、イブラーヒームがフスタートに滞在していたときのものであるとされる。イブラーヒームは一三九六年に死去したとされるため、フスタートには最大で七年間滞在したと考えられ、イブラーヒームに帰せられる奇蹟は早くて一三八九年から、遅くて九六年までのできごとが記されているとみなされる（実際には予言のかたちで死後に起きたはずのできごとも記されている）。奇蹟の舞台はフスタートと、（おそらく下エジプトの）農村である。奇蹟譚に登場する人々に関しては人間（insān）、子ども（tifl）、といったような表現で説明され、居住地や職業といった点に関する説明はみられない。同様に、登場する地名も「ブハイラ地方（下エジプト）の村」のように漠然とした表現がなされている。

当時の総主教、マッタウスはイブラーヒームの弟子であったと記されているものの、彼は奇蹟譚には登場しない。第五章にて確認したように、当時の総主教はカイロのズワイラ街区に居住しており、イブラーヒームはフスタートにて活動していたため、これは当然であるのかもしれない。高位の人物としては、病に倒れたイブラーヒームに対し、自宅に滞在するよう勧めたワズィール（宰相）のみである。[27] ムスリムとしては、イブラーヒームのことを崇敬していたとされる後述する奇蹟八のムタワッリー（役人）が登場する。

『イブラーヒーム伝』においては、忠告や予言といったかたちの奇蹟がめだつ。イブラーヒームは毎週日曜日に教会へ行き、参列者のあいだを歩きまわり、悪行を犯した者の前で鼻をつまんだと伝えられている。罪を犯した者を嗅ぎ分けることができたとされているが、多くの者はその行為に驚嘆し、一部の者は彼のことを狂人（majnūn）であるとみなしたという（奇蹟二）。また、イブラーヒームは「ワインのなかには悪魔がいる」として、ワインの摂取に対して忠告したとされ（奇蹟三）、死の淵から救った子に対しても、将来ワインを大量に摂取した場合、死亡すると予言したという（奇蹟四）。実際、この若者は父親とワインを飲んだあとに死亡し、父親は断酒を誓ったと語られている[28]。

このようにイブラーヒームには察知、あるいは予見の能力が備わっていたようであるが、その能力を生かし、貧しい女がブドウの房を欲しいと考えていると、突然イブラーヒームがそれを携えて彼女の家にやってきたという奇蹟譚がみられる（奇蹟五）。また、イブラーヒームのもとにやってきたキリスト教徒の徴税人（qaum damān）に対し、不正を働かないよう忠告し、人々が驚いたというエピソードも伝えられている（奇蹟八）。なお、この徴税人はイブラーヒームの忠告を無視し、聖職者（kāhin）に通常の二倍の徴税額を要求し、さらにその地方のムタワッリーを陥れようとしたところ、悪事が露見して処刑されたという。ここで登場するムタワッリーは、ムスリムであるにもかかわらずイブラーヒームへの崇敬（amāna）が深かったと記されている[29]。

これまで取り上げた聖人伝ではみられなかった要素としては、終末的予言をあげることができる。『イブラーヒーム伝』の著者は、神はイブラーヒームに予言の能力を授けたと述べており、奇蹟六では、イブラーヒームは「これから一二日後に空から火が落ちてきて、町（al-madīna）を燃やす」という予言をしたと語られている。この予言は実現しなかったようであり、著者は、この予言は修道士たちが堕落した生活を送らないためにくだされたものであるとイブラーヒームを弁護している。奇蹟七は王朝の終焉に関する予言であり、イブラーヒームの弟子が「この王朝（al-umma〔すなわちマムルーク朝〕）はいつ終わるのか」と質問し、イブラーヒームは「イブン・ウスマーン（Ibn ʿUthmān）がコンスタンティノープルを征服し、ティムール（Tamrlank）がその王を殺すとき」と答えたという[30]。

このほかには、とある村（場所は記されていない）の農民から、彼らの村にて収穫物にバラカ（恩寵）を授けるよう依頼されたり（奇蹟九）、下エジプトのブハイラ地方でナイル川の水位が上昇しないため、村民がイブラーヒームのもとへやってきた（奇蹟一〇、イブラーヒームが祈りを捧げると水位が上昇した）、という奇蹟が記されている。[31] イブラーヒームの名声はアラムやルワイス同様、フスタート市内にとどまらず、おそらく周辺の農村地帯にも広がっていたのであろう。治癒に関する奇蹟譚は一話（奇蹟三）のみであるが、著者は「イブラーヒームに帰せられる奇蹟については、一つの本のなかには収まらない」と述べており、ここで紹介した一〇話は、イブラーヒームについて知られた奇蹟のうち、次節にて述べる『イブラーヒーム伝』著述の目的に沿って選択されたものであると推察される。[32]

王朝の終焉を予言した奇蹟七は、おそらく一四〇二年のアンカラの戦いを念頭に記されたものであろう。ここから、『イブラーヒーム伝』は十五世紀初頭に著されたものであることがうかがわれる。

『イブラーヒーム伝』に記された奇蹟譚は、本書で取り上げた奇蹟譚のうち、年代としてはもっとも新しい。ルワイスのほうが死亡年はあとであるが（一四〇四年没）、ルワイスはその晩年の九年間を病のため横たわって過ごしたとされ、ルワイスに帰せられる奇蹟のうち、年代を特定できる最後の奇蹟は一三八九年のものである。『ルワイス伝』や『ムルクス伝』には、イスラームへ改宗した者に関する逸話がめだった。それに対し、『イブラーヒーム伝』においては殉教や再改宗に関する奇蹟譚は確認されない。イブラーヒームに自宅で療養するよう勧めたとされるワズィールは改宗した元キリスト教徒ではないかと推察されるが、詳しい説明はない。『ムルクス伝』や『ルワイス伝』にて言及された、改宗した官僚たちをめぐる奇蹟譚は一三八〇年代前半のものであった。また、総主教マッタウスの時代は「四九人の殉教者の時代」として知られているが、おもだった殉教事件は一三七〇年代から八〇年代前半のできごとである。総主教マッタウス自身は、殉教事件に終止符を打ったことで礼讃されている。[33]

スワンソンは『イブラーヒーム伝』について、これは殉教事件を理解するための有用な史料であると評価している。

しかしながら、伝記において殉教者に言及している文は「あなた方の弟子のうちで、われわれの時代に殉教した者たち」のみであり、イブラーヒームが殉教者となんらかの関わりをもったことを示唆する記事は『イブラーヒーム伝』においても、『ムルクス伝』においてもみられない。「われわれの時代」と記されているものの、『イブラーヒーム伝』の著者は、この名を、過去の聖人、すなわちムルクスや殉教者たちと結びつけて讃えようとしているのであり、あいついだ殉教自体は過ぎ去ったできごとであるかのような印象を受ける。

以上からは、一三八〇年代半ばを境に、カイロやその周辺では、再改宗や殉教といった問題は下火になり、人々にとってはティムールの進軍（ティムールへの言及は『ルワイス伝』にてもみられた）やオスマン朝の勢力拡大といった、新たな関心事が生まれていたのではないかという仮説を立てることができる。それでは、『イブラーヒーム伝』はどのような目的で著されたのであろうか。

4　十四世紀末におけるカイロのキリスト教徒社会

以上の議論をまとめると、『イブラーヒーム伝』の著者はフスタートあるいはカイロ在住の、イブラーヒームの弟子であり、おそらく同書は一四〇二年頃に著されたと考えられる。イブラーヒームに帰せられる奇蹟には、忠告の性格が強くみられた。『イブラーヒーム伝』の構成をあらためて振り返ると、そこにはこの聖人伝を読む、あるいは教会で読み上げられるのを聞く信徒に対し、明確なメッセージが込められていることに気づかされる。

イブラーヒームは幼少期から勉学を好んで物欲がなく、修道生活に憧れていた。ある日ひそかに修道院へ入るが、母親の嘆きを見た修道士たちにより、家へ帰される。母親が死去したのちに修道院に戻ると、修道院の創始者であるアブー・ファナーの生涯に学ぶべく、アブー・ファナー同様の厳しい修行に励んだ。迫害が起こると、ほかの修道士のように逃亡せず、逮捕されると拷問に耐えた。その後、人生の師ムルクスに出会い、ムルクスの死後には、フスタートで人々をキリスト教徒としてあるべき道に導いた。

このようなイブラーヒームの人生は、キリスト教徒としての理想として描かれているのではないだろうか。すなわち、信徒たる者は、幼少時から良きキリスト教徒であるべく励み、母親を大切にし、先達の教父や聖人たちの生涯から学ぶ。迫害はイエスの受難を追体験する機会として受け入れるべきであるが、同時にムルクスが示した赦しの思想に従うべきである。さらには、神はキリスト教徒の共同体を導くべく、ムルクスやイブラーヒームといった聖人たちを遣わしているのであるから、希望を失わずに信仰を守るべきである。このようなメッセージを伝えるために、『イブラーヒーム伝』が著されたことが推察される。

聖人伝とは、それを生み出した共同体の信仰上、そして社会生活上の要求に応えるべく、編纂されたものである。『イブラーヒーム伝』の記述からは、十五世紀初頭のカイロやその周辺では、殉教や再改宗といった問題は下火になっていたことがうかがわれる。共同体の規模は縮小したにせよ、教会を中心とする信徒たちの生活も再編されつつあったのであろう。そのような時期においては、キリスト教徒としての理想の生涯を歩む聖人、そして神がいまだ聖人を遣わしていることを確認した聖人伝が求められ、その目的を満たすために、本聖人伝が著されたものと考えられる。なぜイブラーヒームの存在がその後忘れられ、『イブラーヒーム伝』の手稿本は一点しか知られていないのかということであるが、おそらくこれはイブラーヒームの聖遺物がカイロやフスタートに奉られなかったこと、また、前述した伝記の内容はある特定の時期における、信徒の要求に応えるためのものであったためであろう。

なお、マッタウスのつぎに選出された第八八代総主教、ギブリール五世(在位一四〇九～二七)は、修道士になる前は官庁に仕える書記であり、総主教在位中にはコプト教会の祈禱式文を整備したことで知られている。[34] 十四世紀後半から十五世紀にかけても、アルホン(有力在家信徒)が官庁に仕え、教会を支え、文芸活動に従事する姿は変化しなかったのである。

ギブリール五世以降、十五世紀のコプト教会は、シリア教会やエチオピア教会、ローマ・カトリック教会との交流において特徴づけられ、十六世紀に入ると、今度は殉教者伝が著されるようになる。隠者系統の聖人伝の編纂は、長い十四世紀のコプト教会を特徴づける、文芸活動であった。

終章

聖人伝に描かれたエジプト社会

1 聖人伝編纂の意味

本書を通じて、十四世紀に著されたコプト聖人伝は、ある地域において生涯の後半部分を過ごし、その修行や奇蹟により人々から崇敬された人物について、その生涯と奇蹟について記述し、聖人として讃える、という性格をもった文学であることが確認された。著述や編纂の過程については不明な点が残ったものの、各聖人伝の内容からは、その著者(あるいは編纂者)は聖人の弟子であった修道士や司祭、在家信徒であったと考えられ、彼らは生前の聖人を知る人々から証言を収集し、聖人伝を著した(あるいは編纂した)ものとみなされる。

聖人伝は「教会で読み上げる文学」という性格上、信徒への規範を示すという目的で各聖人の姿が描かれている。それは祈りや断食に励むキリスト教徒としての理想像であったり、修道士としての模範であったり、「キリストの苦しみに倣う imitatio Christi」殉教者としての姿であった。したがって、聖人伝の記述から、聖人のありのままの生涯を知ることは困難である。

聖人伝の「伝記」部分に示された聖人の姿には、「聖人としてあるべき姿」として、過去の聖人伝で示された聖人の生涯や修行のあり方が投影されている可能性も指摘される。これは古代末期シリアにおける隠修士の姿であったり、ビザンツ教会において人気を博した「聖なる狂者」の姿であったりと、必ずしもコプト教会文学の伝統のうえに位置づけられるものではない。ここからは、おそらくコプト教会の聖人暦である『シナクサール』の編纂を通じて、当時のコプト教会において、東方諸教会の聖人に関する知識が豊富であったことが示唆される。

なぜ十四世紀にこのような文学作品が著されたのかという点については、十四世紀当時、『シナクサール』が編纂されていたことが関係していることであろう。『シナクサール』に名前を確認できる聖人はハディード、バルスーマー、アラム、そしてムルクスであるが、『シナクサール』の記述は聖人伝、あるいは聖人伝と共通する情報源をもとにしており、各聖人伝は列聖された聖人を讃美するために著されたというよりは、列聖の働きかけとして著された可能性が高いといえる。

コプト教会においては七世紀から九世紀にかけて、殉教者伝が多数編纂された。これらは、イスラームの支配下に入ったエジプトにおいて、「殉教者の教会」という自己定義のもと、コプト教会が信者の流出を防ぐ戦略の一端を担った。十四世紀に著された聖人伝についても、同様の戦略を見出すことができよう。その対象となるのはコプト教会信徒をはじめとするキリスト教徒であり、おそらくムスリムは含まれていなかったと思われるが、聖人の奇蹟を記録することで、各聖人伝の著者(とその周囲の人々)は、コプト教会が「祝福された」教会であることを知らしめようとしている。すなわち、困難な時代においても神は聖人を遣わすことを示し(『イブラーヒーム伝』)、地名を奇蹟録に織り込むことにより、聖人の崇敬がおよんだ地域的範囲を記録した。さらには自分たちが住む地域がいまだキリスト教の地であることを再確認し(『ハディード伝』と『ユハンナー伝』)、ナイル川を制御するのはキリスト教の聖人であることを宣言(『アラム伝』)したのである。このようにして教会はその信徒を鼓舞し、教会にとどめようとしたのであろう。

このような姿勢は、聖人伝におけるムスリムの描写からもうかがわれる。聖人伝の著者らは、当時エジプト社会でその活動がめだち始め、記録されるようになっていたムスリム聖者の存在を意識していたようである。奇蹟録においてムスリムによる参詣、とりわけスルタンやアミール、カーディーによる参詣について言及したり（『バルスーマー伝』〈九六～九七頁〉参照）、ムスリム聖者（ファキール、狭義にはマジュズーブ）と共通するような行動をとる聖人について、キリスト教文学の伝統に位置づけたうえで描写している（『アラム伝』〈一一〇頁〉と、『ルワイス伝』〈一二七頁〉参照）。

とりわけ『バルスーマー伝』においては、ムスリム聖者に対抗しうるキリスト教の聖人像を提示する、すなわち、その人物のほうがより優れた能力を有し、ムスリム社会の上層部の人々からの崇敬を受けていることを知らしめる、といった意図が強く介在しているように見受けられる。そのような描写ゆえ、従来の研究で指摘されていた、スーフィーやムスリム聖者の仲介者としての役割や執り成しの慣行は、ムスリム社会に限られたものではないことが示唆される。

2　マムルーク朝エジプトに生きる人々

このような聖人伝（とりわけ「奇蹟録」）の戦略的要素を考慮に入れたうえでも、聖人伝の記述はマムルーク朝期エジプトにおける人々の生活について、生き生きとした情報を伝えている。それはおもに聖人が生きた地域の特徴であり、またその時代における、人々に影響を与えた事件やできごとについてである。これは、ある地域において活躍した聖人の崇敬について記録するという奇蹟録の性格に立脚した事象であろう。それゆえ、『ハディード伝』はヌトゥービス・アッルンマーンというナイル川に面した土地の特徴上、航海の安全といった移動に関する奇蹟について伝え、『ユハンナー伝』はエジプトを襲った飢饉とそれに対する人々の反応について、『バルスーマー伝』は政権と人々とのあいだを仲介する聖人の姿を伝えているのである。

従来の研究からは、コプト聖人の活動は十四世紀後半のカイロと上エジプトに集中しているようにみられた。だがハディード、ユハンナー、アラムの存在により、彼らは十四世紀を通じて活躍していること、活動の場は下エジプトやカイロ、上エジプトの都市や町村、砂漠の修道院などと広範囲であることが明らかになった。さらに、高名な聖人の弟子もその後の活躍により聖人とみなされ、聖人伝が著される傾向にあることが判明した（ユハンナー、アラム、そしてイブラーヒーム）。これらの聖人に関して、衣服をまとわず、祈りと修行の生活を送り、マムルーク朝下で迫害を経験したとされる点は共通している。しかしながら、司祭や隠修士、聖なる狂者や修道士と、その姿はさまざまである。また放浪生活を送った聖人はユハンナー、アラム、そしてルワイスであり、同じ場所に長らく滞在した聖人はハディード、バルスーマー、ムルクスと、活動に共通性を見出しにくい。

繰り返しになるが、これは、ある地域において活躍した聖人の崇敬について記録する、という奇蹟録の性格ゆえに生じた、聖人伝の個性であろう。十四世紀におけるコプト聖人の崇敬は地域的に限定されており、その聖人伝は総主教座で量産されるといった性格のものではなかった。現代においても、各聖人伝の手稿本の所蔵状況には地域的偏向がみられる。すなわち、カイロで活躍したバルスーマーやルワイスに関しては、カイロとフスタートの複数の教会や修道院が聖人伝手稿本を所蔵しており、上エジプトの聖人であるムルクスの聖人伝手稿本は、おもに上エジプトの修道院に所蔵されている。

また、聖人伝の記述からは、十三〜十五世紀におけるコプト社会を取り巻く状況、そしてその変化の過程を追うことができた。十三世紀後半には、コプト社会は重税や教会破壊、改宗圧力といった問題に直面していた。『バルスーマー伝』からは、一三〇一年に公布された法令に強く抗議する聖人の姿が浮かび上がる。『アラム伝』は教会破壊について伝え、『ルワイス伝』では聖人自身の父親が改宗したとされている。『ルワイス伝』『ムルクス・アルアントゥーニー伝』そして『イブラーヒーム・アルファーニー伝』では、聖人の逮捕や拷問、改宗問題への対応が主題となっているが、『ルワイス伝』と『ムルクス伝』は殉教に対して否定的な立場をとっている。

ただし、『ユハンナー伝』では飢饉に関する記述がめだち、『イブラーヒーム伝』では改宗問題よりもティムールの侵攻やオスマン朝の勢力拡大のほうが危機として描かれている。聖人伝の内容には、それが著された時代において、共同体にとってもっとも差し迫った政治・社会情勢が反映されているのである。

十四世紀後半にはイスラームへの改宗があいついだようであるが、コプト教会は急激に勢力を失ったというわけではない。十三世紀後半から、下エジプトではキリスト教徒の生活が圧迫されていた。十四世紀を境に下エジプトにおけるコプト教会の影響力は縮小していき、カイロにおいても人々は改宗をよぎなくされたが、彼らの一部は信仰を保持していた。十四世紀後半以降も、カイロとその周辺では『ルワイス伝』や『イブラーヒーム伝』といった作品が著され、上エジプトの修道院は修道士があふれるほど繁栄し、そこにはエチオピアからの修道士や、ヨーロッパからの旅行者が立ち寄ったり滞在したりしていた。一三五四年の迫害をきっかけに大改宗の波が起こり、コプト教会は勢力を失ったというマクリーズィーの記述には、文学的誇張が多分に含まれている。

コプト社会の内部事情に目を向けると、従来指摘されていたような、総主教権力の著しい低下にあらためて気づかされる。コプト教会において、十三世紀後半以降の総主教は、マッタウスを除き、政治的権力をもたない、影の薄い存在であったとされる。『ユハンナー伝』や『バルスーマー伝』では、聖人の死の直前あるいはその葬儀に際して、総主教が突然姿をあらわす。これには、その生前においては教会組織となかば無縁な生活を送っていた人物に対し、教会が承認を与えようとしているかのような印象を受ける。

ここで重要となるのは、当時、教会権力とは関係のないかたちで、聖人が人々の崇敬を受けていた、ということである。そして聖人の死後、聖人が埋葬された修道院（シャフラーン修道院、ハンダク修道院、聖アントニウス修道院）から総主教が選出され、またそこに埋葬されている。総主教の権威に聖人が結びつけられるのではなく、聖人との関連において、総主教に権威が与えられているのである。ここからは、P・ブラウンが示した古代末期の隠修士の姿、すなわち権力の空白期において、厳しい修行により「外来者」となった隠修士が仲介者として活躍し、その死後、聖人伝が著されて、その威光により修道院が建立されるという姿と重なる。現代エジプトにおいてもこのような聖人崇敬が確認されるため、これは東地中海世界における聖人崇敬の普遍的な姿であるのかもしれない。

マムルーク朝期においては、聖人の威光により修道院が建立されたわけではないが、聖人伝作成の背景には、シャフラーン修道院やハンダク修道院、聖アントニウス修道院といった、聖人がその余生を過ごした修道院や、マハッラ主教といった聖人と関わりのあった主教が、その地位向上や影響力の拡大のために、聖人への崇敬を利用しようとする働きかけが読み取れる。また、アイユーブ朝期以降、コプト教会においては有力信徒であるアルホンが、書記として官庁やアミールに仕え、教会を支えるという図式がみられたが、『バルスーマー伝』のように、聖人伝執筆の背景にも、諸学問に通じたアルホンの存在が示唆され、彼らの世界観がその内容に影響を与えていると考えられる。

本書においては、十四世紀に著されたコプト聖人伝の描写から、当時のコプト社会において、理想とされた聖人の姿、聖人崇敬のあり方、そして彼らを取り巻く社会状況について考察した。古代に成立した聖人伝文学の伝統は、イスラーム支配下以降も東方諸教会にて受け継がれ、その時代の要請に応じて新たな文学が生み出されていた。また、それは各教会内の閉じた世界で成立したものではなかった。聖人伝の内容からは、コプト教会文学におけるビザンツ教会文学やシリア教会文学の影響がみられ、教会間の交流が示唆された。

ムスリムとキリスト教徒との関係においては、この時代、コプトに対する改宗圧力は存在したものの、聖人崇敬という側面においては、ムスリムとコプトとのあいだに確固たる差異を見出せなかった。また、改宗という行為も、それは必ずしもコプト社会との断絶を意味するものではなかった。本書においては、ムスリム聖者に対抗するために著されたコプト聖人伝、という見解を示した。これをムスリムとコプトの対立軸にすえたり、イスラーム文明の傘下にあるキリスト教文化としてとらえることは容易である。しかしながら、このような文学は、むしろムスリムとコプトとの対話としてとらえるべきであるのかもしれない。コプト聖人伝は、マムルーク朝期エジプトにおける、ムスリムとキリスト教徒とのあいだで重なりあう聖人崇敬のあり方を示唆しているのである。

現代のエジプトにおいても、ムスリムとコプトは隣人として暮らしている。二〇一一年一月にムバーラク政権が倒された際にも、カイロのタハリール広場にはムスリムもコプトも集結していた。その後の混乱のなか、コプトの教会や修道院が襲撃されるという痛ましい事件も各地で起き、十四世紀においても、現代においても、報道され記録に残るのは襲撃事件であるが、実際の日常生活においては、本書が描いたようなムスリムとコプトの共生が今日まで続いていることを強調しておきたい。

あとがき

本書は、二〇一四年一月に東京大学大学院人文社会系研究科へ提出した博士論文「コプト聖人伝に見る十四世紀エジプト社会」を加筆・修正したものである。その内容の一部は、以下の既発表論文をもとにしている。そのほかにも、参考文献リストにあげた発表済みの原稿をもとにしている部分があることをお断りしておきたい。

序章

「十四世紀アラビア語コプト聖人伝史料に関する一考察」(『オリエント』第五四巻第二号、九二〜一一〇頁、二〇一二年)

「アラブ・キリスト教文学の可能性——歴史資料としてのアラビア語コプト聖人伝」(三代川寛子編『東方キリスト教諸教会——基礎データと研究案内』増補版、上智大学アジア文化研究所イスラーム地域研究機構、二一一〜二一五頁、二〇一三年)

第三章

「十一世紀後半—十四世紀下エジプトにおけるキリスト教徒集落の消長」(『日本中東学会年報』第三一巻第二号、二九〜五七頁、二〇一六年)

博士論文の執筆にあたっては、主査の大稔哲也先生と副査の森本一夫先生の根気強いご指導がなければ完成にこぎつけることができなかった。また、博士論文の審査員を引き受けてくださった先生方のうち、羽田正先生には大学院時代からさまざまな場面で学問上の刺激と恩恵を賜った。深沢克己先生は科研のグループに加えてくださり、洞察に満ちた助言をくださった。中央大学の松田俊道先生にはマムルーク朝期ズィンミー研究の先駆者として、研究の面白さを教えていただいた。まずは先生方に御礼を申し上げたい。

中東の歴史に興味をもったきっかけは、高校時代に刊行が始まった中央公論社の『世界の歴史』シリーズにあった。

大学一年生のときに、全学自由ゼミナールで蔀勇造先生の『エリュトラー海案内記』の講義に参加させていただき、先生から学問に対する姿勢のあり方を学べたことはその後の人生に大きな影響を与えた。学部時代から大学院にかけて、故佐藤次高先生にご指導いただいたことはとても光栄であった。先生の研究対象に対する深い愛情を、折にふれ思い返している。

コプト教会の聖人、バルスーマーに出会ってから、今年でちょうど一〇年になる。それはエジプト留学時のできごとであった。はじめて実際の聖人伝を読んだのは、オックスフォードのボードリアン図書館写本室にてのことであった。奇蹟譚をノートに写しながら物語の展開に胸を躍らせ、気がついたらその魅力に取り憑かれてしまった。博士論文の執筆にずいぶんと長い年月を費やしたわけであるが、その間自由に海外調査や国際学会に参加する機会を与えてくださった東京大学東洋文化研究所、とりわけ西アジア部門の先生方に御礼を申し上げたい。ＪＦＥ二一世紀財団、三菱財団、三島海雲記念財団の助成や科学研究費補助金による支援もいただいた。

一九九〇年代以降、エジプトのコプト教会は外部による史料のアクセスを厳しくコントロールしており、史料収集は容易ではなかった。そうしたなかでも、つねに助言と援助を寄せてくださった国際コプト学会の研究者の方々、日本が誇る東方キリスト諸教会研究の先達、高橋英海先生と戸田聡先生の存在は心強く、励ましを賜った。手稿本の収集にあたっては、元コプト博物館館長でありクレアモント大学客員教授であるガウダ・ガブラ先生、フランシスコ会修道院（カイロ・ムスキー）のワディウ・アワド修道士、スルヤーン修道院（ワーディー・ナトルーン）のビグール・アッスルヤーニー修道士、聖処女修道院（カイロ・ズワイラ街区）、そして三代川寛子氏に大変お世話になった。できることなら、一緒に手稿本を読んでくださったダマスクス・フランス中近東研究所の先生方（当時）に本書の完成をお伝えしたい。

この十数年間、私は大勢の方からのご指導とご厚意に支えられてきた。ここですべての方のお名前をあげることはできないが、学部時代からお世話になり続けている、佐藤健太郎氏をはじめとする研究室の先輩方、留学の苦楽をともにした中野さやかさんにここで謝意を述べさせていただきたい。また、本書の出版を引き受けてくださった山川出版社に御礼申し上げる。
最後になってしまったが、つねに見守ってくれている両親や弟、夫に感謝の念を伝えたい。

二〇一六年九月　　新しい職場である我孫子にて

辻　明日香

辻　明日香　つじ　あすか

1979年生まれ

2014年，東京大学大学院人文社会系研究科博士課程修了。博士（文学）

現在，川村学園女子大学専任講師

主要論文

“Preliminary Report on Four saints from the Mamluk period: Hadid, Yuhanna al-Rabban, Barsauma al-'Uryan, and 'Alam,” in Paola Buzi et al.(eds.), *Coptic Society, Literature and Religion from Late Antiquity to Modern Times: Proceedings of the Tenth International Congress of Coptic Studies, Rome, September 17th-22nd, 2012*, Louvain: Peeters, 2016

「コプト聖人伝に見られる驚異な奇跡譚」（山中由里子編『〈驚異譚〉の文化史——中東とヨーロッパを中心に』名古屋大学出版会，2015年）

山川歴史モノグラフ32　コプト聖人伝《せいじんでん》にみる十四世紀《じゅうよんせいき》エジプト社会《しゃかい》

2016年11月1日　第1版第1刷印刷　　2016年11月10日　第1版第1刷発行

著　者　辻《つじ》　明日香《あすか》

発行者　野澤伸平

発行所　株式会社 山川出版社

〒101-0047 東京都千代田区内神田1-13-13

電話　03(3293)8131(営業)　03(3293)8134(編集)

https://www.yamakawa.co.jp/　　振替　00120-9-43993

印刷所　株式会社 太平印刷社

製本所　株式会社 ブロケード

装　幀　菊地信義

© Asuka Tsuji 2016 Printed in Japan

ISBN978-4-634-67389-2

・造本には十分注意しておりますが，万一，落丁本・乱丁本などがございましたら，小社営業部宛にお送りください。送料小社負担にてお取り替えいたします。

・定価はカバーに表示してあります。

索　　引

人名索引

● マ

● ヤ・ラ

地名・事項索引

● サ

● タ

● ナ

● ハ

● マ

● ヤ

● ラ

● ワ

史料・参考文献

1．辞書・事典

Arabic-English Dictionary for the Use of Students, by J. G. Hava, Beirut: Catholic Press, 1899, repr., New Delhi: Goodword Books, 2001.

Christian-Muslim Relations: A Bibliographical History, ed. by David Thomas and Alex Mallett, Vol. 3: *1050–1200*, Vol. 4: *1200–1350*, Vol. 5: *1350–1500*, Leiden: Brill, 2011–13.

Das christlich-koptische Ägypten in arabischer Zeit: eine Sammlung christlicher Stätten in Ägypten in arabischer Zeit, unter Ausschluss von Alexandria, Kairo, des Apa-Mena-Klosters (Dēr Abū Mina), der Skētis (Wādi n-Naṭrūn) und der Sinai-Region, 6 vols., by Stefan Timm, Wiesbaden: Reichert, 1984–92.

A Compendious Syriac Dictionary: Founded upon the Thesaurus Syriacus of R. Payne Smith, ed. by J. Payne Smith, Oxford: Clarendon Press, 1903.

A Coptic Dictionary, by Walter Ewing Crum, Oxford: Clarendon Press, 1939.

The Coptic Encyclopedia, 8 vols., ed. by Aziz S. Atiya et al., New York: Macmillan, 1991.

Egypt and Syria under the Circassian sultans, 1382–1468 A.D.: Systematic Notes to Ibn Taghrî Birdî's Chronicles of Egypt, by William Popper, Berkeley and Los Angeles: University of California Press, 1955.

Enciclopedia dei santi: Le Chiese orientali, 2 vols., ed. by Juan Nadal Cañellas et al., Rome: Città Nuova, 1998.

The Encyclopedia of Eastern Orthodox Christianity, 2 vols., ed. by John Anthony McGuckin, Malden, MA: Wiley-Blackwell, 2011.

The Encyclopaedia of Islam, new（2nd）ed., 12 vols., ed. by Hamilton Alexander Roskeen Gibb et al., Leiden: Brill, 1960–2004.

The Encyclopaedia of Islam: A Dictionary of the Geography, Ethnography and Biography of the Muhammadan Peoples, ed. by Martijn Theodoor Houtsma, Leiden: E.J. Brill, 1913–36, repr. as *E.J. Brill's First Encyclopaedia of Islam*, Leiden: Brill, 1987.

GCAL: Geschichte der christlichen arabischen Literatur, 5 vols., ed. by Georg Graf, Vatican: Biblioteca Apostolica Vaticana, 1944–53.

Gorgias Encyclopedic Dictionary of the Syriac Heritage, ed. by Sebastian Brock et al., Piscataway, NJ: Gorgias Press, 2011.

A Greek-English Lexicon, 9th ed., by Henry George Liddell and Robert Scott, Oxford: Clarendon Press, 1996.

Greek Lexicon of the Roman and Byzantine Periods (from B.C. 146 to A.D. 1100), ed. by E. A. Sophocles, New York: C. Scribner's Sons, 1900.

A Handbook of Early Middle Arabic, by Joshua Blau, Jerusalem: Max Schloessinger

Memorial Foundation, Hebrew University of Jerusalem, 2002.
Historical Dictionary of the Coptic Church, ed. by Gawdat Gabra, Cairo: The American University in Cairo Press, 2008.
Jewish Encyclopedia, 12 vols., ed. by Isidore Singe, New York: KTAV Pub. House, 1901.
al-Qāmūs al-Jughrāfī lil-Bilād al-Miṣrīya: Min 'Ahad Qudamā' al-Miṣrīyīn ilā Sanat 1945, 6 vols., by Muḥammad Ramzī, Cairo: Dār al-Kutub al-Miṣrīya, 1953-68.
Verzeichnis arabischer kirchlicher Termini, 2nd ed., by Georg Graf, Louvain: Peeters, 1954.
『岩波イスラーム辞典』大塚和夫ほか編，岩波書店，2002.
『岩波キリスト教辞典』大貫隆ほか編，岩波書店，2002.
『新イスラム事典』日本イスラム協会ほか監修，平凡社，2002.

2　手稿本目録

Crum, Walter Ewing 1909. *Catalogue of the Coptic Manuscripts in the Collection of the John Rylands Library Manchester*, Manchester: University Press.
Pirone, B. 1988. "Manoscritti di Dair al-Muharraq," *Studia Orientalia Christiana Collectanea* 21, 295-321.
Simayka, Marqus and Yassa 'Abd al-Masīḥ 1942. *Catalogue of the Coptic and Arabic Manuscripts in the Coptic Museum, the Patriarchate, the Principal Churches of Cairo and Alexandria and the Monasteries of Egypt*, Vol. 2, Part 1, Cairo: al-Ḥukūma al-Miṣrīya.
Troupeau, Gérard 1972-74. *Catalogue des manuscrits arabes: Manuscrits chrétiens*, 2 vols., Paris: Bibliothèque nationale.
Zanetti, Ugo 1986. *Les manuscrits de Dair Abû Maqâr: Inventaire*, Genève: P. Cramer.
—— 2006. "Supplément à l'inventaire des manuscripts de Saint-Macaire," *Bulletin de la Société d'archéologie copte* 45, 153-195.

3　史料

◎未刊行史料(手稿本)

『アラム伝 *Sīrat al-Qiddīs Anbā 'Alam wa 'Ajā'ib-hu*』: Paris, Bibliothèque nationale, MS arabe 153(17世紀), fols. 8b-19a (*GCAL*, Vol. 2, 475).
『イブラーヒーム・アルファーニー伝 *Sīrat al-Qiddīs Anbā Ibrāhīm (Abra'ām) al-Fānī*』: Dayr Anbā Anṭūnī, MS tārīkh 69 (旧番号75) (1700), fols. 3b-31b.
『ハディード伝 *Sīrat al-Qiddīs Anbā Ḥadīd wa 'Ajā'ib-hu*』: Wādī al-Naṭrūn, Dayr al-Suryān, MS mayāmir 306 (18世紀), fols. 1a-46b; 同, MS mayāmir 311 (1267AM/1551AD), fols. 28b-69b.
『バルスーマー伝 *Sīrat al-Qiddīs Anbā Barsūmā al-'Uryān wa 'Ajā'ib-hu*』: Paris, Bibliothèque nationale, MS arabe 72 (1358), fols. 31a-83b; 同, MS arabe 282

(1650), fols. 1a–82b; 同, MS arabe 4885 (19世紀), fols. 95a–161b; Florence, Biblioteca nazionale, M. Cod III, no. 30 (MS arabo 37) (1638), fols. 145a–221b; Oxford, Bodleian Library, MS Cod. Graev. 29 (MS ar. christ. Uri 103) (n.d.), fols. 1a–65b (以上 *GCAL*, Vol. 2, 474–475); Cairo, Ḥārat al-Rūm, Kanīsat al-ʻAdhrāʼ, MS tārīkh 14 (n.d.), fols. 1a–72a; Vatican, Biblioteca Apostolica Vaticana, MS arabo 698 (n.d.), fols. 1a–41a(「奇蹟録」のみ).

『ムルクス・アルアントゥーニー伝 *Sīrat al-Qiddīs Anbā Murqus al-Anṭūnī wa ʻAjāʼib-hu*』: Cairo, Baṭriyarkīya, MS tārīkh 53 (1679), fols. 1b–90a; Paris, Bibliothèque nationale, MS arabe 4774(19世紀), fols. 230a–298a; Venice, Biblioteca Marciana, MS orientali 89 (=67) (旧 Biblioteca Naniana, MS orientali 29〈39はGraf の筆写ミスである〉) (n.d), fols. 2a–85b(以上 *GCAL*, Vol. 2, 475). Dayr Anbā Būlā, MS tārīkh 115 (n.d.), fols. 2b–90a.

『ユハンナー・アッラッバーン伝 *Sīrat al-Qiddīs Anbā Yuḥannā al-Rabbān wa ʻAjāʼib-hu*』: Wādī al-Naṭrūn, Dayr al-Suryān, MS mayāmir 306(18世紀), fols. 46b–116b; 同, MS mayāmir 311 (1267AM/1551), fols. 70a–126b; Cairo, Ḥārat al-Zuwayla, Dayr al-Sayyida al-ʻAdhrāʼ, MS mayāmir 8 (1160AM/1443–44), pp. 1–103.

『ルワイス伝 *Sīrat al-Qiddīs Anbā Furayj al-Maʻrūf bi-Ruways wa ʻAjāʼib-hu*』: Paris, Bibliothèque nationale, MS arabe 282 (1650), fols. 82b–152b (*GCAL*, Vol. 2, 475); Cairo, Ḥārat al-Rūm, Kanīsat al-ʻAdhrāʼ, MS tārīkh 18 (n.d.), fols. 74b–105a.

Kitāb al-Sinaxsār: Florence, Biblioteca nazionale, M. Cl. III, 28, 67 (MS arabo 32, 33) (1388?), Paris, Bibliothèque nationale, MS arabe 256(16世紀), 同, MS arabe 4869, 4870(17, 18世紀) Vatican, Biblioteca Apostolica Vaticana, MS arabo 62, 63 (1713), 同, MS arabo 64, 65(1720).

Tārīkh al-Kanāʼis: Munich, Bayerische Staatsbibliothek, MS Cod. arab. 2570.

◎刊行史料

The Arabic Life of Severus of Antioch Attributed to Athanasius of Antioch, ed. by Youhanna Nessim Youssef, *Patrologia Orientalis* t. 49. fasc. 4 (no. 220), Turnhout: Brepols, 2004.

al-ʻAynī (d. 1451), *ʻIqd al-Jumān fī Taʼrīkh Ahl al-Zamān: ʻAṣr Salāṭīn al-Mamālīk*, ed. by Muḥammad Muḥammad ʻAmīn, 4 vols., Cairo: al-Hayʼa al-Miṣrīya al-ʻĀmma lil-Kitāb, 1987–92.

Badāʼiʻ: Ibn Iyās (d. ca. 1524), *Badāʼiʻ al-Zuhūr fī Waqāʼiʻ al-Duhūr*, ed. by Muḥammad Muṣṭafā, 6 vols., 3rd ed., Cairo: al-Hayʼa al-Miṣrīya al-ʻAmma lil-Kitāb, 1982–84.

The Book of the Saints of the Ethiopian Church, ed. by Ernest Alfred Wallis Budge, 4 vols., Cambridge: Cambridge University Press, 1928, repr., Hildesheim: Georg Olms, 1976.

al-Dhahabī (d. 1348), *al-ʻIbar fī Khabar man Ghabar*, 4 vols., Beirut: Dār al-Kutub al-ʻIlmīya, 1985.

The Difnar: Antiphonarium of the Coptic Church, Part III: *Months Bashons, Baounah, Abib, Mesre and the Intercalary Days or Nasi: From the Vatican Codex Copt. Borgia 53 (2), with an Appendix Containing Hymn Fragments Preserved in Bristol Museum and Art Gallery*, ed. by De Lacy O'Leary, London: Luzac, 1930.

Durar: Ibn Ḥajar al-ʻAsqalānī (d. 1449), *al-Durar al-Kāmina fī Aʻyān al-Mi'at al-Thāmina*, ed. by Muḥammad Sayyid Jād al-Ḥaqq, 5 vols., Cairo: Dār al-Kutub al-Ḥadītha, n.d.

Evetts (ed. and trans.), *The Churches and Monasteries of Egypt*: *Tārīkh al-Kanā'is* を参照。

History of the Patriarchs: *Tārīkh al-Baṭārika* を参照。

Ibn Baṭṭūta (d. 1377), *Riḥla Ibn Baṭṭūta*, Cairo: Maṭba 'at al-Azharīya, 1928〔家島彦一訳『大旅行記 1 』(東洋文庫601), 平凡社, 1996年〕.

Ibn Duqmāq: Ibn Duqmāq (d. 1407), *Kitāb al-Instiār li-Wāsiṭat 'Iqd al-Amṣār*, ed. by Karl Vollers, Cairo: Maktabat Miṣr, 1893, repr., Frankfurt am Main: Institut für Geschichte der Arabisch-Islamischen Wissenschaften, 1992.

Ibn Ḥajar al-ʻAsqalānī ⟶ *Durar*

Ibn Iyās ⟶ *Badā'iʻ*

Ibn al-Jīʻān (d. 1480), *Kitāb al-Tuḥfa al-Sanīya bi-Asmā' al-Bilād al-Miṣrīya*, ed. by Bernhard Moritz, Cairo: Maktabat Miṣr, 1898, repr., Frankfurt am Main: Institut für Geschichte der Arabisch-Islamischen Wissenschaften, 1992.

Ibn Kabar ⟶ *Miṣbāḥ*

Ibn Kathīr (d. 1373), *al-Bidāya wal-Nihāya*, 14 vols., Beirut: Maktabat al-Maʻārif, 1966.

Ibn Mammātī (d. 1209), *Kitāb Qawānīn al-Dawāwīn*, ed. by Aziz Suryal Atiya, Cairo: Maktabat Miṣr, 1943, repr., Frankfurt am Main: Institut für Geschichte der Arabisch-Islamischen Wissenschaften, 1992.

Ibn Qāḍī Shuhba (d. 1448), *Tārīkh Ibn Qāḍī Shuhba*, ed. by ʻAdnān Darwīsh, 4 vols., Damascus: Institut français de Damas, 1977–97.

Ibn al-Ṣayrafī (d. 1495), *Nuzhat al-Nufūs wal-Abdān fī Tawārīkh al-Zamān*, ed. by Ḥasan Ḥabashī, 3 vols., Cairo: Dār al-Kutub, 1970–73.

Ibn al-Suqāʻī (d. 1325/6), *Tālī Kitāb Wafayāt al-Aʻyān: Un fonctionnaire chrétien dans l'administration mamelouke*, ed. and trans. by Jacqueline Sublet, Damascus: Institut français de Damas, 1974.

Ibn Taghrībirdī (d. 1470), *al-Manhal al-Ṣāfī wal-Mustawfā baʻda al-Wāfī*, Vol. 1–7, Cairo: al-Hay'a al-Miṣrīya al-ʻĀmma lil-Ta'līf wal-Nashr, 1984–94, Vol. 8–12, Cairo: Dār al-Kutub al-Miṣrīya, 1996–2006.

—— *al-Nujūm al-Zāhira fī Mulūk Miṣr wal-Qāhira*, Vol. 1–12, Cairo: Dār al-Kutub al-Miṣrīya, 1929–56, Vol. 13–16, Cairo: al-Hay'a al-Miṣrīya al-ʻĀmma lil-Ta'līf wal-Nashr, 1970–72.

Ibn Ṭawq (d. 1509), *al-Ta'līq: Yaumīyāt Shihāb al-Dīn Aḥmad ibn Ṭawq, 834–915 H/1430–1509M: Mudhakkirāt Kutibat bi-Dimashq fī Awākhir al-'Ahd al-Mamlūkī, 885–908 H/1480–1502M*, 4 vols., ed. by Ja'far al-Muhājir, Damascus: Institut français de Damas, 2000–07.

al-Idrīsī (d. 1166), *Kitāb Nuzhat al-Mushtāq fī Ikhtirāq al-Āfāq: Description de l'Afrique et de l'Espagne*, ed. by Reinhart Dozy and Michael Jan de Goeje, Leiden: E.J. Brill, 1866, repr., Frankfurt am Main: Institut für Geschichte der Arabisch-Islamischen Wissenschaften, 1992.

Ioannis Cantacuzeni eximperatoris Historiarum libri IV: *graece et latine*, ed. by Ludwig Schopen, *Corpus scriptorum historiae byzantinae, pars XX*, 4 vols., Bonn: Weber, 1828–32.

Khiṭaṭ: al-Maqrīzī (d. 1442), *Kitāb al-Mawā'iẓ wal-I'tibār fī Dhikr al-Khiṭaṭ wal-Āthār*, ed. by Ayman Fu'ād Sayyid, 6 vols., London: Al-Furqan Islamic Heritage Foundation, 2002–04.

Kitāb al-Ibṣalmūdīya al-Muqaddasa al-Sanawīya: Ḥasab Tartīb Ābā' al-Kanīsa al-Qibṭīya al-Urthūdhuksīya, Cairo: n.p., n.d..

al-Kitāb al-Muqaddas, 2nd ed., Beirut: Dār al-Mashriq, 2008〔共同訳聖書実行委員会『聖書(新共同訳)』日本聖書協会, 1988年〕.

Kitāb al-Sinaksār: Jacques Forget (ed.), *Synaxarium Alexandrinum, Corpus scriptorum Christianorum Orientalium: Scriptores Arabici* ser. 3 t. 18, 19, 2 vols., Beryti: Typographeo Catholico, 1912(Forget 版); René Basset (ed.), *Le Synaxaire arabe jacobite (rédaction copte), Patrologia Orientalis*, t. 1, fasc. 3 (no. 3), t. 3, fasc. 3 (no. 13), t. 11, fasc. 5 (no. 56), t. 16, fasc. 2 (no. 78), t. 17, fasc. 3 (no. 84), Paris: Firmin-Didot, 1904–24(Basset 版); *Kitāb al-Sinaksār al-Jāmi' li-Akhbār al-Anbiyā' wal-Rusul wal-Shuhadā' wal-Qiddīsīn al-Musta'mal fī Kanā'is al-Kirāza al-Marqusīya fī Ayyām wa-Āḥād al-Sana al-Tūtīya*, 2 vols., 3rd ed., Cairo: Maktabat al-Maḥabba, 1972(カイロ版).

The Lausiac History of Palladius: A Critical Discussion together with Notes on Early Egyptian Monachism, Vol. 2: *Greek Text edited with an Introduction and Notes*, ed. by Cuthbert Butler, Cambridge: Cambridge University Press, 1904.

Leontius Neapolitanus, *Vie de Syméon le Fou et Vie de Jean de Chypre*, ed. by André-Jean Festugière in collaboration with Lennart Rydén, Paris: P. Geuthner, 1974.

The Life of Stephen of Mar Sabas, ed. and trans. by John C. Lamoreaux, 2 vols., *Corpus scriptorum Christianorum Orientalium* v. 578–579, *Scriptores Arabici* t. 50–51, Louvain: Peeters, 1999.

Life of Symeon Stylites the Elder, trans. by Robert Doran, Kalamazoo: Cistercian Publications, 1992.

The Life of Timothy of Kākhushtā: Two Arabic Texts, ed. and trans. by John C. Lamoreaux and Cyril Cairala, *Patrologia Orientalis* t. 48, fasc. 4 (no. 216),

Turnhout: Brepols, 2000.
al-Maqrīzī ⟶ *Khiṭaṭ*
—— ⟶ *Sulūk*
Miracle Tales from Byzantium, trans. by Alice-Mary Talbot and Scott F. Johnson, Cambridge, MA: Harvard University Press, 2012.
Miṣbāḥ al-Ẓulma: Ibn Kabar (d. 1324), *Miṣbāḥ al-Ẓulma fī Īḍāḥ al-Khidma*, ed. by Samīr Khalīl Samīr, 2 vols., Cairo: Maktaba al-Kārūz, 1971; Wilhelm Riedel, "Der Katalog der christlichen Schriften in arabischer Sprache von Abū 'l-Barakāt," in *Nachrichten der Kgl. Gesellschaft der Wissenschaften zu Göttingen, Philologisch-hist. Klasse* 5, [Göttingen: K. Gesellschaft der Wissenschaften, 1902], 635-706.
Nahj: Mufaḍḍal Ibn Abī al-Faḍā'il (d. after 1358), *Histoire des Sultans Mamlouks*, fasc. III: *Moufazzal ibn Abil-Fazaïl; texte arabe publ. et trad. en français par E. Blochet, Patrologia orientalis* t. 20, fasc. 1 (no. 96), Paris: Firmin-Didot, 1929.
al-Nuwayrī (d. 1333), *Nihāyat al-'Arab fī Funūn al-Adab*, Vol. 32, ed. by Sa'īd 'Abd al-Fattāḥ 'Āshūr et al., 2nd ed., Cairo: Dār al-Kutub, 2002.
Oeuvres de Ghillebert de Lannoy: Voyageur, diplomate et moraliste, avec des notes géographiques et une carte par Jean-Claude Houzeau, ed. by Charles Potvin, Louvain: Impr. de P. et J. Lefever, 1878.
al-Qalqashandī (d. 1418), *Ṣubḥ al-A'shā fī Ṣinā'at al-Inshā'*, 14 vols., Cairo: Dār al-Kutub al-Khudaywīya, 1913-19.
al-Ṣafadī (d. 1363), *A'yān al-'Aṣr wa A'wān al-Naṣr*, ed. by 'Alī Abū Zayd et al., 6 vols., Beirut: Dār al-Fikr, 1998.
Le saint voyage de Jhérusalem du seigneur d'Anglure, ed. by François Bonnardot and Auguste Honré Longnon, Paris: Société anciens textes français, 1878.
al-Sakhāwī ⟶ *Tuḥfat al-Aḥbāb*
al-Sha'rānī (d. 1565), *Kitāb Laṭā'if al-Minan wal-Akhlāq fī Bayān Wujūb al-Taḥadduth bi-Ni'mat Allāh 'alā al-Iṭlāq*, Cairo: n.p., n.d.
Sulūk: al-Maqrīzī (d. 1442), *Kitāb al-Sulūk li-Ma'rifat Duwal al-Mulūk*, Vols. 1-2, ed. by Muḥammad Muṣṭafā Ziyāda, Cairo: Lajnat al-Ta'līf wal-Tarjama wal-Nashr, 1939-58, Vols. 3-4, ed. by Sa'īd 'Abd al-Fattāḥ 'Āshūr et al., Cairo: Dār al-Kutub, 1970-73.
Tārīkh al-Baṭārika: Basil Thomas Alfred Evetts (ed. and trans.), *History of the Patriarchs of the Coptic Church of Alexandria, Patrologia orientalis* t. 1, fasc. 2 (no. 2); t. 1, fasc. 4 (no. 4); t. 5, fasc. 1 (no. 21); t. 10, fasc. 5 (no. 50), Paris: Firmin-Didot, 1907-15; Antoine Khater and O.H.E. KHS-Burmester (ed. and trans.), *History of the Patriarchs of the Egyptian Church*, Vol. 1-3, Cairo: Société d'archéologie copte, 1943-74.
Tārīkh al-Kanā'is: Samū'īl al-Suryānī (ed.), *Tārīkh Abu al-Makārim: al-Kanā'is wal-Adyura fī al-Qarn al-Thānī Ashar*, 4 vols., Wādī al-Naṭrūn: Dayr al-Suryān,

1984, repr., 1999–2000; Basil Thomas Alfred Evetts (ed. and trans.), *The Churches and Monasteries of Egypt and Some Neighbouring Countries Attributed to Abû Ṣâlih, the Armenian*, Oxford: Clarendon Press, 1895.

Tārīkh Yūsāb: Yūsāb, Bishop of Fuwwa (d. ca. 1300), *Tārīkh al-Baṭārika*, ed. by Mīkhā'īl Maksī Iskandar, Cairo: Maktabat al-Maḥabba, 2003.

Tuḥfat al-Aḥbāb: al-Sakhāwī (d. 1497), *Tuḥfat al-Aḥbāb wa-Bughyat al-Ṭullāb fī al-Khiṭaṭ wal-Mazārāt wal-Tarājim wal-Biqā' al-Mubārakāt*, ed. by Maḥmūd Rabī' and Ḥasan Qāsim, Cairo: al-Ulūm wal-Ādāb, 1937.

Vie de S. Macaire L'egyptien: edition et traduction des textes copte et syriaque, ed. and trans. by Satoshi Toda, Piscataway, NJ: Gorgias Press, 2011.

Vite dei monaci Phif e Longino, ed. by Tito Orlandi, trans. by Antonella Campagnano, Milano: Cisalpino-Goliardica, 1975.

La vie de Saint Jean higoumène de Scété: Ugo Zanneti, "La vie de Saint Jean higou mène de Scété au VIIe siècle," *Analecta Bollandiana* 114, 1996, 273–405.

今義博ほか訳 2003.『アウグスティヌス著作集27　倫理論集』教文館

4　研究書・論文

Acconcia Longo, Augusta 1995/6. "Santi monaci italogreci alle origini del monastero di S. Elia di Carbone," *Bollettino della Badia greca di Grottaferrata* 49, 131–149.

—— 2003. *Ricerche di agiografia italogreca*, Rome: Dipartimento di Filologia Greca e Latina, Sezione Bizantino-Neoellenica, Università di Roma La Sapienza.

Abullif, Wadi 1998. "Abramo l'Egumeno," "Barsauma il Nudo," "Ghalam," "Hadid," "Marco l'Antoniano," and "Ruways," in Juan Nadal Cañellas et al. (eds.), *Enciclopedia dei santi: Le Chiese orientali*, Rome: Città Nuova.

Agaiby, Elizabeth 2015. *Manual Labour in Early Egyptian Monasticism: From the Late Third to Mid-Fifth Century*, Alexandria: Saint Cyril of Alexandria Society Press.

Aigle, Denise (ed.) 1995. *Saints orientaux*, Paris: De Boccard.

Amélineau, Emile 1893. *La géographie de l'Égypte à l'époque copte*, Paris: Imp. nationale.

Armanios, Febe 2008. "Patriarchs, Archons, and the Eighteenth-Century Resurgence of the Coptic Community," in William Lyster (ed.), *The Cave Church of Paul the Hermit at the Monastery of St. Paul in Egypt*, New Haven, CT: Yale University Press, 61–73.

—— 2011. *Coptic Christianity in Ottoman Egypt*, New York: Oxford University Press.

Armanios, Febe and Andrew Amstutz 2013. "Emerging Christian Media in Egypt: Clerical Authority and the Visualization of Women in Coptic Video Films," *International Journal of Middle East Studies* 45, 513–533.

Ashtor, Eliyahu 1967. "The Number of the Jews in Medieval Egypt," *Journal of*

Jewish Studies 18, 34–42.

Awad, Wadi 1997. *Studio su al-Mu'taman ibn al-'Assāl*, Cairo: Franciscan Press.

Bagnall, Roger S. 1993. *Egypt in Late Antiquity*, Princeton, NJ: Princeton University Press.

Belin, M. 1851. "Fetoua relatif à la condition des Zimmis, et particulièrement des Chrétiens, en pays musulmans, depuis l'établissement de l'Islamisme, jusqu'au milieu du VIIIe siècle de l'Hégire, traduit de l'arabe en français," *Journal asiatique* 4th ser., 17, 417–513.

Bolman, Elizabeth S. (ed.) 2002. *Monastic Visions: Wall Paintings in the Monastery of St. Antony at the Red Sea*, New Haven, CT: Yale University Press.

—— 2002a. "Introduction," in Bolman (ed.), *Monastic Visions*, xiii–xxvii.

—— 2002b. "Theodore, 'The Writer of Life' and the Program of 1232/1233," in Bolman (ed.), *Monastic Visions*, 37–76.

Brock, Sebastian 1973. "Early Syrian Asceticism," *Numen* 20–1, 1–19.

Brown, Peter 1971. "The Rise and Function of the Holy Man in Late Antiquity," *Journal of Roman Studies* 61, 80–101.

—— 1981. *The Cult of the Saints: Its Rise and Function in Latin Christianity*, Chicago: The University of Chicago Press.

—— 1982. *Society and the Holy in Late Antiquity*, Berkeley and Los Angeles: University of California Press.

—— 1988. *The Body and Society: Men, Women, and Sexual Renunciation in Early Christianity*, New York: Columbia University Press.

—— 1998. "The Rise and Function of the Holy Man in Late Antiquity: 1971–1997," *Journal of Early Christian Studies* 6–3, 353–376.

Browning, Robert 1981. "The 'Low Level' Saint's Life of the Early Byzantine World," in Sergei Hackel (ed.), *The Byzantine Saint: University of Birmingham Fourteenth Spring Symposium of Byzantine Studies*, London: Fellowship of St. Alban and St. Sergius, 117–127.

Butcher, Edith Louisa 1897. *The Story of the Church of Egypt: Being an Outline of the History of the Egyptians under Their Successive Masters from the Roman Conquest until Now*, London: Smith, Elder.

Cameron, Averil 1999. "On Defining the Holy Man," in James Howard-Johnston and Paul Antony Hayward (eds.), *The Cult of Saints in Late Antiquity and the Early Middle Ages: Essays on the Contribution of Peter Brown*, Oxford: Oxford University Press, 27–43.

Canard, Marius 1937. "Une lettre du Sultan Malik Nâsir Hasan à Jean VI Cantacuzène (750/1349)," *Annales de l'Institut d'études orientales* 3, 27–52.

Caner, Daniel 2002. *Wandering, Begging Monks: Spiritual Authority and the Promotion of Monasticism in Late Antiquity*, Berkeley, CA: University of California Press.

Chamberlain, Michael 1998. "The Crusader Era and the Ayyūbid dynasty," in Carl F. Petry et. al. (eds.), *The Cambridge History of Egypt*, Vol. 1: *Islamic Egypt, 640–1517*, Cambridge: Cambridge University Press, 211–241.

Cheikho, Louis 1898. "Lettre du R. P. Louis Cheikho, au sujet de l'auteur de la version arabe du Diatessaron," *Journal asiatique* 9th ser., 10, 301–307.

Cohen, Mark R. 1994. *Under Crescent and Cross: The Jews in the Middle Ages*, Princeton, NJ: Princeton University Press.

Colin, Gérard 1988. "Le Synaxaire éthiopien: État actuel de la question," *Analecta Bollandiana* 106, 273–317.

Crum, Walter Ewing 1907. "Barṣaumâ the Naked," *Proceedings of the Society of Biblical Archaeology* 29, 135–149, 187–206.

Cuffel, Alexandra 2005. "From Practice to Polemic: Shared Saints and Festivals as Women's Religion in the Medieval Mediterranean," *Bulletin of the School of Oriental and African Studies* 68, 401–419.

Décobert, Christian 2000. "Un lieu de mémoire religieuse," in Christian Décobert (ed.), *Valeur et distance: Identités et sociétés en Égypte*, Paris: Maison neuve & Larose, 247–263.

Den Heijer, Johannes 1998. "Coptic Historiography in the Fāṭimid, Ayyubid and Early Mamluk Periods," *Medieval Encounters* 2-1, 67–98.

Dijkstra, Jitse and Mathilde van Dijk (eds.) 2006. *The Encroaching Desert: Egyptian Hagiography and the Medieval West*, Leiden: Brill.

Dols, Michael W. 1974. "The Comparative Communal Responses to the Black Death in Muslim and Christian Societies," *Viator* 5, 269–287.

—— 1977. *The Black Death in the Middle East*, Princeton, NJ: Princeton University Press.

—— 1992. *Majnūn: The Madman in Medieval Islamic Society*, ed. by Diana E. Immisch, Oxford: Clarendon Press.

Efthymiadis, Stephanos (ed.) 2011. *Ashgate Research Companion to Byzantine Hagiography*, Vol. 1: *Periods and Places*, Surrey: Ashgate Variorum.

—— 1998. "The Function of the Holy Man in Asia Minor in the Middle Byzantine Period," in *Hagiography in Byzantium: Literature, Social history and Cult*, Surrey: Ashgate Variorum, 151–161.

—— 2011. *Hagiography in Byzantium: Literature, Social history and Cult*, Surrey: Ashgate Variorum.

Efthymiadis, Stephanos, with Vincent Déroche 2011. "Greek Hagiography in Late Antiquity (Fourth-Seventh Centuries)," in Efthymiadis (ed.), *Ashgate Research Companion to Byzantine Hagiography*, Vol. 1, 95–143.

Elm, Susanna 1998. "Introduction," *Journal of Early Christian Studies* 6-3, 343–351.

Evelyn-White, Hugh G. 1932. *The Monasteries of the Wâdi 'N Natrûn*, Part II: *The History of the Monasteries of Nitria and of Scetis*, ed. by Walter Hauser, New

York: Metropolitan Museum of Art.
Farouk Fayez, Nabil and Vincent Mistrih 2006. "Vies inédites, d'après un synaxaire manuscript de l'église de la Sainte-Vierge al-Damširiyyah au vieux Caire," *Studia Orientalia Christiana Collectanea* 39, 249-311.
Frantz-Murphy, Gladys 1986. *The Agrarian Administration of Egypt from the Arabs to the Ottomans*, Cairo: Institut français d'archéologie orientale.
Friedmann, Yuhanan 1981-82. "A Note on the Conversion of Egypt to Islam," *Jerusalem Studies in Arabic and Islam* 3, 238-240.
—— 2003. *Tolerance and Coercion in Islam: Interfaith Relations in the Muslim Tradition*, Cambridge: Cambridge University Press.
Gabra, Gawdat 1990. "Zur Vita des Bane (Abū Fāna), eines Heiligen des 4./5. Jahrhunderts," *Bulletin de la Société d'archéologie copte* 29, 27-42.
—— (ed.) 2001. *Be Thou There: The Holy Family's Journey in Egypt*, Cairo: The American University in Cairo Press.
—— 2002a. *Coptic Monasteries: Egypt's Monastic Art and Architecture*, Cairo: The American University in Cairo Press.
—— 2002b. "Perspectives on the Monastery of St. Antony: Medieval and Later Inhabitants and Visitors," in Bolman (ed.), *Monastic Visions*, 173-183.
—— 2008. "New Research from the Library of the Monastery of St. Paul," in Lyster (ed.), *The Cave Church of Paul the Hermit at the Monastery of St. Paul in Egypt*, 95-105.
Geoffroy, Éric 1995. *Le soufisme en Égypte et en Syrie: Sous les derniers Mamelouks et les premiers Ottomans, orientations spirituelles et enjeux culturels*, Damascus: Institut français de Damas.
Georg, Johann 1931. *Neueste Streifzüge durch die Kirchen und Klöster Aegyptens*, Berlin: B.G. Teubner.
Gervers, Michael and Ramzi Jibran Bikhazi (eds.) 1990. *Conversion and Continuity: Indigenous Christian Communities in Islamic lands, Eighth to Eighteenth Centuries*, Toronto: Pontifical Institute of Mediaeval Studies.
Goitein, S. D. 1967. *A Mediterranean Society: The Jewish Communities of the Arab World as Portrayed in the Documents of the Cairo Geniza*, Vol. 1: *Economic Foundations*, Berkeley, CA: University of California Press,.
Gottheil, Richard 1921. "An Answer to the Dhimmis," *Journal of the American Oriental Society* 41, 383-457.
Graus, František 1965. *Volk, Herrscher und Heiliger im Reich der Merowinger: Studien zur Hagiographie der Merowingerzeit*, Prague: Nakladatelství Československé akademie věd.
Griffith, Sidney H. 1998. "Christians, Muslims, and Neo-martyrs: Saints' Lives and Holy Land History," in Arieh Kofsky and Guy G. Stroumsa (eds.), *Sharing the Sacred: Religious Contacts and Conflicts in the Holy Land, First-Fifteenth*

Centuries CE, Jerusalem: Izhak Ben-Zvi, 163-207.
—— 2002. "The Handwriting on the Wall: Graffiti in the Church of St. Antony," in Bolman (ed.), *Monastic Visions*, 185-193.
—— 2008. *The Church in the Shadow of the Mosque: Christians and Muslims in the World of Islam*, Princeton, NJ: Princeton University Press.
Gril, Denis 1980. "Une émeute anti-chrétienne à Qūṣ au début du VIIIe/XIVe siècle," *Annales islamologiques* 16, 241-274.
Guillamont, Antoine 1968-69. "Le dépaysement comme forme d'ascèse dans le monachisme," *Annuaire de l'École pratique des hautes études, Section des sciences religieuses* 76, 31-58.
Guirguis, Fatin Morris 2010. "The Vision of Theophilus: Resistance through Orality among the Persecuted Copts," PhD diss., Florida Atlantic University.
Gurevich, Aaron 1992. *Historical Anthropology of the Middle Ages*, ed. by Jana Howlett, Chicago: University of Chicago Press.
Hackel, Sergei (ed.) 1981. *The Byzantine Saint: University of Birmingham Fourteenth Spring Symposium of Byzantine Studies*, London: Fellowship of St. Alban and St. Sergius.
Hägg, Tomas 2011. "The Life of St Antony between Biography and Hagiography," in Efthymiadis (ed.), *Ashgate Research Companion to Byzantine Hagiography*, Vol. 1, 17-34.
Halm, Heinz 1982. *Ägypten nach den mamlukischen Lehensregistern*, II: *Das Delta*, Wiesbaden: Dr. Ludwig Reichert.
Harmless, William 2004. *Desert Christians: An Introduction to the Literature of Early Monasticism*, Oxford: Oxford University Press.
Heffernan, Thomas J. 1988. *Sacred Biography: Saints and Their Biographers in the Middle Ages*, New York: Oxford University Press.
Howard-Johnston, James and Paul Antony Hayward (eds.) 1999. *The Cult of Saints in Late Antiquity and the Early Middle Ages: Essays on the Contribution of Peter Brown*, Oxford: Oxford University Press.
Immerzeel, Mat et al. (eds.) 2004. *Coptic Studies on the Threshold of a New Millennium: Proceedings of the Seventh International Congress of Coptic Studies. Leiden, August 27-September 2, 2000*, 2 vols., Leuven: Peeters.
Irwin, Robert 1986. *The Middle East in the Middle Ages: The Early Mamluk Sultanate 1250-1382*, London: Croom Helm.
Ivanov, Sergey A. 2006. *Holy Fools in Byzantium and Beyond*, trans. by Simon Franklin, Oxford: Oxford University Press (С.А. Иванов, Византийское юродство, Moscow: Международные отношения, 1994 の改訂英訳).
Jirjis, Magdi 2000. "Athar al-'Arākhina 'alā 'Awḍā' al-Qibt fī al-Qarn al-Thāmina 'Ashar," *Annales islamologiques* 34, 23-44.
Khater, Antoine 1963-64. "Nouveaux fragments du Synaxaire arabe," *Bulletin de la*

Société d'archéologie copte 17, 75-101.
KHS-Burmester, Oswald Hugh Ewart 1950-57. "The Canons of Cyril III Ibn Laḳlaḳ," *Bulletin de la Société d'archéologie copte* 14, 113-150.
—— 1967. *The Egyptian or Coptic Church: A Detailed Description of her Liturgical Services and the Rites and Ceremonies Observed in the Administration of her Sacraments*, Cairo: Société d'archeologie copte.
Kraack, Detlev von 1997. *Monumentale Zeugnisse der spätmittelalterlichen Adelsreise: Inschriften und Graffiti des 14.-16. Jahrhunderts*, Göttingen: Vandenhoeck and Ruprecht.
Krueger, Daniel 1996. *Symeon the Holy Fool: Leontius's Life and the Late Antique City*, Berkeley and Los Angeles: University of California Press.
Kussaim, Samir 1968. "Contribution à l'étude du moyen arabe des Coptes: II Partie synthétique," *Le Muséon* 81, 5-78.
Lane, Edward William 1895. *An Account of the Manners and Customs of the Modern Egyptians: Writing in Egypt during the Years 1833-1835*, London: A. Gardner; repr., London: Darf Publishers, 1986.
Lapidus, Ira Marvin 1976. "The Conversion of Egypt to Islam," *Israel Oriental Studies* 2, 248-262.
Laoust, Henri 1965. *Les schismes dans l'Islam: Introduction à une étude de la religion musulmane*, Paris: Payot.
el-Leithy, Tamer 2005. "Coptic Culture and Conversion in Medieval Cairo: 1293-1524 A.D.," PhD diss., Princeton University.
—— 2006. "Sufis, Copts, and the Politics of Piety: Moral Regulation in Fourteenth-Century Upper Egypt," in Richard McGregor and Adam Sabra (eds.), *Le développement du soufisme en Égypte à l'époque mamelouke*, Cairo: Institut français d'archéologie orientale, 75-119.
Little, Donald Presgrave 1970. *An Introduction to Mamlūk Historiography: An Analysis of Arabic Annalistic and Biographical Sources for the Reign of al-Malik an-Nāṣir Muḥammad ibn Qalā'ūn*, Wiesbaden: F. Steiner.
—— 1976. "Coptic Conversion to Islam under the Baḥrī Mamlūks: 692-755/1293-1354," *Bulletin of the School of Oriental and African Studies* 39, 553-569.
—— 1990. "Coptic Converts to Islam During the Baḥrī Mamluk Period," in Michael Gervers and Ramzi Jibran Bikhazi (eds.), *Conversion and Continuity: Indigenous Christian Communities in Islamic lands, Eighth to Eighteenth Centuries*, Toronto: Pontifical Institute of Mediaeval Studies, 263-288.
Lyster, William (ed.) 2008. *The Cave Church of Paul the Hermit at the Monastery of St. Paul in Egypt*, New Haven, CT: Yale University Press.
Lutfi, Huda 1998. "Coptic Festivals of the Nile: Aberrations of the Past?" in Thomas Philipp and Urlich Haarmann (eds.), *The Mamluks in Egyptian Politics and Society*, Cambridge: Cambridge University Press, 254-282.

Luz, Nimrod 2002. "Aspects of Islamization of Space and Society in Mamluk Jerusalem and its Hinterland," *Mamlūk Studies Review* 6, 133-154.

MacCoull, L. S. B. 1992. "Notes on Some Coptic Hagiographical Texts," *Proche-Orient Chrétien: Revue d'études et d'informations* 42, 11-18.

—— 2000. "The Rite of the Jar: Apostasy and Reconciliation in the Medieval Coptic Orthodox Church," in Diane Wolfthal (ed.), *Peace and Negotiation: Strategies for Coexistence in the Middle Ages and the Renaissance*, Brepols: Turhout, 145-162.

MacPherson, Joseph Williams, with foreword by Edward Evan Evans-Pritchard 1941. *The Moulids of Egypt: Egyptian Saints-Days*, Cairo: privately printed.

Malamut, Elisabeth 1993. *Sur la route des saints byzantins*, Paris: CNRS Éditions.

Mann, Jacob 1919. "Moses b. Samuel, a Jewish Katib in Damascus, and His Pilgrimage to Medinah and Mekkah," *Journal of the Royal Asiatic Society of Great Britain and Ireland* 54-2, 155-184.

Martel-Thoumian, Bernadette 1991. *Les civils et l'administration dans l'État militaire mamlūk, IXe/XVe siècle*, Damascus: Institut français de Damas.

—— 1998. "Le converti à travers quelques écrits historiques du IXe/XVe siècle," in Urbain Vermeulen and J. M. F. Van Reeth (eds.), *Law, Christianity and Modernism in Islamic Society: Proceedings of the Eighteenth Congress of the Union Européeenne des Arabisants et Islamisants*, Leuven: Peeters, 171-184.

Martin, Maurice 1997. "Le Delta chrétien à la fin du XIIe s," *Orientalia Christiana Periodica* 63, 181-200.

Masters, Bruce 2001. *Christians and Jews in the Ottoman Arab World: The Roots of Sectarianism*, Cambridge: Cambridge University Press.

Mattā'us al-Suryānī 2005. *Al-Qiddīs Anbā Ḥadīd al-Qiss wa Tilmīdh-hu al-Qiddīs Yuḥannā al-Rabbān*, Wādī al-Naṭrūn: Dayr al-Suryān.

Mayer, Wendy 2013. "Book Review: Alice-Mary Talbot and Scott F. Johnson, trans.: Miracle Tales from Byzantium. Cambridge, MA: Harvard University Press, 2012; pp. xxiv + 448," *Journal of Religious History* 37-3, 426.

Mayeur-Jaouen, Catherine 1995. "Les Compagnons de la Terrasse, un groupe de soufis ruraux dans l'Égypte mamelouke," in Aigle (ed.), *Saints orientaux*, 169-179.

Meinardus, Otto 1961. "The Monastery of St Paul in the Eastern Desert," *Bulletin de la Société de géographie d'Égypt* 34, 81-110.

—— 1962. *Atlas of Christian Sites in Egypt*, Cairo: Société d'archéologie Copte.

—— 1966. "The Medieval Graffiti in the Monasteries of SS. Antony and Paul," *Studia Orientalia Christiania Collectania* 11, 515-534.

—— 1977. *Christian Egypt: Ancient and Modern*, 2nd rev. ed., Cairo: The American University in Cairo Press.

Meinecke-Berg, Viktoria 1977. "Quellen zur Topographie und Baugeschichte in Kairo unter Sultan an-Nāṣir Muḥammad b. Qalā'ūn," *Zeitschrift der Deutschen Mor-*

genländischen Gesellschaft, Supplement 3, 539-550.
Meri, Josef W. 1999. "Re-Appropriating Sacred Space: Medieval Jews and Muslims Seeking Elijah and al-Khaḍir," *Medieval Encounters* 5-3, 237-264.
—— 2002. *The Cult of Saints among Muslims and Jews in Medieval Syria*, Oxford: Oxford University Press.
Mikhail, Maged S. A. 2004. "Egypt from Late Antiquity to Early Islam: Copts, Melkites, and Muslims shaping a New Society," PhD diss., University of California, LA.
—— 2014. *From Byzantine to Islamic Egypt: Religion, Identity and Politics after the Arab Conquest*, London: I.B. Tauris.
Moawad, Samuel 2006. "Zur Originalität der Yūsāb von Fūwah zugeschriebenen Patriarchengeschichte," *Le Muséon* 119, 255-270.
Moss, Candida R. 2010. *The Other Christs: Imitating Jesus in Ancient Christian Ideologies of Martyrdom*, New York: Oxford University Press.
Munier, H. 1943. *Recueil des listes épiscopales de l'Église copte*, Cairo: Société d'archéologie copte.
Murre-Van Den Berg, Heleen 2006. "'I the Weak Scribe': Scribes in the Church of the East in the Ottoman Period," *Journal of Eastern Christian Studies* 58, 9-26.
Nakhla, Kāmil 1947. "Sīrat al-Qiddīs al-Jalīl Anbā Furayj," *Ṣihyaun* 53, 1-65.
—— 1952. *Silsilat Tārīkh al-Bābāwāt Baṭārikat al-Kursī al-Iskandarī*, Wādī al-Naṭrūn: Dayr al-Suryān, repr., 2001.
Nicol, Donald M. 1985. "Instabilitas loci: The Wanderlust of Late Byzantine Monks," in W. J. Sheils (ed.), *Monks, Hermits, and the Ascetic Tradition: Papers Read at the 1984 Summer Meeting and the 1985 Winter Meeting of the Ecclesiastical History Society*, [Oxford]: Published for the Ecclesiastical History Society by B. Blackwell, 193-202.
Northrup, Linda 1990. "Muslim-Christian Relations during the Reign of the Mamluk Sultan al-Manṣūr Qalāwūn, A.D. 1278-1290," in Gervers and Bikhazi (eds.), *Conversion and Continuity*, 253-261.
O'Leary, De Lacy 1937. *The Saints of Egypt*, London: Society for Promoting Christian Knowledge.
Orlandi, Tito 1997. "Letteratura copta e cristianesimo nazionale egiziano," in Alberto Camplani (ed.), *L'Egitto cristiano: Aspetti e problemi in età tardoantica*, Rome: Ist. Patristico Augustinianum, 39-120.
O'Sullivan, Shaun 2006. "Coptic Conversion and the Islamization of Egypt," *Mamlūk Studies Review* 10-2, 65-79.
Pahlitzch, Johannes 2009. "Introduction," *Mamlūk Studies Review* 13-2, 1-5.
Papaconstantinou, Arietta 2001. *Le Culte des saints en Égypte des Byzantins aux Abbassides: L'apport des inscriptions et des papyrus grecs et coptes*, Paris: CNRS Éditions.

—— 2006. "Historiography, Hagiography, and the Making of the Coptic 'Church of the Martyrs' in Early Islamic Egypt," *Dumbarton Oaks Papers* 60, 65–86.
—— 2011. "Hagiography in Coptic," in Efthymiadis (ed.), *Ashgate Research Companion to Byzantine Hagiography*, Vol. 1, 323–343.
Perlmann, Moshe 1942. "Notes on Anti-Christian Propaganda in the Mamlūk Empire," *Bulletin of the School of Oriental and African Studies* 10, 843–861.
—— 1958. "Asnawi's Tract against Christian Officials," in Samuel Löwinger et al. (eds.), *Ignace Goldziher: Memorial Volume*, Pt. 2, Jerusalem: Rubin Mass, 172–208.
Petry, Carl F. 1981. *The Civilian Elite of Cairo in the Later Middle Ages*, Princeton, NJ: Princeton University Press.
Plumley, J. Martin 1975. *The Scrolls of Bishop Timotheos: Two Documents from Medieval Nubia*, London: Egypt Exploration Society.
Pratsch, Thomas 2005. *Der hagiographische Topos: Griechische Heiligenviten in mittelbyzantinischer Zeit*, Berlin: W. de Gruyter.
Qāsim, Qāsim 'Abduh 1977. *Ahl al-Dhimma fī Miṣr al-'Uṣūr al-Wusṭā: Dirāsa Wathā'iqīya*, Cairo: Dār al-Ma'ārif.
Rapp, Claudia 2005. *Holy Bishops in Late Antiquity: The Nature of Christian Leadership in an Age of Transition*, Berkeley and Los Angeles: University of California Press.
Raymond, André 2000. *Cairo*, trans. by Willard Wood, Cambridge, MA: Harvard University Press (originally published as *Le Caire*, Paris: Fayard, 1993).
Re, Mario 2011. "Italo-Greek Hagiography," in Efthymiadis (ed.), *Ashgate Research Companion to Byzantine Hagiography*, Vol. 1, 227–258.
Riad, Eva 1988. *Studies in the Syriac Preface*, Uppsala: [Uppsala University].
Richards, Donald 1972. "The Coptic Bureaucracy under the Mamluks," in Andrée Assabgui (ed.), *Colloque international sur l'histoire du Caire*, Cairo: Wizārat al-Thaqāfa wal-I'lām, 373–381.
Riedel, Wilhelm 1902. "Der Katalog der christlichen Schriften in arabischer Sprache von Abū 'l-Barakāt," in *Nachrichten der Kgl. Gesellschaft der Wissenschaften zu Göttingen, Philologisch-hist. Klasse* 5, 635–706.
Rubenson, Samuel 1996. "Translating the Tradition: Some Remarks on the Arabization of the Patristic Heritage in Egypt," *Medieval Encounters* 2–1, 4–14.
Rūfīla, Ya'qūb Nahla 1898. *Kitāb Tārīkh al-Umma al-Qibṭīya*, Cairo: Maṭba'at al-Taufīq.
Rustow, Marina 2009. "At the Limits of Communal Autonomy: Jewish Bids for Intervention from the Mamluk State," *Mamlūk Studies Review* 13–2, 133–159.
Saleh, Marlis Joan 1995. "Government Relations with the Coptic Community in Egypt during the Fatimid Period (358-567AH/969–1171CE)," PhD diss., University of Chicago.

Ṣalīb al-Qiss Dimitrī 1967. "Al-Qiddīs Anbā Ḥadīd al-Qiss," *al-Kirāza* 3-7, 30-33.

Samir, Samir Khalil 1973. "Le recueil Ephremien Arabe des 52. Homelies," *Orientalia Christiana Periodica* 39, 307-332.

Sauget, Joseph-Marie 1969. *Premières recherches sur l'origine et les caractéristiques des synaxaires melkites (XIe-XVIIe siècles)*, Bruxelles: Société des Bollandistes.

Shenoda, Maryann 2010. "Lamenting Islam, Imagining Persecution: Copto-Arabic Opposition to Islamization and Arabization in Fatimid Egypt (969-1171 CE)," PhD diss., Harvard University.

Shoshan, Boaz 1993. *Popular Culture in Medieval Cairo*, New York: Cambridge University Press.

Sidarus, Adel and Mark N. Swanson 2013. "Al-Mākin Jirjis ibn al-'Amīd," in David Thomas and Alex Mallett (eds.), *Christian-Muslim Relations: A Bibliographical History*, Vol. 5: *1350-1500*, Leiden: Brill.

Swanson, Mark N. 2007. "'Our Father Abba Mark': Marqus al-Anṭūnī and the Construction of Sainthood in Fourteenth-Century Egypt," in Juan Pedro Monferrer-Sala (ed.), *Eastern Crossroads: Essays on Medieval Christian Legacy*, Piscataway, NJ: Gorgias Press, 217-228.

—— 2010. *The Coptic Papacy in Islamic Egypt (641-1517)*, Cairo: The American University in Cairo Press.

—— 2011. "Arabic Hagiography," in Efthymiadis (ed.), *Ashgate Research Companion to Byzantine Hagiography*, Vol. 1, 345-367.

—— 2012. "The Copto-Arabic Synaxarion," in David Thomas and Alex Mallett (eds.), *Christian-Muslim Relations: A Bibliographical History*, Vol. 4: *1200-1350*, Leiden: Brill.

—— 2013a. "The Life and the Miracles of Barṣawmā al-'Uryān," "The Life and Miracles of Marqus al-Anṭūnī," "The Life of the Hegumenos Abra'ām al-Fānī," "The Life and the Miracles of Anbā Ruways," in Thomas and Mallett (eds.), *Christian-Muslim Relations: A Bibliographical History*, Vol. 5: *1350-1500*, Leiden: Brill.

—— 2013b. "The Saint and the Muslim Copts: Episodes from the Life of Abba Mark of the Monastery of St Antony (1296-1386)," in Youhanna Nessim Youssef and Samuel Moawad (eds.), *From Old Cairo to the New World: Coptic Studies Presented to Gawdat Gabra on the Occasion of his Sixty-Fifth Birthday*, Leuven: Peeters, 157-171.

Talmon-Heller, Daniella 2009. "'Ilm, Shafā'ah, and Barakah: The Resources of Ayyubid and Early Mamluk Ulama," *Mamlūk Studies Review* 13-2, 23-45.

Tārīkh Ḥayāt al-Qiddīs al-'Aẓīm Anbā Barsūm al-'Uryān: Min Aqwāl Ābā' al-Kanīsa al-Qibṭīya al-Urthudhuksīya 1936. Cairo: Maktabat al-Maḥabba. repr., 1978.

Taylor, Christopher S. 1999. *In the Vicinity of the Righteous: Ziyāra and the Vener-*

ation of Muslim Saints in Late Medieval Egypt, Leiden: Brill.

Timm, Stefan 1983. *Ägypten: Das Christentum in Mittelalter und Neuzeit*, Wiesbaden: L. Reichert.

Trombley, Frank 1985. "Monastic Foundations in Sixth-century Anatolia and Their Role in the Social and Economic Life of the Countryside," *Greek Orthodox Theological Review* 30, 45-59, repr. in N. Michael Vaporis (ed.), *Byzantine Saints and Monasteries*, Brookline: Hellenic College, 45-59.

Tsuji, Asuka 2015. "Notes on the Arabic Life of Ibrahim al-Fani: A Coptic Saint from the Fourteenth Century," in Gawdat Gabra and Hani Takla (eds.), *Christianity and Monasticism in Middle Egypt*, Cairo: The American University in Cairo Press, 150-160.

—— 2016a. "The Depiction of Muslims in the Miracles of Anba Barsauma al-'Uryan," in Mariam Ayad (ed.), *Studies in Coptic Culture: Transmission and Interaction*, Cairo: The American University in Cairo Press, 107-122.

—— 2016b. "Preliminary Report on Four saints from the Mamluk period: Hadid, Yuhanna al-Rabban, Barsauma al-'Uryan, and 'Alam," in Paola Buzi et al. (eds.), *Coptic Society, Literature and Religion from Late Antiquity to Modern Times: Proceedings of the Tenth International Congress of Coptic Studies, Rome, September 17th-22nd*, Louvain: Peeters, 1153-1160.

—— 近日刊行予定 "The Veneration of Anba Hadid and the Nile Delta in the Thirteenth Century," in Gawdat Gabra and Hany Takla (eds.), *Christianity and Monasticism in Northern Egypt*, Cairo: The American University in Cairo Press.

—— 近日刊行予定 "Wearing the Blue Turban Again: Christian Reconversions in Mamluk Egypt," in Katsumi Fukasawa et al. (eds.), *Conflict and Reconciliation among Confessions and Religions*, Abingdon: Routledge.

Tucker, William F. 1981. "Natural Disasters and the Peasantry in Mamlūk Egypt," *Journal of the Economic and Social History of the Orient* 24-2, 215-224.

Van Caenegem, R. C. with the collaboration of F. L. Ganshof 1978. *Guide to the Sources of Medieval History*, Amsterdam: North-Holland.

Van der Vliet, Jacques 2006. "Bringing Home the Homeless: Landscape and History in Egyptian Hagiography," in Dijkstra and van Dijk (eds.), *The Encroaching Desert*, 39-55.

Van Lent, Jos 1999. "An Unedited Copto-Arabic Apocalypse of Shenute from the Fourteenth Century: Prophecy and History," in Stephen Emmel et al. (eds.), *Ägypten und Nubien in spätantiker und christlicher Zeit: Akten des 6. Internationalen Koptologenkongresses Münster. 20-26 Juli, 1996*, Schrifttum, Sprache und Gedankenwelt, Vol. 2, Wiesbaden: Dr. Ludwig Reichert, 155-168.

Van Minnen, Peter 2011. "Saving History?: Egyptian Hagiography in its Space and Time," in Dijkstra and van Dijk (eds.), *The Encroaching Desert*, 57-91.

Vermeulen, Urbain 1978. "The Rescript of al-Malik as-Salih Salih against the Dimmis

(755 A.H./1354 A.D.)," *Orientalia Lovaniensia Periodica* 9, 175-184.

Viaud, Gérard 1979. *Les pélerinages coptes en Égypte, d'apres les notes du Qommos Jacob Muyser*, Cairo: Institut français d'archéologie orientale.

Vivian, Tim 2002. "St. Antony the Great and the Monastery of St. Antony at the Red Sea, ca. A.D. 251 to 1232/1233," in Bolman (ed.), *Monastic Visions*, 3-17.

Voile, Brigit, 1995. "Barsūm le nu: Un saint copte au Caire à l'époque mameluke," in Aigle (ed.), *Saints orientaux*, 151-168.

—— 2000. "Les miracles des saints dans la deuxieme partie de l'histoire des patriarches d'Alexandrie: Historiographie ou hagiographie?" in Denise Aigle (ed.), *Miracle et karāma*, Paris: De Boccard, 317-330.

Werthmuller, Kurt J. 2010. *Coptic Identity and Ayyubid Politics in Egypt, 1218-1250*, Cairo: The American University Press in Cairo.

Wiet, Gaston 1927. "Ḳibṭ," in *The Encyclopaedia of Islam: A Dictionary of the Geography, Ethnography and Biography of the Muhammadan Peoples*, Vol. 2, ed. by Martijn Theodoor Houtsma, Leiden: E.J. Brill, repr. as *E.J. Brill's First Encyclopaedia of Islam, Leiden: E. J. Brill, 1913-1936*, Leiden: Brill 1987.

Wilson, Stephen (ed.) 1983. *Saints and Their Cults: Studies in Religious Sociology, Folklore, and History*, Cambridge: Cambridge University Press.

Winter, Michael 1982. *Society and Religion in Early Ottoman Egypt: Studies in the Writings of 'Abd al-Wahhāb al-Sha'rānī*, New Brunswick, NJ: Transaction Books.

Wipszycka, Ewa 1986. "Les aspects économiques de la vie de la communauté des Kellia," in Bridel Philippe (ed.), *Le site monastique copte des Kellia*, Genève: Mission suisse d'archéologie copte de l'Université de Genève (MSAC), 117-144.

—— 1992. "Le nationalisme a-t-il existe dans l'Égypte byzantine?" *Journal of Juristic Papyrology* 22, 83-128.

—— 1996. *Etudes sur le christianisme dans l'Egypte de l'antiquité tardive*, Rome: Institutum Patristicum Augustinianum.

—— 2007. "The Institutional Church," in Roger S. Bagnall (ed.), *Egypt in the Byzantine world, 300-700*, New York: Cambridge University Press, 331-349.

Youssef, Youhanna Nessim 2000. "La translation des reliques des saints Jean et Siméon: Une contribution à l'étude de l'histoire de l'Eglise Copte," in Nathalie Bosson (ed.), *Etudes Coptes* VII: *Neuvième journée d'études, Montpellier 3-4, Juin 1999*, Paris-Louvain: Peeters, 339-350.

—— 2005. "Notes on the Magma' (memento sanctorum) and the Athanasius Prayer in the Coptic Psalmodia," *Journal of Coptic Studies* 7, 111-124.

—— 2006. *A Homily on Severus of Antioch by a Bishop of Assiut, Patrologia Orientalis* t. 50, fasc.1 (no. 222), Turnhout: Brepols.

—— 2009. "Consecration of the Myron at Saint Macarius Monastery," in Maged S. A. Mikhail and Mark Moussa (eds.), *Christianity and Monasticism in Wadi al-Natrun: Essays from the 2002 International Symposium of the Saint Mark*

Foundation and the Saint Shenouda the Archimandrite Coptic Society, Cairo: The American University in Cairo Press, 106-118.
Zaborowski, Jason 2005. *The Coptic Martyrdom of John of Phanijoit: Assimilation and Conversion to Islam in Thirteenth-Century Egypt*, Leiden: Brill.
赤堀雅幸 1995.「聖者が砂漠にやってくる――知識と恩寵と聖者の外来性について」『オリエント』第38巻第2号，103-120.
赤堀雅幸・東長靖・堀川徹編 2005.『イスラームの神秘主義と聖者信仰』東京大学出版会
大稔哲也 1993.「エジプト死者の街における聖墓参詣――12～15世紀の参詣慣行と参詣者の意識」『史学雑誌』第102編第10号，1749-97.
―― 1995.「「聖者」と「聖者崇拝」」三浦徹・東長靖・黒木英充編『イスラーム研究ハンドブック』栄光教育文化研究所，240-248.
―― 2001a.「参詣書と死者の街からみたコプトとムスリム」『史淵』第138号，1-32.
―― 2001b.「イスラーム期エジプトにおけるコプト・キリスト教徒の参詣・巡礼」『歴史学研究増刊号』第755号，178-187.
パトリック・ギアリ（杉崎泰一郎訳）1999.『死者と生きる中世――ヨーロッパ封建社会における死生観の変遷』白水社
私市正年 2009.『マグリブ中世社会とイスラーム聖者崇拝』山川出版社
佐藤次高 1986.『中世イスラム国家とアラブ社会――イクター制の研究』山川出版社
―― 2001.『聖者イブラーヒーム伝説』角川書店
高山博・池上俊一編 2005.『西洋中世学入門』東京大学出版会
辻明日香 2007.「マムルーク朝エジプトにおけるズィンミー政策の転換――1301年の法令を中心に」『オリエント』第49巻第2号，165-181.
―― 2008.「黙示録からみたイスラム支配下のコプト」『歴史学研究増刊号』第846号，146-155.
―― 2012.「14世紀アラビア語コプト聖人伝史料に関する一考察」『オリエント』第54巻第2号，92-110.
―― 2013.「アラブ・キリスト教文学の可能性――歴史資料としてのアラビア語コプト聖人伝」三代川寛子編『東方キリスト教諸教会――基礎データと研究案内』増補版，SOIAS research paper series 9，上智大学アジア文化研究所イスラーム地域研究機構，21-25.
―― 2015.「コプト聖人伝に見られる驚異な奇跡譚」山中由里子編『〈驚異〉の文化史――中東とヨーロッパを中心に』名古屋大学出版会，128-137.
―― 2016.「11世紀後半～14世紀下エジプトにおけるキリスト教徒集落の消長」『日本中東学会年報』第31巻第2号，29-57.
外川昌彦 2009.『宗教に抗する聖者――ヒンドゥー教とイスラームをめぐる「宗教」概念の再構築』世界思想社
戸田聡 1998「『師父たちの金言』とポントスのエウアグリオス」『オリエント』第41巻第2号，213-228.
―― 2005.「『エジプト人マカリオス伝』をめぐる諸考察――歴史と文学伝承の関係」

『オリエント』第48巻第1号，1-25.
―― 2008.『キリスト教修道制の成立』創文社
―― 2012.「ピーター・ブラウンの古代末期理解をめぐって――訳者あとがきに代えて」ピーター・ブラウン（戸田聡訳）『貧者を愛する者――古代末期におけるキリスト教的慈善の誕生』慶應義塾大学出版会，253-284.
―― 2013.「コプト教会・古代」三代川寛子編『東方キリスト教諸教会――基礎データと研究案内』増補版，SOIAS research paper series 9，上智大学アジア文化研究所イスラーム地域研究機構，7-9.
中町信孝 2004.「バフリー・マムルーク朝時代史料としてのアイニーの年代記――ヒジュラ暦728年の記述を中心に」『オリエント』第46巻第2号，134-160.
長谷部史彦 1989.「14世紀エジプト社会と異常気象――飢饉・疫病・人口激減」後藤明ほか『歴史における自然』（シリーズ世界史への問い1）岩波書店，57-82.
―― 2010.「『夜話の優美』にみえるダマスクスのマジュズーブ型聖者」山本英史編『アジアの文人が見た民衆とその文化』慶應義塾大学出版会，213-234.
堀内正樹 1994.「シナイ半島のベドウィン社会」『イスラム圏における異文化接触のメカニズム3――人間動態と情報』東京外国語大学アジア・アフリカ言語文化研究所，119-147.
深沢克己 2010.『ユーラシア諸宗教の関係史論――他者の受容，他者の排除』勉誠出版
松田俊道 1998.「マムルーク朝のムサーリマ問題」『駒澤史学』第52号，282-298.
三代川寛子編 2013.『東方キリスト教諸教会――基礎データと研究案内』増補版，SOIAS research paper series 9，上智大学アジア文化研究所イスラーム地域研究機構
柳橋博之 2001.『イスラーム家族法――婚姻・親子・親族』創文社

註

序章

1　Barṣ/saumā, Barṣ/sūmā, Barṣ/sūm など，バルスーマーの名の表記は手稿本や研究書により異なる。

2　Laoust, “Le renforcement et les divisions du Sunnisme sous les Mamluks: 656-923/1258-1517,” in *Les schismes dans l'Islam: Introduction à une étude de la religion musulmane*, 251-287.

3　深沢克己『ユーラシア諸宗教の関係史論』39。

4　Heffernan, *Sacred Biography*, 17; ギアリ『死者と生きる中世』15; MacCoull, “Notes on Some Coptic Hagiographical Texts,” 11.

5　Griffith, *The Church in the Shadow of the Mosque*, 2. 東地中海のキリスト教諸派について，詳しくは三代川寛子編『東方キリスト教諸教会——基礎データと研究案内』を参照。

6　Pahlitzch, “Introduction,” 3-5.

7　*Mamluk Studies Review* 13-2号における，M. Rustow の論考はその一例である。Rustow, “At the Limits of Communal Autonomy,” 133-159.

8　1976年，国際コプト学会が組織され，またキリスト教アラビア語文学についても，学会は組織されなかったものの，４年に一度，この分野に関する国際学会(大会)が開催されるようになった。後者の活動の中心的人物はサミール・ハリール・サミールであったが，彼の積極的な活動により，キリスト教アラビア語文学への関心が飛躍的に高まることとなる。また，前者の国際コプト学会に関しても，当初わずか数十名で発足した学会は，2012年度時点での会員数は340名となり，近年，コプト考古学，コプト美術，アラビア語コプト文学，パピルス学(ギリシア語，コプト語，アラビア語)といった分野が急速に発展している。これらの成果は歴史学に還元され，研究状況が刷新されることとなった。また，1990年代頃から，北米に移住したコプトの移民一世や二世を中心に，アメリカ合衆国やカナダの大学におけるコプト史研究がめだつようになってきている。

9　Butcher, *The Story of the Church of Egypt*; Rūfīla, *Kitāb Tārīkh al-Umma al-Qibṭīya*; Wiet, “Ḳibṭ”; Little, “Coptic Conversion to Islam under the Baḥrī Mamlūks”; Qāsim, *Ahl al-Dhimma fī Miṣr al-‘Uṣūr al-Wusṭā* ほか。詳しくは大稔哲也「参詣書と死者の街からみたコプトとムスリム」1-2 を参照。

10　Wiet, “Ḳibṭ”. G. Wiet 説の詳しい検証については註11の T. el-Leithy 論文の14-17を参照。マムルーク朝政権の反ズィンミー政策については，Little, “Coptic Conversion to Islam under the Baḥrī Mamlūks” や辻明日香「マムルーク朝エジプトにおけるズィンミー政策の転換」を参照。

11　この問題に関しては，Lapidus, “The Conversion of Egypt to Islam,” 260-261; Freidmann, “A Note on the Conversion of Egypt to Islam,” 238-240; el-Leithy, “Coptic Culture and Conversion in Medieval Cairo,” 19-23; O'Sullivan, “Coptic Conver-

sion and the Islamization of Egypt," 69–71, 78の各見解を参照。

12 改宗圧力に関する研究は19世紀に遡り，Belin, "Fetoua relatif à la condition des Zimmis"; Gottheil, "An Answer to the Dhimmis"; Perlmann, "Notes on Anti-Christian Propaganda in the Mamlūk Empire"; Little, "Coptic Conversion to Islam" がその代表例である。改宗者に関する研究にはおもに人物史研究の手法が用いられ，研究としては，Richards, "The Coptic Bureaucracy under the Mamluks"; Petry, *The Civilian Elite of Cairo in the Later Middle Ages*; Little, "Coptic Converts to Islam During the Baḥrī Mamluk Period"; Martel-Thoumian, *Les civils et l'administration dans l'État militaire mamlūk, IXe/XVe siècle*; Martel-Thoumian, "Le converti à travers quelques écrits historiques du IXe/XVe siècle"; 松田俊道「マムルーク朝のムサーリマ問題」などがあげられる。

13 el-Leithy, "Coptic Culture," 29–30.

14 Guirguis, "The Vision of Theophilus," 28.

15 Mikhail, "Egypt from Late Antiquity to Early Islam"; Mikhail, *From Byzantine to Islamic Egypt.*

16 Shenoda, "Lamenting Islam, Imagining Persecution"; Armanios, *Coptic Christianity in Ottoman Egypt.*

17 この背景には，先述したような20世紀後半から始まるキリスト教アラビア語文学研究，そしてコプト学における研究の蓄積がある。とりわけ，歴史学に関しては，コプト教会の正史である『アレクサンドリア総主教座の歴史』などの編纂過程に関するJ. Den HeijierやS. Moawadの研究，神学や典礼に関するW. AwadやY. N. Youssefの研究，そしてオスマン期のワクフ文書や教会史料に関するM. Guirguis (Jirjis)の研究がこれら分野の進展を牽引してきた。彼らの研究の一例としては，Den Heijer, "Coptic Historiography in the Fāṭimid, Ayyubid and Early Mamluk Periods"; Moawad, "Zur Originalität der Yūsāb von Fūwah zugeschriebenen Patriarchengeschichte"; Awad, *Studio su al-Mu'taman ibn al-'Assāl*; Youssef, *A Homily on Severus of Antioch by a Bishop of Assiut*; Jirjis, "Athar al-'Arākhina 'alā 'Awḍā' al-Qibt fī al-Qarn al-Thāmina 'Ashar" があげられる。

18 Werthmuller, *Coptic Identity and Ayyubid Politics in Egypt*; Zaborowski, *The Coptic Martyrdom of John of Phanijoit.*

19 Voile, "Les miracles des saints dans la deuxieme partie de l'histoire des patriarches d'Alexandrie"; 大稔哲也「参詣書と死者の街からみたコプトとムスリム」; 同「イスラーム期エジプトにおけるコプト・キリスト教徒の参詣・巡礼」; Viaud, *Les pélerinages coptes en Égypte.*

20 Crum, "Barṣaumâ the Naked".

21 *Tārīkh Ḥayāt al-Qiddīs al-'Aẓīm Anbā Barsūm al-'Uryān*; Nakhla, "Sīrat al-Qiddīs al-Jalīl Anbā Furayj"; Nakhla, *Silsilat Tārīkh al-Bābāwāt Baṭārikat al-Kursī al-Iskandarī.*

22 *GCAL*: *Geschichte der christlichen arabischen Literatur*, ed. by Graf, Vol. 2, 474–475.

23 Abullif, "Abramo l'Egumeno," "Barsauma il Nudo," "Ghalam," "Hadid," "Marco l'Antoniano," and "Ruways". 著者名は Wadi Abuliff となっているが，これは正しくは Wadi Abullif であり，Wadi Awad と同一人物である（名前に関する編纂者の間違い，2010年 9 月 Wadi Awad 談）。

24 ギアリ『死者と生きる中世』19; Graus, *Volk, Herrscher und Heiliger im Reich der Merowinger*; Brown, "The Rise and Function of the Holy Man in Late Antiquity".

25 Ibid. 1990年代後半には記念シンポジウムが開催されて，論集が編纂されている。*Journal of Early Christian Studies* 6-3 (Fall 1998)（ブラウン特集号）; Howard-Johnston and Hayward (eds.), *The Cult of Saints in Late Antiquity and the Early Middle Ages*. 再考の過程については，Brown, "The Rise and Function of the Holy Man in Late Antiquity: 1971-1997"; Elm, "Introduction"; Cameron, "On Defining the Holy Man" などを参照。

26 Voile, "Barsūm le nu".

27 Swanson, "'Our Father Abba Mark': Marqus al-Anṭūnī and the Construction of Sainthood in Fourteenth-Century Egypt"; Swanson, *The Coptic Papacy in Islamic Egypt*, 110-117; Swanson, "The Life and the Miracles of Barṣawmā al-'Uryān," "The Life and Miracles of Marqus al-Anṭūnī," "The Life of the Hegumenos Abra'ām al-Fānī," "The Life and the Miracles of Anbā Ruways".

28 *Kitāb al-Ibṣalmūdīya al-Muqaddasa al-Sanawīya*, 78.『聖人録 *Majma' al-Qiddīsīn*』とはコプト教会の賛美歌集 psalmody の一部をなす，天使や聖人を讃える祈禱書である。15世紀に完成した。その内容や成立過程に関しては，Youssef, "Notes on the Magma' (memento sanctorum)" を参照。

29 辻明日香「黙示録からみたイスラム支配下のコプト」147。一般にコプト教会は単性論派と呼ばれるが，彼ら自身は自らの教義を単性論とみなしていない。三代川寛子編『東方キリスト教諸教会』ix。

30 辻明日香「黙示録からみたイスラム支配下のコプト」147。

31 戸田聡「コプト教会・古代」三代川寛子編『東方キリスト教諸教会』9. イスラーム期以前の反カルケドン派をコプト教会と呼称すること，また「ビザンツから苛烈な弾圧を受けたコプト教会は，宗教的に寛容なアラブ・ムスリム軍を歓迎した」という言説には，19世紀以降の民族主義史観の影響が色濃く，今日では疑問を投げかける声が多い。E.g. Wipszycka, "Le nationalisme a-t-il existe dans l'Égypte byzantine?".

32 Mikhail, "Egypt from Late Antiquity to Early Islam," 62-65, 115.

33 Ibid., 63-72.

34 辻明日香「黙示録からみたイスラム支配下のコプト」148。

35 同上。

36 E.g. Rubenson, "Translating the Tradition," 8-10; 辻明日香「黙示録からみたイスラム支配下のコプト」150-152。

37 Saleh, "Government Relations with the Coptic Community in Egypt during the

Fatimid Period," 152-188. 第74代総主教ユアンニス6世(在位1189〜1216)の死後，総主教座の空位は19年間も続き，つぎに総主教となったキュリロス3世(在位1235〜43)の諸政策は聖職者にも一般信徒にも不評であったため，その死後7年間，再び総主教座は空位となった。Swanson, *The Coptic Papacy*, 84.

38 *Ibid.*, 40. アルホン(arkhon, 複数形は arākhina)は，ギリシア語の archon に由来。*Greek Lexicon of the Roman and Byzantine Periods*, ed. by Sophocles, 259-260: Kussaim, "Contribution à l'étude du moyen arabe des Coptes: II Partie synthétique," 7.

39 Armanios, *Coptic Christianity in Ottoman Egypt*, 26. アルホンの実態に関しては不明な点が多い。

40 これはコプト側，ムスリム側双方の史料から確認される。Swanson, *The Coptic Papacy*, 83; Chamberlain, "The Crusader Era and the Ayyūbid dynasty," 234-236.

41 Swanson, *The Coptic Papacy*, 75-76, 84.

42 M. Swanson は，彼らを「周縁化された総主教」と呼んでいる。*Ibid.*, 100.

43 杉崎泰一郎「聖人」『岩波キリスト教辞典』岩波書店，2002年。なお，『岩波キリスト教辞典』は「崇敬」について，「教会においては，神やキリストには「礼拝」や「信仰」を使い，人間である聖母マリアや聖人たちについては「崇敬」の語を使うという伝統的な区別がある」と述べている。

44 Atiya, "Saints, Coptic," in *The Coptic Encyclopedia*, ed. by Atiya et al.

45 *Historical Dictionary of the Coptic Church*, ed. by Gabra, 57-58.「聖人」と saint, holy man との関係(訳)については，例えば戸田聡「ピーター・ブラウンの古代末期理解をめぐって」266，281(註22) や Cameron, "On Defining the Holy Man" を参照。

46 小柳義夫「奇跡」『岩波キリスト教辞典』。

47 E.g. Meri, *The Cult of Saints among Muslims and Jews in Medieval Syria*, 6.

48 Talmon-Heller, "'Ilm, Shafā'ah, and Barakah," 23-25, 31-32, 40.

49 Meri, *The Cult of Saints*, 4.

50 深沢克己『ユーラシア諸宗教の関係史論』22。

51 Heffernan, *Sacred Biography*, 28-30; Gurevich, *Historical Anthropology of the Middle Ages*, 39; 深沢克己『ユーラシア諸宗教の関係史論』23。

52 Heffernan, *Sacred Biography*, 19-22.

53 Van Caenegem, *Guide to the Sources of Medieval History*, 53-54; 高山博・池上俊一編『西洋中世学入門』267; MacCoull, "Notes on Some Coptic Hagiographical Texts," 17; Armanios, *Coptic Christianity in Ottoman Egypt*, 11.

54 Griffith, "Christians, Muslims, and Neo-martyrs," 204.

55 E.g. Pratsch, *Der hagiographische Topos*.

56 久松英二「アントニオス(エジプトの)」『岩波キリスト教辞典』。

57 戸田聡『キリスト教修道制の成立』16-17，153。アントニオスの没年が356年であることはほぼ確定しており，373年は，戸田聡による，「『アントニオス伝』のラテン語訳のうち普及したものであるアンティオキアの主教エウアグリオスによるラテン語訳が373年までには成立していた」という解説に従った。なお，戸田は成立

年代をアタナシオスの３度目の追放期間である356〜362年の，比較的遅い時期と考えている。同上，17。

58 Hägg, "The Life of St Antony between Biography and Hagiography," 19. 議論については戸田聡『キリスト教修道制の成立』14-28 を参照。

59 Efthymiadis with Déroche, "Greek Hagiography in Late Antiquity," 40-42; 戸田聡『キリスト教修道制の成立』162。

60 同上 ; Efthymiadis with Déroche, "Greek Hagiography in Late Antiquity," 51-61. これら「歴史的」聖人伝を利用した研究は，20世紀後半以降，ビザンツ史研究においで活発におこなわれている。

61 Papaconstantinou, *Le Culte des saints en Égypte des Byzantins aux Abbassides*; Papaconstantinou, "Historiography, Hagiography, and the Making of the Coptic 'Church of the Martyrs' in Early Islamic Egypt". コプト教会の殉教者伝について詳しくは Orlandi, "Hagiography, Coptic," in *The Coptic Encyclopedia* を参照。これは隠者系統の聖人伝がまったく著されていないというわけではなく，現存する聖人伝のほとんどが殉教者伝である，という意味である。

62 E.g. Swanson, *The Coptic Papacy*, 61-66.

63 Papaconstantinou, "Hagiography in Coptic," 323.

64 Orlandi, "Letteratura copta e cristianesimo nazionale egiziano," 44-45; Papaconstantinou, "Hagiography in Coptic," 323, note 1.

65 Swanson, "Arabic Hagiography," 345-346. 翻訳作品はこれ以前にも確認されるため，これはアラビア語で著された作品が確認できるようになる時期を指す。

66 戸田聡「『エジプト人マカリオス伝』をめぐる諸考察」; *Vie de S. Macaire L'egyptien*.

67 Swanson, "Arabic Hagiography," 346. なお，近年，アラビア語へ翻訳された聖人伝の校訂(アラビア語版)があいついでいるため，今後の研究が待たれる。*La vie de Saint Jean higoumène de Scété*: Zanneti, "La vie de Saint Jean higoumène de Scété au VIIe siècle,"; *The Life of Stephen of Mar Sabas*, ed. and trans. by Lamoreaux; *The Arabic Life of Severus of Antioch Attributed to Athanasius of Antioch*, ed. by Youssef など。

68 Re, "Italo-Greek Hagiography," 233-238.

69 コプト教会の聖人伝研究の中心は，『シナクサール(聖人暦)』を中心とする，殉教者伝(コプト語，アラビア語)であった。 Orlandi, "Hagiography," in *The Coptic Encyclopedia*.

70 Swanson, "Arabic Hagiography," 357.『カエサリアの聖バシレイオス伝』のアラビア語手稿本については，シナイ半島の聖カテリーナ修道院が10世紀に製作されたものを所蔵している。『カーフシュターの聖テモテオス伝』はアッバース朝期にアンティオキア近郊に住んでいた柱頭行者テモテオスに関する聖人伝である。*The Life of Timothy of Kākhushtā*, ed. and trans. by Lamoreaux and Cairala.

71 Troupeau, *Catalogue des manuscrits arabes: Manuscrits chrétiens*, Vol. 1, 53; Simayka and 'Abd al-Masīḥ, *Catalogue of the Coptic and Arabic Manuscripts in*

the Coptic Museum, the Patriarchate, the Principal Churches of Cairo and Alexandria and the Monasteries of Egypt, Vol. 2, Part 1, 290.

72 E.g. *A Handbook of Early Middle Arabic*, by Blau; Kussaim, "Contribution à l'étude du moyen arabe des Coptes" (Kussaim と Samir Khalil Samir は同一人物である).

73 『アントニオス伝』といった修道制の創始者の伝記がイスラーム期以降，コプト教会においてどのように位置づけられ，継承されていたのかということに関しては今後の研究が待たれる。

74 Coquin, "Synaxsarion, Copto-Arabic," in *The Coptic Encyclopedia*; Swanson, "The Copto-Arabic Synaxarion".

75 *Kitāb al-Sinaksār*(以下略): Forget (ed.), *Synaxarium Alexandrinum*(以下 Forget 版), 5(ハディード), 304-308(バルスーマー), 58(アラム), 216(ムルクス).『シナクサール』の Basset 版(以下参照)についてはその校訂に批判が多く，カイロ版『シナクサール』は全体として後世の手が加えられている。それゆえ，本研究はおもに Forget 版に依拠し，場合によっては Basset 版やカイロ版も参照した。ただし，Forget 版にも問題がないわけではないため，今後の研究が必要となる。Basset (ed.), *Le Synaxaire arabe jacobite (rédaction copte)* (Basset 版); *Kitāb al-Sinaksār* (カイロ版). 校訂版の問題については Coquin, "Synaxarion, Copto-Arabic," in *The Coptic Encyclopedia* を参照。

76 『シナクサール』のいずれの校訂本も編纂方法に問題があり，イスラーム中期以降の聖人の項は校訂時に削除された可能性が高いことが以前から指摘されている。Coquin, "Synaxsarion, Copto-Arabic," in *The Coptic Encyclopedia* を参照。近年明らかになってきた，特定の手稿本にのみ記載されたイスラーム期の聖人については，Farouk Fayez and Mistrih, "Vies inédites, d'après un synaxaire manuscript de l'église de la Sainte-Vierge al-Damširiyyah au vieux Caire," 263-264 を参照。

77 Forget (ed.), *Synaxarium Alexandrinum*, II, 5. R. Forget が参照した手稿本のうち，Vatican, Biblioteca Apostolica Vaticana(以下略), MS arabo 62, 63 (1713), Paris, Bibliothèque nationale(以下略), MS arabe 256(16世紀), Paris, MS arabe 4869, 4870(17, 18世紀)にはハディードの項はみられず，Vatican, MS arabo 64, 65 (1720), Florence, Biblioteca nazionale, M. Cl. III, 28, 67 (MS arabo 32, 33) (1388?)は Forget 版のとおり，Paris, MS arabe 4779, 4780(19世紀)はカイロ版と同様の内容である。

78 Crum, "Barṣaumâ the Naked," 136;『バルスーマー伝』: Cairo, Hārat al-Rūm, Kanīsat al-ʻAdhrā', MS tārīkh 14 (n.d.), fol. 71b. 1301年の教会封鎖令について，詳しくは，Little, "Coptic Conversion to Islam," 554-558; 辻明日香「マムルーク朝エジプトにおけるズィンミー政策の転換」172-173 を参照。

第1章 『ハディード伝』の世界

1 『ハディード伝』(以下略): Dayr al-Suryān, MS mayāmir 306, fols. 19b-20a.

2 Mattā'us al-Suryānī, *Al-Qiddīs Anbā Ḥadīd al-Qiss wa Tilmīdh-hu al-Qiddīs Yuḥannā al-Rabbān*, 9-24. スィンジャールの起源ははビザンツ期に遡り，8～13世

紀にかけては主教座がおかれていた。コプト教会の聖人を数多く生み出したことで有名であるが，16～17世紀にはブルッルス湖の水位上昇により水没したようである。Meinardus, *Christian Egypt: Ancient and Modern*, 2nd rev. ed., 237-241. 13世紀初頭に完成した『教会と修道院の歴史 *Tārīkh al-Kanā'is*』には，ヌトゥービス・アッルンマーンには教会が6堂あると述べられている。S. Timmによると，『シナクサール』のハディードの項を除き，この村の名前はコプト教会の文献に登場しないという。*Das christlich-koptische Ägypten in arabischer Zeit*, by Timm, 1788-89.

3　*Kitāb al-Sinaksār*(以下略), Forget (ed.), *Synaxarium Alexandrinum*, II, 5; *Kitāb al-Sinaksār*, 15; *Kitāb al-Ibṣalmūdīya*, 78. ハディードはR. Bassetによる『シナクサール』の校訂には登場しない。カイロ版には百歳まで生きたとあるが，Forget版，カイロ版とも没年を伝えていない。このほかにはO'Leary, *The Saints of Egypt*, 150にその名前Hadid(アラビア語で鉄を意味する)とコプト語名Benepi(コプト語で鉄を意味する)が記載されている。

4　Ṣalīb al-Qiss Dimitrī, "Al-Qiddīs Anbā Ḥadīd al-Qiss," 30-33; Mattā'us al-Suryānī, *Al-Qiddīs Anbā Ḥadīd al-Qiss wa Tilmīdh-hu al-Qiddīs Yuḥannā al-Rabbān*, 9-24.

5　『ハディード伝』手稿本の所蔵情報については参考文献を参照。現在，コプト正教会総主教座管轄下の教会・修道院(コプト正教会総主教座図書館を含む)が所蔵する手稿本の閲覧は実質的に不可能となっている。

6　Mattā'us al-Suryānī, *Al-Qiddīs Anbā Ḥadīd al-Qiss*, 24; Abullif, "Hadid," 152.

7　Zanetti, *Les manuscrits de Dair Abû Maqâr*, 60.

8　*Kitāb al-Ibṣalmūdīya*, 78.

9　*Kitāb al-Sinaksār*, II, 384 (Forget版とBasset版には登場しない). この人物はギザ出身で，総主教マッタウスの時代に殉教した(とされる)49名のキリスト教徒の一人である。Nakhla, *Silsilat Tārīkh al-Bābāwāt*, Part 3, 126-127.

10　1003AM/1287年であるのか，聖マカリウス修道院所蔵手稿本にあるように1002AM/1286年であるのか，という問題は残るが，聖マカリウス修道院所蔵手稿本の存在から，少なくともハディードの死亡年は元来不明であり，殉教者ハディードの死亡年から1103AM/1387年という年が導き出されたとは考えにくいといえよう。

11　E.g. Mattā'us al-Suryānī, *Al-Qiddīs Anbā Ḥadīd al-Qiss*, 7; Abullif, "Hadid," 152.

12　Dayr al-Suryān, MS mayāmir 306, fol. 24a. 著者か編者かという問題については，どちらも想定され，同一聖人伝について研究者の見解が分かれることもある。例えば6世紀のシリア北東部に生きた柱頭行者の聖人伝『小シメオン伝 *Life of Symeon Stylites the Younger*』については，その内容を不正確であるが史実に近いと考えたH. DelehayeとP. van den Venは，その著者を聖シメオン修道院の修道士で，聖人の半生を実際に知る者とみなし，その聖人伝は著者自らの目撃情報をほかの人々からの証言で補ったものであるとした。E. MüllerとD. Chittyの研究をへて，現在は小シメオンの奇蹟を記録した文書が存在し，それを『小シメオン伝』の著者が編纂したと考えられている。Efthymiadis with Déroche, "Greek Hagiography in Late

Antiquity (Fourth-Seventh Centuries)," 53.

13 Dayr al-Suryān, MS mayāmir 306, fols. 17a(奇蹟10), 18a(奇蹟11), 21a-21b(奇蹟15).

14 Dayr al-Suryān, MS mayāmir 306, fols. 8b-9a. この1295〜96年に起きた飢饉については第2章『ユハンナー・アッラッバーン伝』にて取り上げたい。

15 MS mayāmir 306 に収録されている『ユハンナー・アッラッバーン伝』の前書きも同様に短いため(他手稿本の前書きは長い), この手稿本は前書きを省略したものと考えられる。

16 Dayr al-Suryān, MS mayāmir 306, fols. 4a-6a.「神の人々の頭」という表現に似た例として,『旧約聖書』「エレミヤ書」31章7節「諸国民の頭(ra's al-umam, 版によってはal-shu'ūb)のために叫び声をあげよ」;『新約聖書』「コリントの信徒への手紙」I, 11章3節「すべての男の頭(ra's kull rajul)は……」;「エフェソ(ス)の信徒への手紙」5章23節「キリストが教会の頭であり anna al-masīḥ ra's al-kanīsa ……」があげられる。*al-Kitāb al-Muqaddas*;『聖書(新共同訳)』。

17 E.g. O'Leary, *The Saints of Egypt*; Pratsch, *Der hagiographische Topos*, 74-77(出生の予言), 83-84(幼い頃からの敬虔さ), 119-122(妻帯の拒否). T. Pratsch の研究は中世のビザンツ聖人伝におけるトポスを分析したものである。

18 Dayr al-Suryān, MS mayāmir 306, fols. 6a-6b.「栄光から身を遠ざけるために」という説明は Dayr al-Suryān, MS mayāmir 306 にはなく, 小冊子(おそらく Dayr al-Suryān, MS mayāmir 311 に依拠)から補填した。MS mayāmir 306 には移住の理由が示されていない。Mattā'us al-Suryānī, *Al-Qiddīs Anbā Ḥadīd al-Qiss*, 14.

19 Dayr al-Suryān, MS mayāmir 306, fols. 6b-7a. ブルンバーラについては, Halm, *Ägypten nach den mamlukischen Lehensregistern*, II, 465; *al-Qāmūs al-Jughrāfī*, by Ramzī, 2-2, 112; Ibn al-Jī'ān (d. 1480), *Kitāb al-Tuḥfa al-Sanīya bi-Asmā' al-Bilād al-Miṣrīya*, 137 を参照。タッバーナという地名については地理書から確認できない。水車小屋での労働については Goitein, *A Mediterranean Society*, Vol. 1, 178-179 を参照。

20 Dayr al-Suryān, MS mayāmir 306, fol. 7a.

21 Dayr al-Suryān, MS mayāmir 306, fols. 7a-7b. H. G. Evelyn-White によると, 1216年頃, 聖マカリウス修道院には400名ほどの修道士が住んでいたが, 13世紀後半には荒廃することとなる。Evelyn-White, *The Monasteries of the Wâdi 'N Natrûn*, Part II, 386.

22 Dayr al-Suryān, MS mayāmir 306, fols. 8a-8b. 司祭を任命する権利はその地区の主教にある。KHS-Burmester, *The Egyptian or Coptic Church*, 154, 162-164 参照。『ハディード伝』に主教の名は記されていない。

23 Dayr al-Suryān, MS mayāmir 306, fols. 44b-46b.

24 第43代総主教イスカンダル2世(在位704〜729)の時期にエスナーに生きた聖人, マッタウスも漁師であり, 司祭であった。*Tārīkh al-Baṭārika*: Evetts (ed. and trans.), *History of the Patriarchs of the Coptic Church of Alexandria*, t.5, fasc. 1, 79-80. 修道士になる際, 司祭や修道士の影響など, 修道生活を志した動機が説明

されてもよいはずであるが，『ハディード伝』ではそのような点も省略されている。

25　Dayr al-Suryān, MS mayāmir 306, fol. 7b.

26　KHS-Burmester, "The Canons of Cyril III Ibn Laḳlaḳ," 115.

27　Dayr al-Suryān, MS mayāmir 306, fol. 8b; *Miṣbāḥ al-Ẓulma*: Ibn Kabar（d. 1324）, *Miṣbāḥ al-Ẓulma fī Īḍāḥ al-Khidma*, I, hā.

28　Paris, Bibliothèque nationale（以下略）, MS arabe 4779, 4780（19世紀，アスユート近郊ムハッラク修道院にて書写〈Troupeau, *Catalogue des manuscrits arabes*, Vol. 2, 30〉）, *Kitāb al-Sinaksār*, II, 15; Forget（ed.）, *Synaxarium Alexandrinum*, II, 5. Forget が参照した手稿本のうち，Vatican, MS arabo 62, 63（1713）, Paris, MS arabe 256（16世紀）, Paris, MS arabe 4869, 4870（17, 18世紀）にはハディードの項はみられず，Vatican, MS arabo 64, 65（1720）, Florence, MS arabo 32, 33（1388?）は Forget 版のとおり，Paris, MS arabe 4779, 4780（19世紀）はカイロ版と同様の内容である。

29　『ユハンナー・アッラッバーン伝』: Cairo, Hārat al-Zuwayla, Dayr al-Sayyida al-'Adhrā', MS mayāmir 8（1160AM/1443-44）, p. 4.

30　Dayr al-Suryān, MS mayāmir 306, fol. 33a.

31　Dayr al-Suryān, MS mayāmir 306, fol. 42b.

32　Dayr al-Suryān, MS mayāmir 306, fols. 28a-28b（奇蹟21）, 29b-30a（奇蹟22）; Forget（ed.）, *Synaxarium Alexandrinum*, II, p. 5.

33　Dayr al-Suryān, MS mayāmir 306, fols. 13a-14b（奇蹟 6 ）, 29b-30a（奇蹟22）.

34　Dayr al-Suryān, MS mayāmir 306, fols. 10b（奇蹟 3 ）, 38b-40a（奇蹟28）, 40b（奇蹟29）.

35　Dayr al-Suryān, MS mayāmir 306, fols. 14b-15a（奇蹟 7 ）, 19b-20b（奇蹟13）.

36　Dayr al-Suryān, MS mayāmir 306, fols. 19b-20a.

37　Dayr al-Suryān, MS mayāmir 306, fols. 28a-28b.

38　Goitein, *A Mediterranean Society*, Vol. 1, 295-299; e.g. Lane, *An Account of the Manners and Customs of the Modern Egyptians*, 342.

39　Dayr al-Suryān, MS mayāmir 306, fol. 26a.

40　Bagnall, *Egypt in Late Antiquity*, 34-36; Goitein, *A Mediterranean Society*, Vol. 1, 275.

41　これは船全般を指す用語ではなく，特定の種類の船の名前のようである。Goitein, *A Mediterranean Society*, Vol. 1, 295.

42　Dayr al-Suryān, MS mayāmir 306, fols. 10b-11b（奇蹟 3 ）, 28a-28b（奇蹟21）, 37a（奇蹟27）, 38b（奇蹟28）; Dayr al-Sayyida al-'Adhrā', MS mayāmir 8, p. 15.

43　Dayr al-Suryān, MS mayāmir 306, fols. 14b-15a; *Tārīkh Yūsāb*: Yūsāb, Bishop of Fuwwa（d. ca. 1300）, *Tārīkh al-Baṭārika*, 279-280.

44　Dayr al-Sayyida al-'Adhrā', MS mayāmir 8, p. 4.

45　*Kitāb al-Sinaksār*（カイロ版）, II, 15.

46　Dayr al-Suryān, MS mayāmir 306, fols. 42b-44b; *Tārīkh al-Baṭārika*: Khater and KHS-Burmester（ed. and trans.）, *History of the Patriarchs of the Egyptian Church*, III-3, 134, 229.

47 *Tārīkh al-Baṭārika*, III-3, 134, 229–230. この事件については謎が多い。イブン・アッスカーイー(Ibn al-Suqā'ī, d. 1325/6)はブールス・アルハビース(Būluṣ al-Ḥabīs)というキリスト教徒の隠者が処刑場にて罰金を満額で支払ったと記しているが,『アレクサンドリア総主教座の歴史』にはこのような記述はみられない。Ibn al-Suqā'ī , *Tālī Kitāb Wafayāt al-A'yān*, 59; Labib, "Bulus al-Habis," in *The Coptic Encyclopedia*.

48 Dayr al-Suryān, MS mayāmir 306, fols. 43a–43b.

49 Dayr al-Suryān, MS mayāmir 306, fols. 19b–20a.

50 Forget (ed.), *Synaxarium Alexandrinum*, II, 10–11; *Kitāb al-Sinaksār*, II, 21–22; Khater, "Nouveaux fragments du Synaxaire arabe," 94–96; Swanson, "The Copto-Arabic Synaxarion," 940. これは先行する殉教者ディオスコロスの記事を,『シナクサール』の編纂者が13世紀のできごとに置き換えて記したものと解釈される。Atiya, "Synaxarion, Copto-Arabic: The List of Saints," in *The Coptic Encyclopedia*; Swanson, "The Copto-Arabic Synaxarion," 937–945 を参照。

51 *Tārīkh al-Baṭārika*, III–3, 134, 230.

52 『シナクサール』ミスラー月27日。Forget (ed.), *Synaxarium Alexandrinum*, II, 286–287; *Kitāb al-Sinaksār*, II, 397; Swanson, "The Copto-Arabic Synaxarion," 940. カイロ版の記事は簡略化されている;『シナクサール』ハトゥール月11日。Farouk Fayez and Mistrih, "Vies inédites, d'après un synaxaire manuscript de l'église de la Sainte-Vierge al-Damširiyyah au vieux Caire," 263–264; Swanson, "The Copto-Arabic Synaxarion," 940. いずれの校訂本にもこの聖人に関する記述はみられない。

53 Van Lent, "An Unedited Copto-Arabic Apocalypse of Shenute from the Fourteenth Century: Prophecy and History," 162.

54 *Khiṭaṭ*: al-Maqrīzī (d. 1442), *Kitāb al-Mawā'iẓ wal-I'tibār fī Dhikr al-Khiṭaṭ wal-Āthār*, IV–2, 1014.

55 Northrup, "Muslim-Christian Relations during the Reign of the Mamluk Sultan al-Manṣūr Qalāwūn," 254, 256–257; *Khiṭaṭ*, IV–2, 1048. ハンダク修道院はのちに再建された。

56 Dayr al-Suryān, MS mayāmir 306, fol. 44b.

第2章 『ユハンナー・アッラバーン伝』の世界

1 『ユハンナー・アッラバーン伝』(以下略): Dayr al-Sayyida al-'Adhrā', MS mayāmir 8, pp. 73–75, 83–85.

2 *Kitāb al-Ibṣalmūdīya*, 78.『シナクサール』の校訂本(現行版すべて)には校訂方法に問題があり,13〜14世紀の聖人の一部は校訂本に記載されていないことが近年明らかになってきたため,今後,名前を確認できる可能性がある。詳しくは Coquin, "Synaxsarion, Copto-Arabic," in *The Coptic Encyclopedia* を参照。

3 Mattā'us al-Suryānī, *Al-Qiddīs Anbā Ḥadīd al-Qiss*, 25–38.

4 *Ibid.*, 25–37.

5 『ユハンナー伝』手稿本の所蔵について，詳しくは参考文献を参照。もっぱら利用したのは聖処女修道院所蔵(Cairo, Hārat al-Zuwayla, Dayr al-Sayyida al-ʻAdhrā') MS mayāmir 8 (1160AM/1443-44), pp. 1-103 であるが，この手稿本は各フォリオの両面に番号がふられているため，p. で頁数を示すこととする。聖処女修道院のカタログにはこの手稿本は『ハディード伝』であると記されているが，実際に所収されているのは『ユハンナー・アッラッバーン伝』である。

6 Dayr al-Suryān, MS mayāmir 306, fols. 55a-56b; 同, MS mayāmir 311, fols. 81a-82a; Dayr al-Sayyida al-ʻAdhrā', MS mayāmir 8, pp. 21-22. MS mayāmir 306 は後者 2 点と比べ完成年代が新しいうえ，「伝記」の一部は紙がほかの部分より新しく，筆跡が異なる。

7 Mattā'us al-Suryānī, *Al-Qiddīs Anbā Ḥadīd al-Qiss*, 37.

8 Little, "Coptic Conversion to Islam," 553-554.

9 Dayr al-Sayyida al-ʻAdhrā', MS mayāmir 8, pp. 33-34(奇蹟 1), 41(奇蹟 3).

10 Dayr al-Sayyida al-ʻAdhrā', MS mayāmir 8, pp. 38(奇蹟 3), 76-77(奇蹟20).

11 Dayr al-Sayyida al-ʻAdhrā', MS mayāmir 8, pp. 35-38(奇蹟 2), 58-60(奇蹟13), 92-98(奇蹟28).

12 Dayr al-Sayyida al-ʻAdhrā', MS mayāmir 8, pp. 75, 77.

13 Dayr al-Sayyida al-ʻAdhrā', MS mayāmir 8, p. 7. barāhīn は burhān の複数形。この単語については *A Handbook of Early Middle Arabic*, by Blau, 182 を参照。

14 Dayr al-Sayyida al-ʻAdhrā', MS mayāmir 8, pp. 3-7.

15 Dayr al-Sayyida al-ʻAdhrā', MS mayāmir 8, pp. 9-13; Dayr al-Suryān, MS mayāmir 306, fols. 47a-47b. 両親の名前は記されていない。ズワイラ街区手稿本には，ユハンナーの母が臨月の際にハンマームへ行くと，彼女がキリスト教徒であることを知った「敵の手先の女〔敵(al-ʻadūw wal-munāṣib)によって送り込まれた，軍の女性？(nisā' al-ajnād)のうち邪悪な女〕」に押されて転倒し，その場でユハンナーが生まれたというエピソードが挿入されている。MS mayāmir 306 には結婚をめぐる家族との葛藤の記述はなく，12歳のときに修道士を志し，シャフラーン修道院にて修道士となり，多くの修道士から学んだとある。

16 Dayr al-Sayyida al-ʻAdhrā', MS mayāmir 8, p. 13; Dayr al-Suryān, MS mayāmir 306, fols. 48b-49a. 聖人による聖地巡礼や，東地中海の各地への巡礼の旅というテーマは，ビザンツ聖人伝においてめずらしいものではない。Efthymiadis, "The Function of the Holy Man in Asia Minor in the Middle Byzantine Period," 158. ビザンツ聖人の東地中海各地への旅については Malamut, *Sur la route des saints byzantins* などを参照。

17 *Khiṭaṭ*, III, 7-9. アクマル・モスクの付近にバルジャーン通りという地名があるため，この付近の街区であると思われる。*Khiṭaṭ*, III, 9, note 4 参照。聖アンダラーウス教会は *Tārīkh al-Kanā'is* に登場する，ルーム人街区の Darb al-Nabādīn にあるメルキト派の教会(Kanīsa Andarā'us al-tilmīdh)であると考えられる。*Tārīkh al-Kanā'is*, fol. 9a. Darb al-Nabādīn に関しては *Khiṭaṭ*, III, 123 にも記述がみられる。

18 Dayr al-Sayyida al-ʻAdhrā', MS mayāmir 8, p. 14. MS mayāmir 306 には，ユハン

ナーはイェルサレムへの巡礼を果たしたと記されている。イェルサレムに3年間とどまったのち，シャフラーン修道院へ戻り，病気の母を看病すべく帰郷した。母の死後，ヌトゥービス・アッルンマーンのハディードの弟子となるよう勧められたという。母のもとへ帰るというモチーフは「別離—旅—帰還」という聖人伝のトポスに沿っているとも解釈される。Efthymiadis, "Greek Hagiography in Late Antiquity," 59.

19 Dayr al-Sayyida al-'Adhrā', MS mayāmir 8, pp. 14-15.

20 『バルスーマー伝』: Paris, Bibliothèque nationale, MS arabe 72 (1358), fols. 67a-67b (奇蹟26).

21 "Rabbān," in *Jewish Encyclopedia*, ed. by Singe(ヘブライ語); *A Compendious Syriac Dictionary*, ed. by Payne Smith, 525(シリア語); *Verzeichnis arabischer kirchlicher Termini*, ed. by Graf, 239(アラビア語).

22 Dayr al-Sayyida al-'Adhrā', MS mayāmir 8, pp. 16-18.

23 Dayr al-Sayyida al-'Adhrā', MS mayāmir 8, pp. 17-19.

24 Dayr al-Sayyida al-'Adhrā', MS mayāmir 8, pp. 19-21.

25 Dayr al-Sayyida al-'Adhrā', MS mayāmir 8, pp. 21-22; Dayr al-Suryān, MS mayāmir 306, fols. 55b-56a. マグティス修道院については René-Georges Coquin, "Dayr al-Maghtis," in *The Coptic Encyclopedia* を参照。マイマー修道院はブルッルス湖周辺，ビルカース近郊にあったと考えられている。マクリーズィーは Dayr al-Mayma と記し，M. Ramzī は Dayr al-Maymā と記している。マクリーズィーによると，この修道院はかつて下エジプト随一の修道士数を誇ったが，その後衰退し廃墟になった。*Khiṭaṭ*, IV-2, 1050; *al-Qāmūs al-Jughrāfī*, by Ramzī, II-2, 28; Coquin, "Dayr al-Maymah" in *The Coptic Encyclopedia*.

26 Dayr al-Sayyida al-'Adhrā', MS mayāmir 8, pp. 21-22; Dayr al-Suryān, MS mayāmir 306, fol. 56b.

27 Dayr al-Sayyida al-'Adhrā', MS mayāmir 8, pp. 24-26; Dayr al-Suryān, MS mayāmir 306, fols. 57a-59b. スンバートについては，*Tārīkh al-Kanā'is*, fol. 32b; *Das christlich-koptische Ägypten*, by Timm, 2275-77; al-Idrīsī (d. 1166), *Kitāb Nuzhat al-Mushtāq fī Ikhtirāq al-Āfāq*, 153; *Ibn Duqmāq*: Ibn Duqmāq (d. 1407), *Kitāb al-Instiār li-Wāsiṭat 'Iqd al-Amṣār*, V, 92 を参照。管見の限り，サマンヌードにおけるユハンナーの墓所や聖遺物に関する後世の史料は確認できない。ユハンナーへの崇敬はその死後さほど長く続かなかったと考えるべきであろう。

28 Dayr al-Sayyida al-'Adhrā', MS mayāmir 8, pp. 69-72.

29 Dayr al-Sayyida al-'Adhrā', MS mayāmir 8, pp. 6-7.

30 Dayr al-Sayyida al-'Adhrā', MS mayāmir 8, pp. 42(奇蹟4), 45(奇蹟5), 79(奇蹟22).

31 Dayr al-Sayyida al-'Adhrā', MS mayāmir 8, pp. 46(奇蹟6), 49(奇蹟8), 52(奇蹟10).

32 Dayr al-Sayyida al-'Adhrā', MS mayāmir 8, pp. 65(奇蹟16), 67(奇蹟17), 90-92(奇蹟27).

33　Dayr al-Sayyida al-ʻAdhrā', MS mayāmir 8, pp. 10-11, 33-35(奇蹟２), 67(奇蹟17).

34　Dayr al-Sayyida al-ʻAdhrā', MS mayāmir 8, pp. 87-90. 後日，この男の娘が病気になるが，キリスト教徒の薬屋(アッタール)からもらった薬で回復したとされる。ムバーシルとナーズィルの職掌については佐藤次高『中世イスラム国家とアラブ社会』243を参照。

35　Dayr al-Sayyida al-ʻAdhrā', MS mayāmir 8, pp. 38-42(奇蹟３), 89-90(奇蹟26). 奇蹟３には書き手の「私はこの奇蹟を見たことを証言する」という言葉が添えられている。

36　Dayr al-Sayyida al-ʻAdhrā', MS mayāmir 8, pp. 29-33(奇蹟１), 67-69(奇蹟17), 79-82(奇蹟22), 90-92(奇蹟27).

37　Dayr al-Sayyida al-ʻAdhrā', MS mayāmir 8, pp. 42-45(奇蹟４), 51-52(奇蹟９), 86-87(奇蹟25), 49-51(奇蹟８), 46-48(奇蹟６).

38　Dayr al-Sayyida al-ʻAdhrā', MS mayāmir 8, p. 87.『旧約聖書』申命記第32章39節「わたしの他に神はない。わたしは殺し，また生かす」に基づいた表現であると推察される。『聖書(新共同訳)』。

39　Dayr al-Sayyida al-ʻAdhrā', MS mayāmir 8, pp. 56-58(奇蹟12), 60-63(奇蹟14), 69-73(奇蹟18).

40　Dayr al-Sayyida al-ʻAdhrā', MS mayāmir 8, pp. 74-75, 83-85.

41　長谷部史彦「14世紀エジプト社会と異常気象」59。エジプトの１アルダッブは90リットルに該当。

42　Tucker, "Natural Disasters and the Peasantry in Mamlūk Egypt," 218-219; 長谷部史彦「14世紀エジプト社会と異常気象」60-61。

43　Dayr al-Sayyida al-ʻAdhrā', MS mayāmir 8, pp. 58-60.

44　疫病を神の怒りとしてとらえたマムルーク朝期の人々の反応については Dols, "The Comparative Communal Responses to the Black Death in Muslim and Christian Societies," 280-283 を参照。

45　ユハンナーが訪れた下エジプトの町や村は以下のとおりである(訪問順。Dayr al-Sayyida al-ʻAdhrā', MS mayāmir 8, pp. 21-25)。各集落に関する地理書の情報は Halm, *Ägypten nach den mamlukischen Lehensregistern,* II: *Das Delta*(以下 Halm と略記)を参照。Nuṭūbis al-Rummān [Halm: 467], Maḥalla [Halm: 519], Dayr al-Maghṭis, Dayr al-Maymā, Busāṭ [Halm: 712], Damīra, Dār al-Baqar al-Baḥrīya [Halm: 492], Buṭayna [Halm: 487], Nishīn al-Qanāṭir [Halm: 557], Ibshawayh al-Malaq [Halm: 511], al-Naḥrīrīya [Halm: 554], Minyat Ibyār [Halm: 540], Birmā [Halm: 484], Fīsha, Maḥallat al-Marḥūm [Halm: 523], Qalyūb [Halm: 333], Ṭūkh [Halm: 592], Maḥallat Rūḥ [Halm: 525], Maḥallat Abū al-Haytam [Halm: 519-520], Bulqīna [Halm: 486], Sandafā [Halm: 571], Maḥallat Burg [Halm: 520], Ushmūn Ṭannāh [Halm: 762], Minyat Ibn Salsīl [Halm: 733], Minyat Mirajjā [Halm: 777], Minyat Badrān [Halm: 732], al-Manzala [Halm: 741], Jazīrat al-Rummān, Sunbāṭ, Samannūd [Halm: 569].

46　Dayr al-Sayyida al-ʻAdhrā', MS mayāmir 8, p. 22; Dayr al-Suryān, MS mayāmir

306, fol. 56b. 10～11世紀イタリア南部におけるムスリム勢力の征服活動は，この地における修道士たちの東方への巡礼の旅を引き起こした。ユハンナーの旅も，下エジプトにおけるキリスト教徒を取り巻く環境が悪化した結果であるととらえることもできる。Re, “Italo-Greek Hagiography,” 235; Acconcia Longo, “Santi monaci italogreci alle origini del monastero di S. Elia di Carbone,” 131-149.

47 聖人伝における修行のモチーフについては，Brown, “The Rise and Function of the Holy Man,” 91-93を参照。『アントニオス伝』における修行や移動のモチーフについては，Hägg, “The Life of St Antony between Biography and Hagiography,” 21を参照。

48 Caner, *Wandering, Begging Monks*, 20, 38-41.

49 *Vite dei monaci Phif e Longino*, ed. by Orlandi, trans. by Campagnano; アウグスティヌス『修道士の労働』第28章36節（今義博ほか訳『アウグスティヌス著作集27　倫理論集』161）; 宮谷宣史「『修道士の労働』解説」（今義博ほか訳『アウグスティヌス著作集27　倫理論集』379）; Caner, *Wandering, Begging Monks*, 2.

50 *Ibid.*, 57-64. シリア語で著された『聖テモテ伝』にこのような隠者の理想像が凝縮されているといわれる。『聖テモテ伝』はイエスの弟子であったテモテがイエスにより奴隷としてインドの商人に売られ，インド各地を宣教してまわったという内容であるが，この物語は『新約聖書』「マタイによる福音書」第8章20節「人の子は枕する所もない」という句をモチーフにしていると考えられている。ビザンツ世界における例については，Guillamont, “Le dépaysement comme forme d'ascèse dans le monachisme,” 41-50; Ivanov, *Holy Fools in Byzantium and Beyond*, 64を参照。

51 Caner, *Wandering, Begging Monks*, 64.

52 聖人伝における，このような旅の記録はめずらしいものではなく，ビザンツの聖人伝にしばしばみられる。例えば10～11世紀に著された『ハイパティオス（Hypatios）伝』は，シリアにおけるこの聖人の放浪を詳細に記録している。Efthymiadis with Déroche, “Greek Hagiography in Late Antiquity,” 58.

53 Dayr al-Sayyida al-ʻAdhrā', MS mayāmir 8, pp. 21-22.

54 Dayr al-Sayyida al-ʻAdhrā', MS mayāmir 8, pp. 73（奇蹟19）, 56-58（奇蹟12）, 60-63（奇蹟14）.

55 Dayr al-Sayyida al-ʻAdhrā', MS mayāmir 8, pp. 21-22, 54-56（奇蹟11）, 65. 古代末期のさまよう聖人も，各地で僧房を編んだとされる。有名になると僧房を燃やしてつぎの場所に移る聖人も存在した。Nicol, “Instabilitas loci: The Wanderlust of Late Byzantine Monks,” 196-198, 200-201.

56 聖家族の足跡に関してはGabra, *Be Thou There: The Holy Family's Journey in Egypt*, 150-151, 154-155を参照。

57 地名が正確で地理情報に詳しい聖人伝としては，古代末期にアナトリア半島にて著されたものがあげられる。そのうちの一つ，『シオンのニコラス伝』は『ユハンナー伝』同様，崇敬者の証言と目撃談からなる（この聖人伝はこれらの証言に基づき，ニコラスの死後まもなく編纂されたと考えられている）。Efthymiadis with

Déroche, "Greek Hagiography in Late Antiquity," 69-70. このような聖人伝から地理情報を摘出した研究としては，Trombley, "Monastic Foundations in Sixth-century Anatolia," 45-59 など，F. Trombley の研究があげられる。

58 Dayr al-Sayyida al-ʿAdhrāʾ, MS mayāmir 8, p. 65. H. Munier の研究における13〜14世紀の主教名のリストを参照。Munier, *Recueil des listes épiscopales de l'Église copte*, 36-42.

59 Martin, "Le Delta chrétien à la fin du XIIᵉs," 192; Youssef, "La translation des reliques des saints Jean et Siméon," 332-350. *Tārīkh al-Kanā'is* の校訂本のうち，本書は Samū'īl al-Suryānī による（手書きの）1984年の校訂に依拠した。1999〜2000年に活字版が出版されているが，この版には誤植が多いため注意を要する。1984年版と1999年版では頁番号が異なるため，両版に示されている，手稿本のフォリオ番号で出典を示した。*Tārīkh al-Kanā'is* の校訂とその問題について，詳しくは辻明日香「11世紀後半〜14世紀下エジプトにおけるキリスト教徒集落の消長」を参照。

60 al-ʿAynī (d. 1451), *ʿIqd al-Jumān fī Ta'rīkh Ahl al-Zamān*, III, 183-184; *Khiṭaṭ*, IV-2, 1009-16; Little, "Coptic Conversion to Islam," 554; Dayr al-Sayyida al-ʿAdhrāʾ, MS mayāmir 8, p. 67.

61 *Khiṭaṭ*, IV-2, 1015; *Miṣbāḥ al-Ẓulma*, I, hā.

62 Northrup, "Muslim-Christian Relations," 259.

63 Dayr al-Sayyida al-ʿAdhrāʾ, MS mayāmir 8, pp. 29（奇蹟１）, 35（奇蹟２）.

64 Mayeur-Jaouen, "Les Compagnons de la Terrasse," 170.

65 Ibid., 175-178.

66 E.g. Luz, "Aspects of Islamization of Space and Society in Mamluk Jerusalem and its Hinterland," 133-154.

67 Van der Vliet, "Bringing Home the Homeless," 48-53; Décobert, "Un lieu de mémoire religieuse," 247-263. 例えばユハンナーが立ち寄ったとされる下エジプトのダミーラという村とその周辺には，「40人の殉教者」という名のモスクが複数存在する。地元の伝説によれば，これはアムル・ブン・アルアースとともにやってきた40人のアラブの戦士にまつわる名である。O. Meinardus は，これらのモスクはおそらく聖ディムヤナとともに殉教した40人の処女を祀る教会の跡地，あるいはその周囲に建てられた可能性を指摘している。Meinardus, *Christian Egypt: Ancient and Modern*, 231.

68 Nakhla, *Silsilat Tārīkh al-Bābāwāt*, Part 3, 75; *Sulūk*: al-Maqrīzī (d. 1442), *Kitāb al-Sulūk li-Maʿrifat Duwal al-Mulūk*, II, 900-901; 大稔哲也「参詣書と死者の街からみたコプトとムスリム」8-9。

69 *Khiṭaṭ*, IV, 1085-86.

第３章 『バルスーマー伝』の世界

1 『バルスーマー伝』（以下略）: Paris, Bibliothèque nationale（以下略）, MS arabe 72 (1358), fol. 49b; 同, MS arabe 282 (1650), fols. 24b-25a.

2 バルスーマーの生涯に関しては，Crum, "Barṣaumâ the Naked," 135-149, 187-

206; Coquin, "Barsum The Naked, Saint," in *The Coptic Encyclopedia* など参照。

3 Crum, "Barṣaumâ the Naked".

4 *Tārīkh Ḥayāt al-Qiddīs al-'Aẓīm Anbā Barsūm al-'Uryān*; *GCAL*, Vol. 2, 474-475; Abullif, "Barsauma il Nudo"; Swanson, "The Life and the Miracles of Barṣawmā al-'Uryān," 114-118.

5 Voile, "Barsūm le nu".

6 *Kitāb al-Sinaksār*(以下略): Forget (ed.), *Synaxarium Alexandrinum*, II, 304-308; Basset (ed.), *Le Synaxaire arabe jacobite (rédaction copte)*, 777-781; *Kitāb al-Sinaksār*(カイロ版), II, 408-409; *The Difnar: Antiphonarium of the Coptic Church*, ed. by O'Leary, Part III, fols. 51a-52b(手書き).

7 Crum, "Barṣaumâ the Naked," 136, 192-195(校訂), 200-203(翻訳); Swanson, "The Life and the Miracles of Barṣawmā al-'Uryān".

8 『バルスーマー伝』手稿本の所蔵について，詳しくは参考文献を参照。現在確認されている最古の手稿本である，1358年に完成したフランス国立図書館所蔵手稿本 arabe 72 は，文字に点が施されておらず，解読が非常に難しい。参照できた手稿本のなかでは，フィレンツェ国立中央図書館所蔵手稿本がもっとも MS arabe 72 に近い。

9 Simayka and 'Abd al-Masīḥ, *Catalogue of the Coptic and Arabic Manuscripts*, Vol. 2, Part 1, 290.

10 Crum, "Barṣaumâ the Naked," 203-206; Voile, "Barsūm le nu," 162-166.

11 例えば「奇蹟録」奇蹟32にはバルスーマーの時代に実在した Zayn al-Dīn Ibn Makhlūf というマーリク派の大カーディーが登場するが，MS arabe 282 では人名は省略され，高官(arbāb al-manāṣib)という表現になっている。Paris, MS arabe 72 (1358), fol. 72a; Paris, MS arabe 282 (1650), fol. 63b.

12 Cairo, Hārat al-Rūm, Kanīsat al-'Adhrā', MS tārīkh 14 (n.d.), fol. 71b.

13 Simayka and 'Abd al-Masīḥ, *Catalogue of the Coptic and Arabic Manuscripts*, Vol. 2, Part 1, 290.

14 *Nahj*: Mufaḍḍal Ibn Abī al-Faḍā'il (d. after 1358), *Histoire des Sultans Mamlouks*, fasc. III: *Moufazzal ibn Abil-Fazaïl*, 159-167.

15 水道橋の完成を見届けた，というよりは，スルタンの死により水道橋の建設が打ち切られた，という解釈のほうが史実に近いかもしれない。Raymond, *Cairo*, 132.

16 Paris, MS arabe 72, fols. 45b-46b(奇蹟 5), 73b-74a(奇蹟34), 51a(奇蹟10); Paris, MS arabe 282, fol. 27b(奇蹟10). 奇蹟 5 と34は MS arabe 282 には収録されていない。

17 Paris, MS arabe 72, fols. 77a-77b; Paris, MS arabe 282, fols. 61a-62b ほか。

18 al-Nuwayrī (d. 1333), *Nihāyat al-'Arab fī Funūn al-Adab*, XXXII, 216.

19 Paris, MS arabe 72, fols. 49b-51a; Paris, MS arabe 282, fols. 24b-27a; *Sulūk*, II, 102; *Nahj*, 200. バクタムル・アルジャウカンダールについては *Durar*: Ibn Ḥajar al-'Asqalānī (d. 1449), *al-Durar al-Kāmina fī A'yān al-Mi'at al-Thāmina*, I, 18-19 ほかを参照。

20 Paris, MS arabe 72, fol. 76b; Paris, MS arabe 282, fol. 61a; *Sulūk*, II, 144; *Durar*,

III, 354.

21 *Nahj*, 59-167; Ibn al-Suqāʻī (d. 1325/6), *Tālī Kitāb Wafayāt al-Aʻyān*, 182 (no. 307, al-Zāhid Ibn Ṣūmā); *The Book of the Saints of the Ethiopian Church*, ed. by Wallis Budge, Vol. 4, 1283-86.

22 *Nahj*, 158; *Tārīkh al-Baṭārika*, III-3, 134-135, 231.

23 *Khiṭaṭ*, IV-2, 1026.

24 この礼讃文は W. Crum による校訂からは省略されているが，訳には登場する。Crum, "Barṣaumâ the Naked," 142-143.

25 『シナクサール』ではバルスーマーの母がイブン・タッバーン家の出身であったと記されている。Forget (ed.), *Synaxarium Alexandrinum*, II, 304.

26 Crum, "Barṣaumâ the Naked," 138.

27 戸田聡「『師父たちの金言』とポントスのエウアグリオス」216 など参照。

28 E.g. Pratsch, *Der hagiographische Topos*, 59-62.

29 Voile, "Barsūm le nu," 153. この部分は W. Crum による校訂からは省略されているが，訳には登場する。Crum, "Barṣaumâ the Naked," 144-145.『シナクサール』では家を放棄したバルスーマーがすぐに聖メルコリウス教会へ向かったかのような記述となっている。Forget (ed.), *Synaxarium Alexandrinum*, II, 304.

30 Crum, "Barṣaumâ the Naked," 139; Forget (ed.), *Synaxarium Alexandrinum*, II, 304. 聖メルコリウス教会を訪れると，礼拝堂の脇にバルスーマーがいたとされる地下室(部屋というよりは，掘鑿した穴という印象)がみられる。

31 Crum, "Barṣaumâ the Naked," 139-140; Voile, "Barsūm le nu," 153-154; Forget (ed.), *Synaxarium Alexandrinum*, II, 304-305. この間，聖メルコリウス教会の地下室にてバルスーマーは大蛇をてなずけたとされ，バルスーマーのイコンにはその足元に大蛇が描かれていることが多い。B. Voile は，大蛇をてなずけるエピソードを悪霊との戦いのトポスであると考えている。『シナクサール』は大蛇との闘いや断食についてはふれていない。

32 Crum, "Barṣaumâ the Naked," 141; Forget (ed.), *Synaxarium Alexandrinum*, II, 305-306. 法令に関する描写は『シナクサール』のほうが詳しい。『シナクサール』は1301年の措置について，「われわれの罪ゆえに，神がこのような災難をもたらした」と述べている。1301年の法令や教会封鎖の措置については，Little, "Coptic Conversion to Islam," 554-558; 辻明日香「マムルーク朝エジプトにおけるズィンミー政策の転換」165-181 を参照。

33 Forget (ed.), *Synaxarium Alexandrinum*, II, 307; Crum, "Barṣaumâ the Naked," 141-142. これはおそらくフスタートのムアッラカ教会などの封鎖解除を指していると思われる。実際には教会の封鎖解除はヨーロッパ諸国による介入の結果であった。*Sulūk*, I, 912.

34 Crum, "Barṣaumâ the Naked," 187.

35 Ibid., 187-188.

36 Ibid., 191-192.「司祭ユハンナー」とは1332年頃にシャフラーン修道院内の聖メルコリウス教会の司祭を務めていた，イブン・アッシャイフとして知られるユハン

ナー・イブン・アルムウタマンであると思われる。Cheikho, "Lettre du R. P. Louis Cheikho, au sujet de l'auteur de la version arabe du Diatessaron," 304; Crum, "Barṣaumâ the Naked," 201, note 115.

37 Voile, "Barsūm le nu," 156-157; e.g. Pratsch, *Der hagiographische Topos*, 59-62, 74-77.

38 Forget (ed.), *Synaxarium Alexandrinum*, II, 304, 306.

39 Riedel, "Der Katalog der christlichen Schriften in arabischer Sprache von Abū 'l-Barakāt," 647-648.『暗闇の灯火 *Miṣbāḥ al-Ẓulma*』の第7章は(おそらく当時アラビア語で参照できた)，教父時代からイブン・カバルの時代にいたるまでのキリスト教文学の文献一覧からなる。ここに言及された，シメオンに関する著作については *GCAL*, Vol.1, 404-405を参照。修道論が収められたエフラエムの著作(*GCAL*, Vol.1, 421-433)のアラビア語訳については Samir, "Le recueil Ephremien Arabe des 52. Homelies," 307-332の解説を参照。シメオンの生涯については *Life of Symeon Stylites the Elder*, trans. by Doran, 15-36など参照。コプト教会の聖日はバシャンス月29日／5月29日である(ビザンツ教会では7月21日)。Forget (ed.), *Synaxarium Alexandrinum*, II, 143. 現在，この「エフラエムの修道論」はエフラエムに帰せられた後世の作品であると考えられている。Amar, "Ephrem, Life of," in *Gorgias Encyclopedic Dictionary of the Syriac Heritage*, eds. by Brock et al., 147.

40 Crum, "Barṣaumâ the Naked," 144-145(校訂部分においては省略されている); Brock, "Early Syrian Asceticism," 11-12.

41 Voile, "Barsūm le nu," 156, 159.

42 Ibid., 158.

43 シャフラーン修道院内の建物については，聖メルコリウスに帰せられる教会があったことが『バルスーマー伝』の記述からうかがわれ，また『教会と修道院の歴史』は塔があることを伝えているが，14世紀におけるこの修道院の規模や修道士の数といった情報については不明である。*Tārīkh a-Kanā'is*: Evetts (ed. and trans.), *The Churches and Monasteries of Egypt and Some Neighbouring Countries Attributed to Abû Ṣâlih*, 354.

44 MS arabe 72とMS arabe 282では奇蹟番号が異なるため，以下においては前半部分をMS arabe 72の奇蹟番号とフォリオ番号，後半部分をMS arabe 282の奇蹟番号とフォリオ番号とし，奇蹟12(fols. 52a-53a)/8(fols. 28b-29b)のように記す。クラムが解説する奇蹟譚については，後半のMS arabe 282の奇蹟番号から参照が可能である。Crum, "Barṣaumâ the Naked," 203-206. 奇蹟39(fols. 78a-79a)/43(fols. 68b-69b); 奇蹟36(fols. 75b-77a)/32(fols. 59b-61a); 奇蹟19(fols. 59a-60a)/17(fols. 40b-42b).

45 奇蹟6(fols. 46b-47a)/-(-はMS arabe 282にはないことを示す); 奇蹟17(fols. 57a-57b)/14(fols. 36a-37a); 奇蹟21(fols. 61b-62b)/19(fols. 44b-45b).

46 奇蹟41(fols. 80a-81a)/-.

47 奇蹟13では，カイロ在住の重病な男がシャフラーン修道院へ行こうとしたところ，家族は遠すぎると心配したとされており，奇蹟30では，フスタートに住む未亡人が，

眼病を治すための聖水をもらうため，隣人にバルスーマーのもとへ行くよう頼んでいる。奇蹟13（fols. 53a-54a）/ 9（fols. 29b-31b）; 奇蹟30（fols. 70b-71b）/34（fols. 60b-62b）.

48 奇蹟43（fols. 82b-83a）/ –.

49 奇蹟 7（fols. 47a-48a）/12（fols. 34a-35a）; 奇蹟 8（fols. 48a-48b）/ 5（fols. 23a-24a）.

50 *Tārīkh al-Baṭārika*, III-3, 151.

51 奇蹟42（fols. 81a-82b）/ –; 奇蹟43（fols. 82b-83a）/ –.

52 奇蹟30（fols. 70b-71b）/34（fols. 60b-61b）; 奇蹟31（fols. 71b-72a）/36（fols. 62b-63a）; 奇蹟42（fols. 81a-82b）/ –; 奇蹟43（fols. 82b-83a）/ –; 奇蹟 3（fols. 44b-45a）/ 3（fols. 21b-22b）; 奇蹟40（fols. 79a-80a）/ –; 奇蹟 5（fols. 45b-46b）/ –; 奇蹟 7（fols. 47a-48a）/12（fols. 34a-35a）; 奇蹟28（fols. 68b-69b）/26（fols. 52b-53b）.

53 奇蹟34（fols. 73b-74a）/ –; 奇蹟35（fols. 74a-75b）/ –.

54 *Tārīkh al-Baṭārika*, III-3, 134-135.

55 奇蹟12（fols. 52a-53a）/ 8（fols. 28b-29b）.

56 奇蹟 9（fols. 48b-49b）/ –; 奇蹟11（fols. 51a-52a）/ 7（fols. 27a-28b）; 奇蹟36（fols. 75b-77a）/32（fols. 59b-61a）; 奇蹟10（fols. 49b-51a）/ 6（fols. 24b-27a）.

57 奇蹟29（fols. 69b-70b）/31（fols. 58a-59b）; 奇蹟28（fols. 68b-69b）/26（fols. 52b-53b）.

58 奇蹟10（fols. 49b-51a）/ 6（fols. 24b-27a）.

59 奇蹟27（fols. 67b-68b）/25（fols. 51a-52b）; 奇蹟14（fols. 54a-55b）/10（fols. 31b-33a）; 奇蹟32（fols. 72a-73a）/37（fols. 63a-64b）. 夢の中でバルスーマーのもとへ行くよう指示される例は奇蹟30にもみられる。

60 奇蹟10（fols. 49b-51a）/ 6（fols. 24b-27a）; 奇蹟38（fols. 77b-78a）/42（fols. 68a-68b）.

61 奇蹟19（fols. 59a-60a）/17（fols. 40b-42b）; 奇蹟15（fols. 55b-56b）/11（fols. 33a-33b）.

62 奇蹟13（fols. 53a-54a）/ 9（fols. 29b-31b）; 奇蹟36（fols. 75b-77a）/32（fols. 59b-61a）.

63 奇蹟12（fols. 52a-53a）/ 8（fols. 28b-29b）; 奇蹟27（fols. 67b-68b）/25（fols. 51a-52b）; 奇蹟29（fols. 69b-70b）/31（fols. 58a-59b）.

64 奇蹟11（fols. 51a-52a）/ 7（fols. 27a-28b）; 奇蹟10（fols. 49b-51a）/ 6（fols. 24b-27a）.

65 これらの単語については，例えば *The Encyclopedia of Islam*, new（2nd）ed. における "kashf" や "al-ṣiddīḳ" の項目を参照。

66 *Tuḥfat al-Aḥbāb*: al-Sakhāwī（d. 1497）, *Tuḥfat al-Aḥbāb wa-Bughyat al-Ṭullāb*, 129-135; Cuffel, "From Practice to Polemic: Shared Saints and Festivals as Women's Religion in the Medieval Mediterranean," 409. サイイダ・ナフィーサ（824年没）は，前近代イスラーム期エジプトにおいて，もっとも崇敬を集め続けた聖女。大稔哲也「サイイダ・ナフィーサ」『岩波イスラーム辞典』。

67 *Tuḥfat al-Aḥbāb*, 130-132; Cuffel, "From Practice to Polemic," 409.

68 Ibid., 410; al-Shaʻrānī（d. 1565）, *Kitāb Laṭā'if al-Minan wal-Akhlāq*, 181-182;

Winter, *Society and Religion in Early Ottoman Egypt*, 219.

69 MacPherson, *The Moulids of Egypt*, 173(呼び名について); Meinardus, *Christian Egypt: Ancient and Modern*, 154(祭りについて).

70 Cuffel, "From Practice to Polemic," 410. F. Armanios は，オスマン朝期に興隆する聖ディムヤナ崇敬は，サイイダ・ナフィーサ崇敬に対抗するためにコプトが自分たちの聖女崇敬を復活させようとした結果ではないかという見解を示している。Armanios, *Coptic Christianity*, 78.

71 E.g. Talbot and Johnson (trans.), *Miracle Tales from Byzantium*, vii-viii; Mayer, "Book Review: Alice-Mary Talbot and Scott F. Johnson, trans.: Miracle Tales from Byzantium," 426.

72 Shoshan, *Popular Culture in Medieval Cairo*, 20-21.

第4章 『アラム伝』の世界

1 『アラム伝』(以下略): Paris, Bibliothèque nationale, MS arabe 153(17世紀), fol. 16b. 男は素焼き壺(barrānīya)の運び人(hammāl)であった。

2 Paris, MS arabe 153, fol. 8b. ここで登場するシュブラーとは，シュブラー・アルハイマを指す。シュブラー・アルハイマについては，*Tārīkh al-Kanā'is*, fols. 19a-20a; *Badā'i'*: Ibn Iyās (d. ca. 1524), *Badā'i' al-Zuhūr*, I-1, 565; Coquin and Martin, "Dayr Yuhanna," in *The Coptic Encyclopedia*, 図6を参照。イブン・イヤースによると，シュブラー・アルハイマはワインの製造で有名であった。*Badā'i'*, I-1, 565.

3 *Kitāb al-Sinaksār*: Forget (ed.), *Synaxarium Alexandrinum*, II, 58. J. Forget によると，アラムに関する記述は『シナクサール』の手稿本のうちバチカン図書館所蔵 MS arabo 65(1722)においてのみ確認される。フォルジェ版には Ghalam とあるが，アラム('Alam)の転写ミスであることは記述の内容から明らかである。『アラム伝』とフォルジェ版『シナクサール』とではアラムの聖日に1日のずれが生じている。

4 E.g. Swanson, *The Coptic Papacy*, 103, 110.

5 *GCAL*, Vol. 2, 475; Abullif, "Ghalam(ママ)"; el-Leithy, "Coptic Culture," 130.

6 Paris, Bibliothèque nationale, MS arabe 153(17世紀), fols. 8b-19a (*GCAL*, Vol. 2, p. 475);『イブラーヒーム・アルファーニー伝』: Dayr Anbā Anṭūnī, MS tārīkh 110 (未見). T. el-Leithy は Paris, MS arabe 152 もあげているが，実際には所収されておらず，書き間違いであろう(2011年6月に実物を確認)。el-Leithy, "Coptic Culture," 130; Troupeau, *Catalogue des manuscrits arabes*, Vol. 2, 122-123.

7 筆者は2011年6月に，パリにてこの手稿本の実物を閲覧することができた。

8 Paris, MS arabe 153, fols. 8b-9a.

9 Paris, MS arabe 153, fols. 8b-10a. 著者は『新約聖書』「マタイによる福音書」第5章16節「そのように，あなたがたの光を人々の前に輝かしなさい。人々が，あなたがたの立派な行いを見て，あなたがたの天の父をあがめるようになるためである」を意識して記述していると推察される。『聖書(新共同訳)』; Cf. Riad, *Studies in the Syriac Preface*, 188-189.

10 同様の内容をともなう，シリア語聖人伝前書きの例については *Ibid.*, 188-189 を参照。

11 E.g. Amélineau, *La géographie de l'Égypte à l'époque copte*, 433.

12 Paris, MS arabe 153, fol. 11a. シーハートについては Amélineau, *La géographie de l'Égypte*, 433 などを参照。

13 Minyat al-Sīraj または Minyat al-Shīraj，別名 Minyat al-Umarā'. この村については *Ibid.*, 355; *Das christlich-koptische Ägypten*, by Timm, 1661-62; Halm, *Ägypten nach den mamlukischen Lehensregistern*, II, 321-322; *al-Qāmūs al-Jughrāfī*, by Ramzī, II-1, 14-15 を参照。『教会と修道院の歴史』には登場しないようである。

14 Paris, MS arabe 153, fols. 11a-11b.

15 Paris, MS arabe 153, fol. 11b. アラムがいつ頃ミンヤト・アッスィーラジからフスタートへ移ったかは不明である。フスタートにてアラムは職人として生計を立てていたとされる。織物業は伝統的にコプトの生業とされているためこの記述は興味深いが，職人として働き始めた理由は説明されていない。Cf. Wiet, "Ḳibṭ".

16 Paris, MS arabe 153, fols. 11b-12a. 第82代総主教ベンヤミン（在位1327～39）もトゥラーの山で修行したとされる。*Tārīkh al-Baṭārika*, III-3, 135, 232.

17 サフユーンには「われわれの父 abūnā」という敬称が付されているため，この人物は聖職者であると推察される。この部分はインクがはがれる，あるいは文字の上に反対側の面の紙がかぶさるなど，文字の判読が困難であり，サフユーンとアラムとの関係について説明した部分は現時点では解読できない。

18 この部分（fols.12b-13a）はフォリオの損傷が激しく，シュブラーへ移ったあとの記述の一部が解読不能である。

19 Paris, MS arabe 153, fols. 13b-14a.

20 Paris, MS arabe 153, fols. 14a-16a. 主教ギブリールについては情報を得られない。

21 *Sulūk*, II, 173.

22 *Sulūk*, II, 216. ハムラー地区にあるアブー・ミーナー教会については Evetts (ed. and trans.), *The Churches and Monasteries of Egypt*, 102; *Khiṭaṭ*, IV-2, 1065-66 を参照。

23 Paris, MS arabe 153, fol. 18a.

24 E.g. Efthymiadis with Déroche, "Greek Hagiography in Late Antiquity," 53. 柱頭行者シメオンの弟子たちのあいだで争いがあったことは，『シメオン伝』の記述から知られている。

25 Paris, MS arabe 153, fols. 8b, 13b.

26 詳しくは Lasser, "Fools, Holy," in *The Encyclopedia of Eastern Orthodox Christianity*, Vol.1, 1-10 を参照。ただし，「狂人」という意味は元来ギリシア語 saloi にはみられない。Cf. *A Greek-English Lexicon*, ed. by Liddell and Scott. この用語はシリア語を起源としているようであるが，諸説ある。初出は『ラウソスに献じるキリスト者列伝』とされている。*The Lausiac History of Palladius*, ed. by Butler, 99 (lines 15-16); Ivanov, *Holy Fools in Byzantium and Beyond*, 33.

27 E.g. Lasser, "Fools, Holy"（註26参照）; Ivanov, *Holy Fools*, 104-105.『エメサのシメ

オン伝』については，Leontius Neapolitanus, *Vie de Syméon le Fou et Vie de Jean de Chypre*; Krueger, *Symeon the Holy Fool* を参照。

28　マムルーク朝期やオスマン朝期のカイロやダマスクスにおけるマジュズーブについては，Winter, *Society and Religion in Early Ottoman Egypt*, 90–92; Geoffroy, *Le soufisme en Égypte et en Syrie*, 312–333; 長谷部史彦「『夜話の優美』にみえるダマスクスのマジュズーブ型聖者」213–234; Gramlich, "Madjdhūb," in *The Encyclopedia of Islam*, new (2nd) ed. を参照。

29　Dols, *Majnūn: The Madman in Medieval Islamic Society*, 362–373. S. Ivanov は古代における「聖なる狂者」の姿が，記憶として中東社会において引き継がれた可能性を指摘している。Ivanov, *Holy Fools*, 106–107.

30　ビザンツ教会の『シナクサリオン』がメルキト派によりアラビア語に翻訳され，コプト教会が『シナクサール』を編纂する際に参照されていたことは，先行研究において指摘されている。Swanson, "The Melkite Synaxaria," in *Christian-Muslim Relations: A Bibliographical History*, ed. by Thomas and Mallet, Vol. 3: *1050–1200*, 586–587; Coquin, "Synaxarion, Copto-Arabic," in *The Coptic Encyclopedia*; Sauget, *Premières recherches sur l'origine et les caractéristiques des synaxaires melkites*, 192–196.

31　Paris, MS arabe 153, fol. 16b; e.g. Viaud, *Les pélerinages coptes en Égypte*, 37; Meinardus, *Christian Egypt: Ancient and Modern*, 317.

32　Paris, MS arabe 153, fols. 16b–17a. この教会は現在，カイロ市内の地下鉄デメルダーシュ駅の近くにある。Coquin and Martin, "Dayr al-Khandaq," in *The Coptic Encyclopedia*.

33　アトリーブの聖母マリアの祭りは下エジプトのアトリーブ(ベンハー近郊)にて，毎年バウーナ月21日／6月28日にて開催される祭り。マクリーズィーがこの祭りについて伝えている。Viaud, *Les pélerinages coptes en Égypte*, 9–10; *Khiṭaṭ*, IV–2, 1049.

34　Paris, MS arabe 153, fol. 18a. 奇蹟6と奇蹟8ではアラムは空間移動ができたことになっているが，奇蹟7と奇蹟9にても旅人の道中の安全を保障し，危機が訪れた場合は瞬時にその場にあらわれたとされている。

35　Paris, MS arabe 153, fols. 14a, 18a. 嵐による船の沈没という同様の奇蹟は『バルスーマー伝』にてもみられ，その際登場したのも財務庁長官カリーム・アッディーンであった。奇蹟8に登場するカリーム・アッディーンとは，この人物，あるいは『バルスーマー伝』に登場したカリーム・アッディーン・アルカビールの甥で，元コプトの改宗官僚，財務長官を務めたカリーム・アッディーン・アッサギール(Karīm al-Dīn al-Saghīr, d. 1326)を指していると思われる。この人物に関しては *Durar*, I, 328–329 ほかを参照。

36　Paris, MS arabe 153, fols. 17a–18a. Qalama については *Das christlich-koptische Ägypten*, by Timm, 2087; Amélineau, *La géographie de l'Égypte à l'époque copte*, 215; Halm, *Ägypten nach den mamlukischen Lehensregistern*, II, 332–333 を参照。Minyat Surad については，*Khiṭaṭ*, IV–2, 1085; Amélineau, *La géographie de*

l'Égypte à l'époque copte, 261; Halm, *Ägypten nach den mamlukischen Lehensregistern*, II, 321 を参照。現在は Musṭrad として知られる。

37 Paris, MS arabe 153, fol. 16b.

38 この祭りのあらましとその廃止の経緯については *Khiṭaṭ*, I, 184–185 に詳しい。研究としては Lutfi, "Coptic Festivals of the Nile: Aberrations of the Past?" 254–282 があげられる。1354年，アミール・サルギトミシュ（Ṣarghitmish, d. 759H/1358）により殉教者の指はカイロに運ばれ，スルタン・サーリフ（在位1351〜54）の面前で燃やされ，その灰はナイル川に散布された。

39 *Khiṭaṭ*, I, 184–185. 14世紀以降の殉教者の祭りへの言及は，管見の限り，ムスリム側の史料においてのみ確認される。マクリーズィーによると，1303年に祭りが廃止された際には元コプトの改宗官僚たちが嘆願を繰り返していたようであるが，1337年の復活についても，1354年に聖遺物が燃やされたことについても，これらのできごとに言及しているコプト教会の史料は現時点においては知られていない。*Sulūk*, I, 941–942.

40 この問題について，詳しくは Mikhail, "Egypt from Late Antiquity to Early Islam," 389–400 を参照。

41 *Tārīkh al-Baṭārika*: Evetts (ed. and trans.), *History of the Patriarchs*, t. 5, fasc. 1, 448–451; Mikhail, "Egypt from Late Antiquity to Early Islam," 392–394.

42 Ibid., 395; e.g. Taylor, *In the Vicinity of the Righteous*, 130–131.

43 Mikhail, "Egypt from Late Antiquity to Early Islam," 396.

44 *Sulūk*, I, 941–942.

45 Lutfi, "Coptic Festivals of the Nile," 257–258.

46 *Badā'i'*, I-2, 6, 14; Shoshan, *Popular Culture in Medieval Cairo*, 20.

47 Little, "Coptic Conversion to Islam," 562–565 などを参照。

第５章　『ルワイス伝』の世界

1 『ルワイス伝』（以下略）: Paris, MS arabe 282, fols. 118b–120a.

2 *Kitāb al-Ibṣalmūdīya*, 78.

3 2011年２月以降，総主教座への入り口が変更されたため，説明のとおりではないかもしれない。マムルーク朝期におけるハンダク修道院の規模や歴史に関しては不明な点が多い。Coquin and Martin, "Dayr al-Khandaq," in *The Coptic Encyclopedia*.

4 Abullif, "Ruways"; Nakhla, "Sīrat al-Qiddīs al-Jalīl Anbā Furayj," 1–65.

5 el-Leithy, "Coptic Culture," 98–99; Swanson, *The Coptic Papacy*, 112–114.

6 現在所蔵先が知られている手稿本は以下のとおりである。Paris, Bibliothèque nationale, MS arabe 282 (1650), fols. 82b–152b（以上 *GCAL*, Vol. 2, 475）; Wādī al-Naṭrūn, Dayr Anbā Maqār, MS Hag. 40（15世紀，未見）; 同, MS Hag. 73（17世紀）, fols. 282–355（未見）; Cairo, Kanīsat al-Qiddīsayn Sirjiyūs wa Wakhūs, MS Hag. 8（17〜18世紀）, fols. 79a–158b（未見。以上 *Enciclopedia dei santi*）; Cairo, Ḥārat al-Rūm, Kanīsat al-'Adhrā', MS tārīkh 18 (n.d.), fols. 74b–105a; 同, MS tārīkh 14（未

見); Wādī al-Naṭrūn, Dayr Anbā Maqār, MS Hag. 81 (19～20世紀), fols. 1-32(未見); Dayr Anbā Anṭūnī, MS tārīkh 69(1700), fols. 32a- ?(未見). T. el-Leithy が参照した手稿本(Cairo, Kanīsat al-Qiddīsayn Sirjiyūs wa Wakhūs, MS Hag. 8)は現在アレクサンドリア郊外のアブー・ミーナー修道院に保管され，教会関係者以外は閲覧不可となっている。ルーム人街区の聖処女教会所蔵手稿本の写しは，研究者から譲り受けたものである。聖処女教会は現在，公式にはその手稿本コレクションの存在を認めていないようである。

7 MS Dayr al-Khandaq, Kanīsat al-ʿAdhrāʾ (1752); MS Cairo, Hārat al-Zuwayla, Kanīsat al-ʿAdhrāʾ (n.d.) in Nakhla, "Sīrat al-Qiddīs al-Jalīl Anbā Furayj," 4-5.

8 Swanson, "The Life and Miracles of Anbā Ruways," 289-290; Zanetti, *Les manuscrits de Dair Abû Maqâr*, 61.

9 Swanson, "'Our Father Abba Mark'"; Swanson, *The Coptic Papacy*, 112-114.

10 Nakhla, "Sīrat al-Qiddīs al-Jalīl Anbā Furayj," 12-28(ハンダク手稿本), 29-33(ズワイラ街区手稿本); Paris, MS arabe 282, fols. 112a-152b; Cairo, Hārat al-Rūm, Kanīsat al-ʿAdhrāʾ, MS tārīkh 18 (n.d.), fols. 90b-105a. K. Nakhla は，ズワイラ街区手稿本は書写された年代が新しいと述べている。Ibid., 29.

11 『イブラーヒーム・アルファーニー伝』: Dayr Anbā Anṭūnī, MS tārīkh 69 (1700), fol. 32a (この手稿本では『ルワイス伝』が『イブラーヒーム・アルファーニー伝』のつぎに収められているため，fol. 32a の写しが手元にある).

12 Paris, MS arabe 282, fols. 121'a-122b(奇蹟 6); *Tārīkh al-Baṭārika*, III-3, 245-246, 142-143; Paris, MS arabe 282, fols. 135b-137a(奇蹟13);『ムルクス・アルアントゥーニー伝』: Cairo, Baṭriyarkīya, MS tārīkh 53 (1679), fols. 63a-65a(奇蹟11).

13 Paris, MS arabe 282, fols. 113b-115a; Nakhla, "Sīrat al-Qiddīs al-Jalīl Anbā Furayj," 13-14; Nakhla, *Silsilat Tārīkh al-Bābāwāt Baṭārika*, Part 3, 93-94; Swanson, "The Life and the Miracles of Anbā Ruways," 289-290.

14 ルーム人街区手稿本ではティムールの名 Tamarlank が Bamarlank となっており，後世の書記がティムールの名を知らなかったことを示唆している。Kanīsat al-ʿAdhrāʾ, MS tārīkh 18, fol. 54b.

15 Paris, MS arabe 282, fols. 84b-88b.

16 Paris, MS arabe 282, fols. 88b-89b.

17 Paris, MS arabe 282, fols. 90a-91a.

18 研究書によっては Minyat Yamīn という表記もあり，場所は特定できない。

19 Paris, MS arabe 282, fols. 91a-92a.

20 Paris, MS arabe 282, fols. 92a-92b; Kanīsat al-ʿAdhrāʾ, MS tārīkh 18, fol. 75a; Nakhla, *Silsilat Tārīkh al-Bābāwāt Baṭārika*, Part 3, 87; Abullif, "Ruways".

21 Bishop Gregorios, "Anba Ruways," in *The Coptic Encyclopedia*; Abullif, "Ruways"; Swanson, *The Coptic Papacy*, 113; Swanson, "The Life and the Miracles of Anbā Ruways," 288. *The Coptic Papacy* にて，この事件を1354年とした M. Swanson は，"The Life and the Miracles of Anbā Ruways" では「1354年の事件であるかもしれない」と表現を改めている。

22　Paris, MS arabe 282, fols. 92b–93a.

23　Paris, MS arabe 282, fols. 93b–94b.

24　詳しくは辻明日香「マムルーク朝エジプトにおけるズィンミー政策の転換」169–173を参照。

25　子と両親の宗教との関係については Friedmann, *Tolerance and Coercion in Islam*, 109, 113–115を参照。父親の改宗時に子どもが成年であったか未成年であったかという問題が実際に法廷で裁かれたマムルーク朝期の事例については，Ibn Ṭawq (d. 1509), *al-Ta'līq: Yaumīyāt Shihāb al-Dīn Aḥmad ibn Ṭawq*, 273; el-Leithy, "Coptic Culture," 77, 83を参照。成年に関する各法学派の定義については，柳橋博之『イスラーム家族法——婚姻・親子・親族』29–31を参照。

26　Paris, MS arabe 282, fol. 94b. ルーム人街区手稿本は，ルワイスは上エジプトをさまよったと述べているが，パリ手稿本にはそのような記述はみられない。Kanīsat al-'Adhrā', MS tārīkh 18, fol. 75b.

27　Paris, MS arabe 282, fol. 94b.

28　Paris, MS arabe 282, fols. 95b–96a.

29　アミール・スードゥーンは『アレクサンドリア総主教座の歴史』にも総主教マッタウスとの関係において登場するが，具体的にどのような地位にあった人物かは不明である。

30　キプロス十字軍が去ったのち，エジプトとシリアに滞在するフランク商人は投獄され，コプト教会は捕虜の身代金の肩代わりを命じられた。*Sulūk*, III, 107, 119. 1370～80年代の殉教については el-Leithy, "Coptic Culture," 126–129を参照。

31　Paris, MS arabe 282, fol. 103a.『新約聖書』「マルコによる福音書」第15章3–5節，「マタイによる福音書」第27章12–14節などを参照。

32　Paris, MS arabe 282, fols. 101a–106b.

33　Paris, MS arabe 282, fol. 108b; Ḥārat al-Rūm, Kanīsat al-'Adhrā', MS tārīkh 18, fols. 88a–88b. T. el-Leithy はルワイスの死後起きた，類似の逸話を紹介しているが，パリ手稿本にもルーム人街区手稿本にも el-Leithy が述べた奇蹟譚はみあたらない。el-Leithy, "Coptic Culture," 99.

34　Paris, MS arabe 282, fols. 108b–111b.

35　Paris, MS arabe 282, fols. 137a–139b (奇蹟14), 106a–106b (ティムールに関する予言).

36　Paris, MS arabe 282, fols. 125a–126a. ジュッワーニーヤ街区については *Khiṭaṭ*, III, 37–38を参照。

37　Paris, MS arabe 282, fols. 116b–118a (奇蹟４), 118a–121a (奇蹟５). 捕虜にされた，あるいは誘拐された者を助け出すムスリム聖者の奇蹟については Taylor, *In the Vicinity of the Righteous*, 152–153に例がみられる。

38　カルムート池とはカイロの西，ルーク門とマクスのあいだの地名である。かつては池であったが，ナースィル運河の開鑿時に埋め立てられ，住宅地となった。*Khiṭaṭ*, III, 548–549.

39　Raymond, *Cairo*, 160; el-Leithy, "Coptic Culture," 279–287. T. el-Leithy は，改宗

した元コプト官僚は改宗前の居住地にとどまる傾向にあったことを指摘している。

40 Paris, MS arabe 282, fols. 116b–118a（奇蹟 4）, 118a–121a（奇蹟 5）, 121a–122b（奇蹟 6）, 130b–133a（奇蹟11）, 133a–135b（奇蹟12）.

41 詳しくは，Martel-Thoumian, *Les civils et l'administration*, 126–128; el-Leithy, "Coptic Culture," 55 を参照。

42 Paris, MS arabe 282, fols. 121a–122b（奇蹟 6）. バルクークの面前で改宗したキリスト教徒官僚については，Ibn al-Ṣayrafī（d. 1495）, *Nuzhat al-Nufūs wal-Abdān fī Tawārīkh al-Zamān*, I, 150; Martel-Thoumian, *Les civils et l'administration*, 126を参照。

43 Paris, MS arabe 282, fols. 135b–137a（奇蹟13）;『ムルクス・アルアントゥーニー伝』: Baṭriyarkīya, MS tārīkh 53, fols. 63a–65a（奇蹟11）; Dayr Anbā Būlā, MS tārīkh 115, fols. 63b–65b（奇蹟10）.

44 el-Leithy, "Coptic Culture," 134–135. こうした殉教者伝の例は Zaborowski, *The Coptic Martyrdom of John of Phanijoit* を参照。

45 el-Leithy, "Coptic Culture," 134.

46 Little, "Coptic Conversion to Islam," 568–569; 大稔哲也「参詣書と死者の街からみたコプトとムスリム」 4 ; Wiet, "Ḳibṭ".

47 *Sulūk*, II, 927.

48 O'Sullivan, "Coptic Conversion and the Islamization of Egypt," 65–79; Lutfi, "Coptic Festivals of the Nile," 290. 1350年代に入ると，現存するエジプトの年代記の数が激減する。同時代のエジプトの歴史家の年代記は確認されていない。マクリーズィー以外の後世の歴史家としても，アイニーの年代記の該当部分は失われている。イブン・イヤースとイブン・タグリービルディーの年代記には若干の記述があるが，この両者はバフリー・マムルーク朝期に関しては情報が不十分な点が多いことで知られている。中町信孝「バフリー・マムルーク朝時代史料としてのアイニーの年代記」156; Little, *An Introduction to Mamlūk Historiography*, 87–94.

49 Wiet, "Ḳibṭ"; el-Leithy, "Coptic Culture".

50 *Sulūk*, II, 921–923. 勅令の内容については，ほかに al-Qalqashandī（d. 1418）, *Ṣubḥ al-A'shā fī Ṣinā'at al-Inshā'*, XIII, 383–384; Vermeulen, "The Rescript of al-Malik as-Salih Salih against the Dimmis," 175–184 を参照。

51 *Sulūk*, II, 925; *Khiṭaṭ*, IV–2, 1020.

52 *Sulūk*, II, 925.

53 これは13〜14世紀にかけて繰り返された，スルタンがキリスト教徒を財務官僚に雇用することへの批判と，教会破壊を正当化する言説である。その一例としては Perlmann, "Asnawi's Tract against Christian Officials," 182 を参照。1307年に上エジプトのクースで教会破壊を煽動したとされるイブン・ヌーフ Ibn Nūḥ（d. 1309）は，逮捕時に「キリスト教徒の腐敗（faṣād）と専横（ṭughyān）が増大したことをアッラーはご存じであり，教会の破壊はキリスト教徒への復讐（niqma）と迫害（'adhāb）である」と，教会を破壊した暴徒の行為を正当化したとされている。イブン・ヌーフの言説と1307年の事件に関しては，Gril, "Une émeute anti-chrétienne à

Qūṣ au début du VIIIe/XIVe siècle," 241-274 を参照。

54 *Ioannis Cantacuzeni eximperatoris Historiarum libri* IV: *graece et latine*, ed. by Schopen, 99-104; Canard, "Une lettre du Sultan Malik Nâsir Hasan à Jean VI Cantacuzène (750/1349)," 29-30, 42-44.

55 Ibn Qāḍī Shuhba, *Tārīkh Ibn Qāḍī Shuhba*, III, 97, 243(757H/1356年と765H/1363年の法令); Ibn Kathīr, *al-Bidāya wal-Nihāya*, XIV, 320(765H/1363年の法令).

56 *Sulūk*, III, 105-107, 119; Irwin, *The Middle East in the Middle Ages*, 147. シリア地方沿海部(現在のレバノン)では，この事件をきっかけにマロン派教会信徒が虐殺されている。1380年代に起きた一連の殉教について，詳しくは，Swanson, "'Our Father Abba Mark'," 225-227; el-Leithy, "Coptic Culture," 101-109, 126-131 を参照。

57 手稿本の製作については Youssef, "Consecration of the Myron at Saint Macarius Monastery," 108 を参照。14世紀後半の著作活動の例としては Sidarus and Swanson, "Al-Mākin Jirjis ibn al-'Amīd," 254-261 を参照。

58 Martel-Thoumian, *Les civils et l'administration*, 124, 443-461 を参照。C. Petry は，これらコプト・改宗コプト官僚について，彼らは一族内で職を保持する傾向にあり，富の占有もおこなわれていたことを指摘している。Petry, "Copts in Medieval Egypt," in *The Coptic Encyclopedia.*

59 Petry, *The Civilian Elite of Cairo in the Later Middle Ages*, 272-273; Petry, "Copts in Medieval Egypt," in *The Coptic Encyclopedia*; el-Leithy, "Coptic Culture," 148-156, 171-175.

第6章 『ムルクス・アルアントゥーニー伝』の世界

1 『ムルクス・アルアントゥーニー伝』(以下略): Baṭriyarkīya, MS tārīkh 53, fol. 35a; Dayr Anbā Būlā, MS tārīkh 115, fol. 37a.

2 Nakhla, *Silsilat Tārīkh al-Bābāwāt*, Part 3, 75-85; Abullif, "Marco l'Antoniano"; Swanson, *The Coptic Papacy*, 110-111.

3 Vivian, "St. Antony the Great and the Monastery of St. Antony," 13-15; Gabra, "Perspectives on the Monastery of St. Antony," 173-175.

4 Vivian, "St. Antony the Great and the Monastery of St. Antony," 15.

5 イェルサレム巡礼の途中にエジプトに立ち寄ったアングリュール領主(フランス，シャンパーニュ地方)のオジエ8世(Ogier VIII d'Anglure, 1360-1412)は，旅行記を残した。*Le saint voyage de Jhérusalem du seigneur d'Anglure*, eds. by Bonnardot and Longnon, 70-71; Gabra, "Perspectives on the Monastery of St. Antony," 178; Vivian, "St. Antony the Great and the Monastery of St. Antony," 15-16.

6 *Oeuvres de Ghillebert de Lannoy*, ed. by Potvin, 69-70; Gabra, "Perspectives on the Monastery of St. Antony," 173, 178-179; *Khiṭaṭ*, IV-2, 1027-28(Dayr al-'Araba の項).

7 Nakhla, *Silsilat Tārīkh al-Bābāwāt*, Part 3, 75-85; Coquin, "Murqus al-Antuni," in *The Coptic Encyclopedia*; Abullif, "Marco l'Antoniano"; Swanson, "'Our Father Abba Mark'," 217-228; Gabra, "New Research from the Library of the Monastery

of St. Paul," 96-99. 小冊子類に関する情報は Abullif, "Marco l'Antoniano" を参照。

8 『ムルクス・アルアントゥーニー伝』の手稿本については参考文献を参照。F. Armanios がオスマン朝期に書写された『聖ディムヤナ伝』の手稿本について指摘しているように,『ムルクス・アルアントゥーニー伝』の手稿本は(おそらく総主教座あるいは聖アントニウス修道院にて)同一の手稿本から書写された可能性が高い。Armanios, *Coptic Christianity in Ottoman Egypt*, 69.

9 E.g. Baṭriyarkīya, MS tārīkh 53, fol. 39a; Dayr Anbā Būlā, MS tārīkh 115, fol. 38a. 「われわれは何回目撃したことか, ……われわれは〔弱っているムルクスに縄を編む作業をやめるよう〕懇願した」。Hägg, "The Life of St Antony between Biography and Hagiography," 19, 28-30.

10 Baṭriyarkīya, MS tārīkh 53, fol. 45a; Dayr Anbā Būlā, MS tārīkh 115, fol. 44b.

11 Baṭriyarkīya, MS tārīkh 53, fols. 54a-54b; Dayr Anbā Būlā, MS tārīkh 115, fols. 53b-54a.

12 Hägg, "The Life of St Antony between Biography and Hagiography," 19. アタナシオス真筆説と著作年代に関する議論については戸田聡『キリスト教修道制の成立』14-17 を参照。

13 Baṭriyarkīya , MS tārīkh 53, fol. 52a; Dayr Anbā Būlā, MS tārīkh 115, fol. 51b.

14 E.g. Riad, *Studies in the Syriac Preface*, 217-218.

15 Baṭriyarkīya, MS tārīkh 53, fol. 1b; Dayr Anbā Būlā, MS tārīkh 115, fol. 2b; Paris, Bibliothèque nationale, MS arabe 153, fols. 9a-10a(『アラム伝』); 同, MS arabe 282, fol. 91a(『ルワイス伝』).

16 Baṭriyarkīya, MS tārīkh 53, fols. 1b-2a; Dayr Anbā Būlā, MS tārīkh 115, fols. 2b-3a.

17 Baṭriyarkīya, MS tārīkh 53, fol. 2a; Dayr Anbā Būlā, MS tārīkh 115, fol. 3a.

18 Baṭriyarkīya, MS tārīkh 53, fols. 3a-4b; Dayr Anbā Būlā, MS tārīkh 115, fols. 4a-5b.

19 E.g. Pratsch, *Der hagiographische Topos*, 66(敬虔な両親), 78(予言), 83(キリスト教徒としての教育).

20 Baṭriyarkīya, MS tārīkh 53, fols. 5a-7b; Dayr Anbā Būlā, MS tārīkh 115, fols. 6a-8b; e.g. Pratsch, *Der hagiographische Topos*, 108.

21 Baṭriyarkīya, MS tārīkh 53, fols. 8a, 45b; Dayr Anbā Būlā, MS tārīkh 115, fols. 9a, 46b; Munier, *Recueil des listes*, 37-38. Qummuṣ(hegumenos のアラビア語訳)にはさまざまな訳が存在するが, この人物はのちに聖アントニウス修道院長として登場するため(fols. 8a; 9a), 修道院長と訳した。

22 マクリーズィーの『地誌』にはこの地名の正確な位置は記されていないが, この地名は中部エジプトの教会について説明した項に登場し, つぎに記載された地名がアスユートであるため, その付近の村であると推察される。*Khiṭaṭ*, IV-2, 1083.

23 *Tārīkh al-Kanā'is*, fols. 88b-89a(アスユート), 85b(アフミーム); Munier, *Recueil des listes*, 39-40; Crum, *Catalogue of the Coptic Manuscripts in the Collection of the John Rylands Library Manchester*, no. 909. マクリーズィーはアビー・アンナア

ナーアという修道院がアンスィナー（アンティノエ）の郊外にあると記している。アンスィナー（アンティノエ）はナイル川の東岸，マッラーウィ（ミンヤーとアスユートのあいだ）に位置する。*Khiṭaṭ*, IV-2, 1031.

24　主教の聖油調合式への出席が，主教座が機能していることの証明となるかという議論に関しては T. el-Leithy, “Sufis, Copts, and the Politics of Piety,” 86-87 を参照。

25　アスユート周辺のナイル川沿いには多数の修道院が点在しているため，ムルクスが向かった修道院とはおそらくこのうちの一つを指していると思われる。

26　Baṭriyarkīya, MS tārīkh 53, fols. 7b-8b; Dayr Anbā Būlā, MS tārīkh 115, fols. 8b-9b. いずれの手稿本も23歳とあるが，13歳とすべきではないかと思われる。ムルクスは聖パウロ修道院に6年，聖アントニウス修道院に70年滞在し，90歳で死去したと述べられている。また，23歳で髭が生えていない（すなわち第二次性徴を迎えていない）とは考えにくい。

27　Baṭriyarkīya, MS tārīkh 53, fol. 8b; Dayr Anbā Būlā, MS tārīkh 115, fol. 9b.

28　Meinardus, “The Monastery of St Paul in the Eastern Desert,” 86, 90; Georg, *Neueste Streifzüge durch die Kirchen und Klöster Aegyptens*, 17.

29　Baṭriyarkīya, MS tārīkh 53, fols. 8b-10a; Dayr Anbā Būlā, MS tārīkh 115, fols. 9b-11a.

30　Baṭriyarkīya, MS tārīkh 53, fols. 10b-15b; Dayr Anbā Būlā, MS tārīkh 115, fols. 11b-16b; 戸田聡『キリスト教修道制の成立』104; e.g. Brown, *The Body and Society*, 213-240.

31　Baṭriyarkīya, MS tārīkh 53, fols. 16a-34b; Dayr Anbā Būlā, MS tārīkh 115, fols. 17a-35b.

32　Baṭriyarkīya, MS tārīkh 53, fols. 34b-49a; Dayr Anbā Būlā, MS tārīkh 115, fols. 35b-50a.

33　Baṭriyarkīya, MS tārīkh 53, fols. 49a-51b; Dayr Anbā Būlā, MS tārīkh 115, fols. 50a-52b.

34　*Tārīkh al-Kanā'is*, fols. 54a-54b; *Khiṭaṭ*, IV-2, 1027-28; *Le saint voyage de Jhérusalem*, ed. by Bonnardot and Longnon, 70-71; *Oeuvres de Ghillebert de Lannoy*, ed. by Potvin, 69-70.

35　Baṭriyarkīya, MS tārīkh 53, fols. 18a, 75a-75b（奇蹟20）: Dayr Anbā Būlā, MS tārīkh 115, fols. 19a, 74b-75a（この手稿本では奇蹟18）; Bolman, “Theodore, ‘The Writer of Life’ and the Program of 1232/1233,” 55. 壁画や教会の全容については Bolman, *Monastic Visions* を参照。

36　Baṭriyarkīya, MS tārīkh 53, fol. 40b: Dayr Anbā Būlā, MS tārīkh 115, fol. 40b; Gabra, “New Research from the Library of the Monastery of St. Paul,” 98（抜粋と写真）; Bolman, “Introduction,” in Bolman (ed.), *Monastic Visions*, xxiv（教会のレイアウト。N28に該当）; Bolman, “Theodore, ‘The Writer of Life’,” 61（写真）.

37　Baṭriyarkīya, MS tārīkh 53, fols. 54b（奇蹟2）, 55a（奇蹟3）; Dayr Anbā Būlā, MS tārīkh 115, fols. 54a（奇蹟2）, 54b-55a（奇蹟3）. ムルクスのイコンが現存するかどうかは確認できなかった。奇蹟2と3の抜粋は Gabra, “New Research from the

Library of the Monastery of St. Paul," 98 を参照。

38 Baṭriyarkīya, MS tārīkh 53, fols. 13b, 35b; Dayr Anbā Būlā, MS tārīkh 115, fols. 14b, 36b.

39 *Tārīkh al-Kanā'is*, fols. 54a–54b; Baṭriyarkīya, MS tārīkh 53, fols. 13b, 19b, 24a, 37b–38a; Dayr Anbā Būlā, MS tārīkh 115, fols. 14b, 20b, 25a, 38b–39a. おそらく第85代総主教ユアンニス10世(在位1363〜69)のことであろう。

40 Baṭriyarkīya, MS tārīkh 53, fols. 39b, 76b(奇蹟21), 79b(奇蹟25); Dayr Anbā Būlā, MS tārīkh 115, fols. 40b, 76a(奇蹟21), 78b(奇蹟25).『教会と修道院の歴史』とマクリーズィーは泉が3つあると伝えているため，このうちの1つを指していると思われる。砂土や聖水によるムスリムの奇蹟については，大稔哲也「エジプト死者の街における聖墓参詣」15–16 を参照。

41 Baṭriyarkīya, MS tārīkh 53, fol. 49a; Dayr Anbā Būlā, MS tārīkh 115, fol. 50a; *Le saint voyage de Jhérusalem*, eds. by Bonnardot and Longnon, 70–71.

42 Baṭriyarkīya, MS tārīkh 53, fols. 29a, 56b(奇蹟5); Dayr Anbā Būlā, MS tārīkh 115, fols. 30a, 56b(奇蹟5).

43 Caner, *Wandering, Begging Monks*, 42–43; Wipszycka, "Les aspects économiques de la vie de la communauté des Kellia," 350–352.

44 Baṭriyarkīya, MS tārīkh 53, fols. 12a–13a, 20b, 22a, 38b; Dayr Anbā Būlā, MS tārīkh 115, fols. 13a–14a, 21b, 23a, 39b.

45 Baṭriyarkīya, MS tārīkh 53, fol. 32b; Dayr Anbā Būlā, MS tārīkh 115, fols. 32b–33a. 食糧をキャラバンに依存していたことについては Gabra, "Perspectives on the Monastery of St. Antony," 183 を参照。

46 Baṭriyarkīya, MS tārīkh 53, fols. 84a–85a; Dayr Anbā Būlā, MS tārīkh 115, fols. 83b–84a.

47 長谷部史彦によると，1373年にナイル川の増水がとまると食糧価格は上昇し，その年の11月には小麦1アルダッブ当りの価格は70ディルハムとなり，74年にはこれが100ディルハム，74年12月から75年1月にかけては125ディルハム(平常値の8倍)になった。コプト暦1090年は西暦1373年のはずであるが，1375年あたりまでの一連の物価高を指しているのかもしれない。長谷部史彦「14世紀エジプト社会と異常気象」74。

48 Gabra, "New Research from the Library of the Monastery of St. Paul," 97; Baṭriyarkīya, MS tārīkh 53, fol. 16b; Dayr Anbā Būlā, MS tārīkh 115, fols. 17a–17b.

49 Baṭriyarkīya, MS tārīkh 53, fols. 20a–22a; Dayr Anbā Būlā, MS tārīkh 115, fols. 20b–22a; 長谷部史彦「14世紀エジプト社会と異常気象」75。

50 Baṭriyarkīya, MS tārīkh 53, fols. 23b–24b; Dayr Anbā Būlā, MS tārīkh 115, fols. 23a–25b. ベドウィン(al-'urbān)はラクダなどを飼育しながら移動生活を送る遊牧民。彼らは食糧難に陥ると，農耕地帯の集落を襲撃して食糧を略奪したが，砂漠の修道院はしばしばその対象となった。

51 Baṭriyarkīya, MS tārīkh 53, fols. 19b–20a; Dayr Anbā Būlā, MS tārīkh 115, fols. 20b–21a; Meinardus, "The Monastery of St Paul in the Eastern Desert," 82.

52 *Le saint voyage de Jhérusalem*, eds. by Bonnardot and Longnon, 69; Lyster, "Introduction: The Monastery of St. Paul the Hermit," in Lyster (ed.), *The Cave Church of Paul the Hermit*, 15.

53 Baṭriyarkīya, MS tārīkh 53, fols. 38b, 63a(奇蹟11), 65a(奇蹟12); Dayr Anbā Būlā, MS tārīkh 115, fols. 39b, 63b(この手稿本では奇蹟10), 65b(この手稿本では奇蹟11).

54 Baṭriyarkīya, MS tārīkh 53, fols. 27a-28a, 67a-69a; Dayr Anbā Būlā, MS tārīkh 115, fols. 28a-29a, 67a-68b(この手稿本では奇蹟12).

55 *Sulūk*, III, 343-344, 370, 411(一度目の逃亡と再登用), 456, 470, 544(二度目の逃亡と再登用), 709(三度目の逃亡); Swanson, "'Our Father Abba Mark'," 223.

56 Baṭriyarkīya, MS tārīkh 53, fols. 55b(奇蹟４), 69a(奇蹟15), 72a(奇蹟18), 74a(奇蹟19); Dayr Anbā Būlā, MS tārīkh 115, fols. 55a(奇蹟４), 68b(奇蹟15), 71b(奇蹟18〈この手稿本では16〉), 73b(奇蹟19〈この手稿本では17〉). amīr 'arab kabīr(別名umarā' al-'urbān)については，*Egypt and Syria under the Circassian sultans*, by Popper, 103 を参照。

57 Baṭriyarkīya, MS tārīkh 53, fols. 55b-56b; Dayr Anbā Būlā, MS tārīkh 115, fols. 55a-56b; *Le saint voyage de Jhérusalem*, eds. by Bonnardot and Longnon, 70-71.

58 Baṭriyarkīya, MS tārīkh 53, fol. 28b; Dayr Anbā Būlā, MS tārīkh 115, fol. 29b.

59 Vivian, "St. Antony the Great and the Monastery of St. Antony," 12; Baṭriyarkīya, MS tārīkh 53, fols. 25a-26b, 85a(奇蹟31); Dayr Anbā Būlā, MS tārīkh 115, fols. 26a-27b, 84b(奇蹟31〈この手稿本では奇蹟29〉); Colin, "Le Synaxaire éthiopien," 300, 305, 315.

60 Baṭriyarkīya, MS tārīkh 53, fols. 30a-32a; Dayr Anbā Būlā, MS tārīkh 115, fols. 31a-33a; Gabra, "Perspectives on the Monastery of St. Antony," 178; Griffith, "The Handwriting on the Wall: Graffiti in the Church of St. Antony," 191-192; Kraack, *Monumentale Zeugnisse der spätmittelalterlichen Adelsreise*, 249-267; Meinardus, "The Medieval Graffiti in the Monasteries of SS. Antony and Paul," 520-527. 巡礼先に名や紋章を書き残していくことは当時のヨーロッパ貴族の習慣であった。判明している紋章としては，Van Looz 家，Schinkel 家，Voserie 家のものがあげられ，そのほかにも多数の紋章が存在するようである。

61 カイロの総主教座図書館手稿本は奇蹟36まであるが，奇蹟８が抜けており(写し手が番号を間違えたと思われる)，実際には35話である。以下，奇蹟番号にずれが生じている。

62 Baṭriyarkīya, MS tārīkh 53, fols. 55b-56b; Dayr Anbā Būlā, MS tārīkh 115, fols. 56b-57b; Baṭriyarkīya, MS tārīkh 53, fols. 77b-78b(奇蹟23); Dayr Anbā Būlā, MS tārīkh 115, fols. 76b-78a(奇蹟22).

63 Baṭriyarkīya, MS tārīkh 53, fols. 82a-83a(奇蹟28); Dayr Anbā Būlā, MS tārīkh 115, fols. 81a-82b(奇蹟26); Baṭriyarkīya, MS tārīkh 53, fols. 83a-84a(奇蹟29); Dayr Anbā Būlā, MS tārīkh 115, fols. 82b-83b(奇蹟27); Baṭriyarkīya, MS tārīkh 53, fols. 85b-86b(奇蹟32); Dayr Anbā Būlā, MS tārīkh 115, fols. 85a-86a(奇蹟31); Baṭriyarkīya, MS tārīkh 53, fols. 85a-85b(奇蹟31); Dayr Anbā Būlā, MS tārīkh 115, fols.

84b–85a（奇蹟29）.

64 *Sulūk*, III, 105–107, 119; Irwin, *The Middle East in the Middle Ages*, 147; Baṭriyarkīya, MS tārīkh 53, fols. 58b–60b; Dayr Anbā Būlā, MS tārīkh 115, fols. 58b–60b.

65 Baṭriyarkīya, MS tārīkh 53, fols. 60b–62b（奇蹟９）; Dayr Anbā Būlā, MS tārīkh 115, fols. 60b–63a（奇蹟８）; Baṭriyarkīya, MS tārīkh 53, fols. 62b–63a（奇蹟10）; Dayr Anbā Būlā, MS tārīkh 115, fols. 63a–63b（奇蹟９）; *Sulūk*, III, 373. アブー・ムカイティフと３名の修道女（『ムルクス伝』はそのうち２名について言及）の殉教については，マクリーズィーも伝えている。この事件について詳しくは Swanson, *The Coptic Papacy*, 115–116 を参照。

66 Baṭriyarkīya, MS tārīkh 53, fols. 80b–82a（奇蹟27）; Dayr Anbā Būlā, MS tārīkh 115, fols. 80b–81a（奇蹟25）.

67 Baṭriyarkīya, MS tārīkh 53, fols. 65a–66b（奇蹟12）; Dayr Anbā Būlā, MS tārīkh 115, fols. 65b–67a（奇蹟11）; Baṭriyarkīya, MS tārīkh 53, fols. 69a–70a（奇蹟15）; Dayr Anbā Būlā, MS tārīkh 115, fols. 68b–69b（奇蹟13）. この奇蹟譚は M. Swanson により訳されている。Swanson, “The Saint and the Muslim Copts,” 159.

68 Baṭriyarkīya, MS tārīkh 53, fols. 72a–74a（奇蹟18）; Dayr Anbā Būlā, MS tārīkh 115, fols. 71b–73b（奇蹟16）; Baṭriyarkīya, MS tārīkh 53, fols. 74a–75a（奇蹟19）; Dayr Anbā Būlā, MS tārīkh 115, fols. 73b–74b（奇蹟17）.

69 *Sulūk*, III, 456（逮捕）, 470（逃亡と家族の逮捕）; Swanson, “The Saint and the Muslim Copts,” 163–164.

70 *Sulūk*, III, 544.

71 *Sulūk*, III, 344; Little, “Coptic Converts,” 285; Swanson, “The Saint and the Muslim Copts,” 159.

72 *Sulūk*, III, 500（逮捕）, 503（スルタンによる）, 520（逮捕と拷問）, 553（復職）; Swanson, “The Saint and the Muslim Copts,” 162–163.

73 *Khiṭaṭ*, III, 211–214; Swanson, “The Saint and the Muslim Copts,” 166. ただし，イブン・タグリービルディーは，イブン・マカーニスの兄弟であるファフル・アッディーンについて，彼はコプト社会と距離をおいていたと述べている。Ibn Taghrībirdī（d. 1470）, *al-Manhal al-Ṣāfī*, VII, 174.

74 Baṭriyarkīya, MS tārīkh 53, fols. 71a–72a（奇蹟17）; Dayr Anbā Būlā, MS tārīkh 115, fols. 70b–71b（奇蹟15）. この奇蹟譚は M. Swanson により訳されている。Swanson, “The Saint and the Muslim Copts,” 160 を参照。

75 Ibid., 166–167.

76 *Sulūk*, II, 882–883; el-Leithy, “Coptic Culture,” 185, 205.

77 Ibn Taghrībirdī（d. 1470）, *al-Nujūm al-Zāhira fī Mulūk Miṣr wal-Qāhira*, XIV, 339–340; *Khiṭaṭ*, II, 391; el-Leithy, “Coptic Culture,” 191, 200.

78 これらの報告について，Ibid., 184–188 を参照。

79 ムーサーの手記については，Mann, “Moses b. Samuel, a Jewish Katib in Damascus,” 155–184; Meri, “Re-Appropriating Sacred Space,” 248–249 を参照。

80 『ルワイス伝』: Paris, MS arabe 282, fols. 135b–137a; Baṭriyarkīya, MS tārīkh 53, fols. 63a–65a(奇蹟11); Dayr Anbā Būlā, MS tārīkh 115, fols. 63b–65b(奇蹟10).

81 *Khiṭaṭ*, III, 211–214.

82 el-Leithy, "Coptic Culture," 284–303; Swanson, "The Saint and the Muslim Copts," 168.

83 Baṭriyarkīya, MS tārīkh 53, fols. 26b–27a, 31b–32a; Dayr Anbā Būlā, MS tārīkh 115, fols. 27b–28a, 32b–33a.

84 Baṭriyarkīya, MS tārīkh 53, fol. 26a; Dayr Anbā Būlā, MS tārīkh 115, fol. 27a; Swanson, "'Our Father Abba Mark'," 224.

85 Baṭriyarkīya, MS tārīkh 53, fols. 63a–65a(奇蹟11); Dayr Anbā Būlā, MS tārīkh 115, fols. 63b–65b(奇蹟10).

86 Baṭriyarkīya, MS tārīkh 53, fols. 80a–80b(奇蹟26); Dayr Anbā Būlā, MS tārīkh 115, fols. 79b–80b(奇蹟24); Baṭriyarkīya, MS tārīkh 53, fols. 86b–87b(奇蹟33); Dayr Anbā Būlā, MS tārīkh 115, fols. 86a–87b(奇蹟31).

87 Baṭriyarkīya, MS tārīkh 53, fols. 80b–82a(奇蹟27); Dayr Anbā Būlā, MS tārīkh 115, fols. 80b–81a(奇蹟25).

88 *Arabic-English Dictionary*, by Hava, 84. 筆者との私信における，Y. N. Youssef 氏の見解。

89 Baṭriyarkīya, MS tārīkh 53, fols. 87b–88a(奇蹟34); Dayr Anbā Būlā, MS tārīkh 115, fols. 87b–88a(奇蹟32).

90 el-Leithy, "Coptic Culture," 69–88 を参照。イスラーム法では改宗した人間の，成人していない子もムスリムとなる。成人していたとしてもその子，つまり改宗者の孫はムスリムとみなされる場合がある。

91 深沢克己は16世紀フランスにおいてカトリックとプロテスタントのあいだを行きつ戻りつした信徒についてこの用語をあてている。深沢克己『ユーラシア諸宗教の関係史論』25–26。

92 Nakhla, *Silsilat Tārīkh al-Bābāwāt*, Part 3, p. 46;『ルワイス伝』: Paris, MS arabe 282, fol. 133a(奇蹟11).『ムルクス伝』における殉教者の記述については Swanson, "'Our Father Abba Mark'," 225–227 を参照。

93 MacCoull, "The Rite of the Jar," 147–150; el-Leithy, "Coptic Culture," 133.

94 al-Dhahabī (d. 1348), *al-'Ibar fī Khabar man Ghabar*, IV, 75; el-Leithy, "Coptic Culture," 204.

95 Ibid., 134–135. このような殉教者伝の例については Zaborowski, *The Coptic Martyrdom of John of Phanijoit* を参照。

96 Petry, *The Civilian Elite of Cairo in the Later Middle Ages*, 272–274.

第7章 『イブラーヒーム・アルファーニー伝』の世界

1 『イブラーヒーム・アルファーニー伝』(以下略): Dayr Anbā Anṭūnī, MS tārīkh 69, fol. 3b.

2 Ighūmānus=hegumenos. イブラーヒームは修道院長を務めたわけではないため，

これは修道院長ではなく「修道士の代表」といった称号であると思われる。Archbishop Basilios, "Hegumenos," in *The Coptic Encyclopedia; Historical Dictionary of the Coptic Church*, ed. by Gabra, 135.

3 Swanson, "The Life of the Hegumenos Abra'ām al-Fānī"; *Kitāb al-Ibṣalmūdīya*, 78; *Tārīkh al-Baṭārika*, III-3, 237, 137.

4 Anbā Matteos, Rūḥānīyat al-Tasbiḥa, Cairo: n.p., 1980, 327-328(未見); Abullif, "Abramo l'Egumeno"; Swanson, "'Our Father Abba Mark'"; Swanson, *The Coptic Papacy*, 112; Swanson, "The Life of the Hegumenos Abra'ām al-Fānī," 227.

5 Dayr Anbā Anṭūnī, MS tārīkh 69 (旧番号75) (1700), fols. 3b-31b.「奇蹟録」が存在する可能性もあるが，聖アントニウス修道院所蔵手稿本においては次頁(fol. 32b)から『ルワイス伝』が始まるため，この手稿本に収録されていないことは確かである。fī daf'a の転写と意味については，*Arabic-English Dictionary*, by Hava, 210; Kussaim, "Contribution à l'étude du moyen arabe des Coptes," 14 を参照。

6 Dayr Anbā Anṭūnī, MS tārīkh 69, fol. 3b. M. Swanson は『イブラーヒーム伝』について，イブラーヒームが聖アントニウス修道院からミンヤーへ向かったできごとを記念して，聖アントニウス修道院の修道士が彼の業績について語るという形式をとった作品であると記しているが，これは誤読あるいは Swanson の記憶違いであると思われる。Swanson, "The Life of the Hegumenos Abra'ām al-Fānī," 227.

7 Dayr Anbā Anṭūnī, MS tārīkh 69, fols. 3b-6a.

8 Dayr Anbā Anṭūnī, MS tārīkh 69, fols. 28b-29b.

9 Dayr Anbā Anṭūnī, MS tārīkh 69, fols. 4a(ミンヤー), 6a(アフミーム).

10 Dayr Anbā Anṭūnī, MS tārīkh 69, fols. 6a-9a.

11 *Tārīkh al-Kanā'is* の両校訂本には，Minyat Banī Khasīb はかつて Minyat Bu Qays と呼ばれたと記されている。しかし *Tārīkh al-Kanā'is* のスルヤーン修道院版の註に，「手稿本には Qays ではなく Fīs(Fays?)とあらわされている」と述べられているため，ここでは『イブラーヒーム伝』手稿本の記述通り，Minyat Abū Fīs と記した。*Tārīkh al-Kanā'is*, II, fol. 78a; Evetts (ed. and trans.), *The Churches and Monasteries of Egypt*, 223-224; *Khiṭaṭ*, IV-2, 1081.

12 Dayr Anbā Anṭūnī, MS tārīkh 69, fols. 9b-10a.

13 Dayr Anbā Anṭūnī, MS tārīkh 69, fols. 10b-11b. このような聖人伝や殉教者伝における，母と子の絆の強調は，現代のコプト教会では人気のあるテーマとなっている。E.g. Armanios and Amstutz, "Emerging Christian Media in Egypt," 521.

14 ここにてはじめてイブラーヒームが修行した修道院の名前が明かされている。この修道院は中部エジプト，アシュムナインの北東に位置する。別名「十字架の修道院」(図8〈142頁〉参照)。マクリーズィーは，「この修道院はかつて1000人の修道士がいたが，現在は2名しかいない」と述べている。この修道院は14世紀にイブラーヒームのほか，第87代総主教マッタウスも輩出しているため，14世紀には栄えていたと考えてよいであろう。*Khiṭaṭ*, IV-2, 1040: Meinardus, *Christian Egypt: Ancient and Modern*, 364-366; Coquin and Martin, "Dayr Abu Fana," in *The Coptic Encyclopedia.*

15 コプト語名はApa Bane. 跪拝を生涯にわたりおこない続けたため，その晩年は（背骨の歪みにより）身体の痛みに苦しめられたと伝えられている。アブー・ファナー修道院の発掘調査の際，背骨が変形した遺体が発見された。Van Minnen, "Saving History?: Egyptian Hagiography in its Space and Time," 72.『イブラーヒーム伝』においてはアブー・ファナーの修行について詳しい描写がみられるが，著者はアブー・ファナーについてイブラーヒームから聞いたのか，素養として知識があったのかは明らかでない。この聖人に関するアラビア語聖人伝は現存している。アブー・ファナーの生涯とそのアラビア語聖人伝についてはGabra, "Zur Vita des Bane (Abū Fāna)," 27-42を参照。

16 13～14世紀に生きた聖人のうち，学問の修得について言及がある者は，このイブラーヒームただ一人である。また，これはマムルーク朝期の写本製作に関する貴重な言及である。オスマン朝期において，写本の作成は修道士の重要な仕事の一つであった。Murre-Van Den Berg, "'I the Weak Scribe': Scribes in the Church of the East in the Ottoman Period," 17; Armanios, *Coptic Christianity in Ottoman Egypt*, 69. H. Murre-Van Den Bergはアッシリア東方教会において，17世紀初頭まで写本の写し手の25%程度は修道士であったと述べている（17世紀以降，アッシリア東方教会の修道院は衰退した）。

17 Dayr Anbā Anṭūnī, MS tārīkh 69, fols. 12a-13a; *Tārīkh al-Baṭārika*, III-3, 236-237, 137; *Miṣbāḥ al-Ẓulma*, II, 429.

18 Dayr Anbā Anṭūnī, MS tārīkh 69, fols. 13a-14b.

19 殉教者伝のキリストの受難の追体験としての性格については，Moss, *The Other Christs*を参照。

20 Dayr Anbā Anṭūnī, MS tārīkh 69, fol. 14a.

21 この逸話は『ムルクス・アルアントゥーニー伝』にても言及されている。Dayr Anbā Anṭūnī, MS tārīkh 69, fols. 14b-17a;『ムルクス伝』: Baṭriyarkīya, MS tārīkh 53, fols. 24a-25a; Dayr Anbā Būlā, MS tārīkh 115, fols. 25a-26a.

22 Dayr Anbā Anṭūnī, MS tārīkh 69, fols. 17b-22b;『ムルクス伝』: Baṭriyarkīya, MS tārīkh 53, fols. 49a-50b; Dayr Anbā Būlā, MS tārīkh 115, fols. 50a-51b（ムルクスの葬儀の様子）.

23 Dayr Anbā Anṭūnī, MS tārīkh 69, fol. 22b.

24 Dayr Anbā Anṭūnī, MS tārīkh 69, fol. 23a.

25 Dayr Anbā Anṭūnī, MS tārīkh 69, fols. 27b-29b.

26 Dayr Anbā Anṭūnī, MS tārīkh 69, fols. 29b-30b.

27 Dayr Anbā Anṭūnī, MS tārīkh 69, fols. 22b, 28a.

28 Dayr Anbā Anṭūnī, MS tārīkh 69, fols. 23a-23b. ここでは，majnūnは否定的なニュアンスで使われており，『ルワイス伝』で述べた「聖なる狂者」という意味は付されていないと思われる。

29 Dayr Anbā Anṭūnī, MS tārīkh 69, fols. 24a, 25b-26a.

30 Dayr Anbā Anṭūnī, MS tārīkh 69, fols. 25a-25b. オスマン朝のバヤジット1世（在位1389～1402）は1397年から1402年までコンスタンティノープルを包囲していたが，

1402年，アンカラの戦いでティムールに敗れた。

31 Dayr Anbā Anṭūnī, MS tārīkh 69, fols. 26b–27a.

32 Dayr Anbā Anṭūnī, MS tārīkh 69, fol. 27a.

33 Nakhla, *Silsilat Tārīkh al-Bābāwāt*, Part 3, 46. 1380年代に起きた一連の殉教について，詳しくは，Swanson, "'Our Father Abba Mark'," 225–227; el-Leithy, "Coptic Culture," 101–109, 126–131 を参照。1390年代に起きたとされる殉教事件はカイロでなくイェルサレムを舞台としている。Swanson, *The Coptic Papacy*, 117.

34 Samir, "Gabriel V," in *The Coptic Encyclopedia*; Swanson, *The Coptic Papacy*, 122–123.